京セラ
Kyocera Philosophy
フィロソフィ

稲盛和夫
Inamori
Kazuo

サンマーク出版

創業時の京セラ（京都市中京区西ノ京原町）

創業時のメンバー（著者は最後列・左より６番目）

京セラのコンパ風景

のでした。また、日常の仕事の進め方から経営のあり方、さらには人生万般に通じる、まさに原理原則と呼べるものでありました。

そのようにして、常に「人間として何が正しいのか」と、自分自身に問い、真摯《しんし》に仕事や経営にあたり、人生を生きていく中から生まれた考え方が、本書のタイトルとなっている「京セラフィロソフィ」です。

この明快な判断基準があればこそ、私は、京セラやKDDI、そして日本航空の経営において、半世紀以上にもわたり、判断を誤ることなく、それぞれの会社を成長発展へと導くことができました。また、私は現在、八十二歳を迎えていますが、本当に幸せで満ち足りた、すばらしい人生を送らせていただいています。これも、人生の節目節目で正しい決断へと導いてくれた、「京セラフィロソフィ」のおかげだと考えています。

私だけではありません。「京セラフィロソフィ」に基づいて著した『生き方』（小社）をはじめ、私の著書を読まれた多くの皆さんから、「人生の苦しみや悩みから逃れることができ、夢と希望を抱けるようになりました」といった、喜びのお便りを数多く頂戴しています。「人間として何が正しいのか」という、普遍的な判断基準に基づく経営哲学が、業態を超えて、企業の成長発展の礎となったばかりか、人生哲学として、多くの人々が幸せな人生を送る糧となっているのです。

本書は、そのような「京セラフィロソフィ」の内容をコンパクトにまとめ、京セラ社員に配布している『京セラフィロソフィ手帳』を、私が一項目ずつ解説していくという形態をとっています。

もともとは、一九九八年秋から二〇〇〇年春にかけて、のべ十六回にわたり、私が若手経営者たちに経営のあり方を教えている経営塾「盛和塾」において行った講話記録でした。当初は、それを編集し、京セラの社内教材としていましたが、盛和塾生から強い要望をいただき、二〇〇九年に『京セラフィロソフィ』というタイトルのまま、盛和塾事務局から塾生向けに刊行しました。

すると、多くの塾生から、「社員とともに、経営や人生のあるべき姿を学ぶことができた」という声をいただくとともに、塾生を通して、しだいにその存在が社会に知られるようになり、経営者以外の一般の方々からも、『京セラフィロソフィ』の公刊を求める声を数多く頂戴するようになりました。

本年、京セラが創立五十五周年の節目の年を迎えるにあたり、私は、それまで会社の「宝」として、盛和塾以外には門外不出としてきた「京セラフィロソフィ」を、自らの人生や経営に活《い》かすことを切望しておられる方々に、ご提供してもいいのではないかと思うようになりました。広く多くの方々の手に取っていただくことで、いささかなりとも、世のため人のためにお役に立てるのではないだろうか、また、それこそがこんにちまで京セラを育んでいただいた社会への恩返しではないだろうか、と考えたのです。

この『京セラフィロソフィ』には、私の考え方、そして生き方の原点があります。八十有余年に及ぶ、私の経営と人生の結晶とも言うべき本書が、ビジネスの世界に身を置く方々はもちろん、広く一般の方々、例えば先生や学生の皆さん、また主婦の皆さんにとりましても、進むべき道を指し示す「羅針盤」となり、実り多き経営、充実した人生を送る一助となりますことを、心より祈念申し上げます。

二〇一四年四月

稲盛　和夫

京セラフィロソフィ――目次

第2章　経営のこころ

第3章 京セラでは一人一人が経営者

第4章　日々の仕事を進めるにあたって

装丁　菊地信義
口絵写真（p1）　ライブワン／菅野勝男
本文組版　J-ART
編集協力　株式会社ぷれす・乙部美帆

1. 本書は、著者が一九九八年から二〇〇〇年にかけて、自ら主宰する経営塾「盛和塾」において行った講話記録を編集したものです。本文内の各種データ、固有名詞、役職等は、講話当時のままとしています。

2. 構成は、京セラの社内教材『京セラフィロソフィ手帳』の各項目を解説するという形をとり、その際、「京セラフィロソフィ」の各項目名とその説明文を、左記のように表示しています。

● ＝「京セラフィロソフィ」の項目名

＝「京セラフィロソフィ」の説明文

「京セラフィロソフィ」は
どのようにして生まれたか

私は京セラを設立して以来、こんにちまでずっと経営をしていく上で必要となる哲学、「京セラフィロソフィ」を社員に話し、社員とともにそれを実践してきました。そのことこそが、こんにちの京セラを築き上げたと考えていますので、『京セラフィロソフィ手帳』に基づいて、「京セラフィロソフィ」の真髄というものを詳しくお話ししていきたいと思います。

「京セラフィロソフィ」について

まず「京セラフィロソフィ」がどのような過程を経て生まれたかということに触れたいと思います。

私は鹿児島生まれで鹿児島大学を出て、京都の焼き物の会社に就職をしました。それが一九五五年四月ですから、終戦からちょうど十年がたち、日本がやっと戦後の荒廃から立ち直り始めたころのことです。

しかし、私が就職した会社は依然として終戦後の混乱のまま赤字続きでした。初任給は確か八千円くらいだったと思います。田舎《いなか》の大学を卒業してやっと就職したものの、私は今後の自分の人生はどうなるのだろうと、たいへん不安に思っていました。その会社では、現在京セラの主力製品となっているファインセラミックスの研究を行いました。

何しろ新卒で入ってきたばかりの私が、一人でファインセラミックスの研究をするというのですから、さらに不安は募ります。そのように頼りない会社だったため、私は「こんな会社、なるべく早く辞めて、もっとましな会社へ行こう」とばかり考えていました。ところが、当時は就職難の時代です。大学を出ていてもなかなかいい会社に入れず、その会社にもやっと入れてもらったくらいですから、そこを辞めても行くところがあるわけではありません。そのような状況のもと、私は不満を抱えながらも、黙々と働いていました。

そして、若い情熱のはけ口を、私はセラミックスの研究に見出《みいだ》しました。給料の遅配は当たり前という会社でしたが、その不平不満を外へぶつけてみても意味はないと思い、研究に情熱を注いだのです。そうすると不思議なもので、研究は順調に進むようになり、すばらしい成果を残すことができました。

言ってみれば私は、現実の煩わしい窮屈な状況から逃げるために、必死に研究に打ち込んだのです。しかし、実はそのことが、私なりの人生観、または哲学というものをつくっていったのです。すべての雑念を払い、一つの研究に打ち込んでいる状態のときに、人生観のようなものが自分の中につくられていきました。それをベースに、「京セラフィロソフィ」というものをつくっていったのです。

同時に、漠然とですが、私はそのような人生観、あるいはフィロソフィというものが非常に大事だと思うようになりました。

二十七歳のときに京セラという会社をつくっていただきましたが、そのときに私は、自分の人生も、京セラという会社の未来も、自分が心に抱く考え方・人生観、あるいは哲学といったもので決まるのではないか、と思ったのです。

従業員を一つにまとめるには経営者自身の「考え方」を磨き続けなければならない

私は、旧制中学一年のときに終戦を迎えました。私どもの年代は、戦時中はもちろんあまり勉強することができませんでしたし、また戦後になってからも焼け野原の中、まず食べるために必死でしたから、勉強どころではありませんでした。

沖縄の次には鹿児島に米軍が上陸するだろうと言われていましたが、鹿児島市内は空襲で完膚なきまでに焼き尽くされてしまったのです。

そのような状況でしたから、生活もたいへん苦しく、また、私自身あまり勉強ができるほうではありませんでした。学生時代は、学生服を買うお金もなく、ジャンパーを着て下駄を履いて大学に通いました。そういう田舎者が、就職のため京都へ出てきたわけです。標準語はしゃべれない、ましてや関西弁なんかまったくわからないという男が、鹿児島から出てきて四年もたたないうちに、京セラという新会社の経営を任されることになったのです。

そうなると、その瞬間から私は経営のトップとして従業員をまとめていかなければなりません。私に同調して前の会社を辞めた七人の仲間と、新たに採用した社員を抱えて、全従業員が生活できるように経営をしていかなければならないのです。いったいどのように従業員を一つにまとめていけばいいのか、私は思い悩みました。それは一介の技術者にすぎなかった私にとって、たいへんな問題でした。そのとき、私は「私自身が立派な考え方や人生観というものを持っていなければ、決して人をひきつけることはできないだろう。だから、立派な経営をしていくためには、私自身の考え方・人生観・哲学というものを磨いていかなければいけないのではないか」と思ったわけです。

また、私個人の人生についても、私の考え方や人生観、あるいは哲学というものに左右されるのではないかとも考えました。そのような考えから、フィロソフィというものを大事にしていこうと思ったのです。

「考え方」こそが人生を大きく左右する
人生・仕事の結果＝考え方×熱意×能力

私は人生や仕事の結果というものは、「考え方×熱意×能力」という方程式で決まると考えています。

私は一流の大学を出たわけではなく、地方の大学を卒業しました。だから、「能力」という点では決して一流とは言えないかもしれません。

しかし、誰にも負けない努力をするという「熱意」は、これからの自分の気の持ちようでいかようにもなるのではないかと考えました。先ほどの方程式によれば、「能力」とこの「熱意」を、足し算ではなく掛け算で計算するわけですから、どんな一流大学を出た人よりも、「能力」は多少劣っても、ものすごい「熱意」を持った人のほうがすばらしい結果を残すことができるはずだと私は思うのです。

例えば、「能力」八十の人の「熱意」を十とすると、その積は八百です。一方、「能力」四十の人が九十の「熱意」を持っているとするなら、その積は三千六百となるのです。足し算で考えると、その差はわずかですが、掛け算で計算するとその差は大きく開いてしまいます。

これに、「考え方」が掛かってきます。これこそが私が常に言っている経営哲学、または人生観です。「考え方」には、マイナス百からプラス百まであります。極端な例ですが、「世の中はしょせん、矛盾だらけで不公平なんだ。だから自分は泥棒稼業で生きていこう」と考えたとすれば、これはマイナス思考をしているわけですから、たとえ能力と熱意が百あっても、考え方がマイナス十とすると、その積はマイナス十万ということになります。

つまり、「考え方」がネガティブだと、結果は必ずマイナスになるのです。

私は、この方程式を考え出したときにこう思いました。世間にはよく、いい学校を出て、また決してそんなに怠け者でもないのに、業績が上がらない、会社がうまくいかない、人生がうまくいかないという人がいる。多分それは、「考え方」が少しマイナスだからなのです。考え方が少しマイナスであっても、掛け算をすると結果は全部マイナスになるのです。「あの人は少し人間性に問題がある」と言われても、その評価は全体から見れば少ししか響かないというのではありません。すべてマイナスになってしまうのです。

一方、「あの人は学校も出ていないし、大した教養もない。だけど仕事熱心で、人柄もいい」という人が立派な会社を経営しているというケースはいくらでもあります。それはなぜか――。多くの方が、大したことはないと思っていても、「考え方」というものが大きな影響を及ぼしているに違いないと私は思いました。ですから、「考え方」こそ立派なものにすべきだと気づいたわけです。

戦前の教育では、修身や道徳といった授業があり、考え方として何が正しいのかということを教えていました。ところが、そういう教育は戦後に入ってすべて否定されてしまいました。それは、戦前の日本政府がこの修身とか道徳を利用して、軍国主義の思想教育をしていったからです。

しかし、本来「考え方」とは、たいへん大事なことだと私は思っています。その立派な「考え方」で人生を歩こうではありませんか、ということを京セラで言い出したのです。

反発を受ける中で「京セラフィロソフィ」の浸透、推進を図る

『京セラフィロソフィ手帳』には少し堅苦しく、理屈っぽく、厳しい生き方を要求するようなことが書かれています。つまり、「わが社はこういう考え方で経営していこうと思う。だから皆さんもこういう考え方になってほしい」ということを、京セラ創業の一九五九年当時から今でも私は社内で言い続けています。

京セラ創業の年は、戦後十四年を経過して民主主義、自由主義という考え方が台頭し、学園紛争が起きるなど、左翼的な風潮が顕著になってき出したころでした。そのような時

代背景の中で、「京セラフィロソフィ」というストイックで、またまじめくさった厳しい生き方を要求していくと、若い従業員たちの間からは、「何でそんなことを押しつけられなければいけないのか。京セラという会社は思想統制をするのか。どんな考え方を持とうと、それは個人の自由ではないか」という声が出てきたのです。

本来、自由であるべき思想・考え方を、「われわれはこういう考え方をしよう」と言うものですから、従業員からたいへんな反発を受けました。特に大学を卒業したインテリであればあるほど、強く反発してきたのです。

そのことで、私はたいへん悩みました。そして、「京セラフィロソフィ」に同調できない人に対しては、「君の考えと私の考えは合わない。たとえ優秀な一流大学を出てきた人間であろうと、考え方が合わなければしようがない。他の会社へ行ってもらっても結構だ」と言って辞めてもらうこともありました。思想を分かち合えない、哲学を分かち合えない人には辞めてもらってでも、私は全従業員でフィロソフィを共有しようとしたのです。

「われわれはこういう考え方をすべきだ」ということを従業員に対して押しつけると、必ず従業員たちから、思想・哲学・考え方を強制するのかという反発があります。私自身にも、確かにそれは行き過ぎではないかなと思う気持ちも少しはありました。しかし、悩みながらも、何とか「京セラフィロソフィ」が浸透するような方向に持っていったわけです。

目指すところが違えば登る山が違う

京セラを設立してしばらくしたころ、まだ世間が「フィロソフィ」というようなことをいくら言ってもわかってくれない時代に、こんな出来事がありました。

京都にワコールという会社があります。創業者である塚本幸一さんは京都の経済界では重鎮で、若い経営者と一緒にお酒を飲まれる機会がよくありました。

あるとき、私ども若い経営者たちが一緒になってお酒を飲んでいたときのことです。私は、「京セラフィロソフィ」というまじめくさった、ど真剣な話を、一杯飲みながら話していました。するとある経営者が、「いや稲盛さん、私はそうは思いませんね。私の人生観は稲盛さんが言っているものとは違います」と言い出しました。

そのとき、いつもはニコニコしながらお酒を飲んでいる塚本さんが、たいへんな剣幕で、

「オイッ！　おまえは何を言っているのだ。稲盛君がこういう考え方をしているということに対して、『いや私はそうは思わない。こう思う』ということを、おまえは言えるレベルか。私でも彼には一目も二目も置いて、経営哲学というようなことに関しては何も言えないくらいなのだ。それなのにおまえは、『私はそうは思わない』というようなことを言えたものか」と烈火の如《ごと》く憤《いきどお》られたのです。

叱られた彼は、何でそんなに言われなければならないのかと、膨れっ面をし、私も突然だったのでびっくりしていたのですが、実は後になって、塚本さんが言われた意味に気づきました。それは、この方程式にある「考え方」の違いだったのです。

例えば、人生という山を登るのに、どの山に登りたいと思っているかによって、その準備は異なります。低い山に登るのであれば、ハイキング並みの軽装でいいでしょう。ところが、冬の八甲田山に登ろうと思えば、防寒具の手配から、ビバーク（露営）をするための準備など、冬山登山のあらゆる装備をしておかないと登れません。ましてやエベレストにでも登ろうと思えば、ロック・クライミング（岩登り）の技術も身につけておかなければいけないでしょう。

ですから、どういう人生を生きるのかによって「考え方」はいろいろある、ということなのです。

「君は稲盛君に対抗して、『私はそうは思わない。私はこう思う』と言うが、君と稲盛君では比べようがないのだよ。君のそういう考え方で、京セラと同じくらいの規模の会社経営をやっているのなら、それは議論になるかもしれない。だが、君は二代目として親から引き継いだ商売をし、また、経営規模や収益性についても京セラにはるかに及ばない。だから、稲盛君の考え方と君の考え方では比べようがないじゃないか」

塚本さんは、このようなことを言いたかったのではなかったかと、後で私は気づいたのです。

自分の会社をどこへ持っていこうと思うのか、あるいは人生の目標をどのようにしようと考えているかで、その目的達成のために必要な「考え方」は異なります。より高い山に登ろう、より高いレベルの会社にしよう、自分の人生をより充実したものにしていこうと思うなら、「考え方」はその目標にふさわしい、より立派なものを持たなければなりません。つまり、目標をどこに置くかによって、「考え方」は違ってくるのです。

私は京セラ創立以来、従業員に対して「少しストイックで、少しきまじめで厳しい、そういう生き方をしよう」と言い続けてきました。もちろん、従業員の中にはこれに反発する者もいました。

そのときに、「私はこういう山に登ろうと思っています。だからこういう装備が必要なのです。つまり、こういう考え方をするのです」「もし、あなたがもっともっといい加減な人生を歩こうと思われるなら、それはそれで結構です。私どもの会社はこういう生き方（考え方）をすることによって、こういう山に登りたいと思っています」というふうに言えばわかってくれたと思うのですが、そのことに気づいたのは、塚本さんの一件があってだいぶ後になってからでした。

京セラは、目標を「世界一」に据えた

京セラは、資本金三百万円、従業員二十八人で、宮木電機という会社の支援を受けてスタートしました。京都市中京区西ノ京原町というところにある宮木電機の倉庫をお借りし

て、一階を工場に、二階を事務所にして始まったのです。

私はそのときから、「今に京セラを京都一の会社にしよう。いや、京都一を超えて日本一の会社にしよう。いや、日本一の会社を超えて、このセラミックスの業界で世界一の会社にしよう」ということを従業員に言っていました。たった二十八人しかいない従業員を前にして、連日「世界一の会社にしたい」と話していたわけです。

このように、漠然とですが「世界一の会社になる」という高い目標を立てて、その目標に向かってがんばろうと思っていました。その目標のために私は「きまじめな、少しばかりストイックな生き方」をしていきたいと思っていたわけです。ところが今になって考えてみると、この「考え方」は、まさに京セラが世界的な企業になっていくために絶対的に必要なものだったのです。

やがて京セラを創業して二十年くらいたったころから、一流大学を出てきた人たちも、あまり反発をしなくなってきました。それは、「こういう考え方で一丸となって会社経営を行ってきた結果、このような立派な会社になった」という実績があるものですから、反論できなくなってしまったからだと思います。

会社というのはトップの器以上にはならない

「人生・仕事の結果＝考え方×熱意×能力」という先ほどの方程式で、大事なのは「考え方」だけではありません。「能力」は、それぞれ皆さんが持って生まれたものですから、今さらいくらがんばっても飛躍的に伸びるわけではありません。しかし、「熱意」は自分自身の意志で決められます。

私は自分が主宰している盛和塾という経営塾の塾生の方に、「誰にも負けない努力をしなさい」とよく言っています。というのは、盛和塾に来られる塾生さんは、会社の二代目、三代目という方が大半で、私はそういう塾生の先代に代わって、厳しくそう言っているわけです。塾生は、先代の言うことは聞かなくても、盛和塾においては私の言うことを、よく聞いてくれます。

「立派な会社の跡を継がせてもらうのだから、誰にも負けない努力をしなさい。そして先代から引き継いだ会社を何倍にもしてお返ししなさい。多くの人は、『いや、私は努力をしています』と言いますが、努力をしているなんて、あなたがそう思っているだけのことかもしれません。本当に『誰にも負けない努力』をしていますか？」

このように言っているわけですが、誰にも負けない努力をするというのは、非常に厳しいことです。

「周りを見てごらん。あなたが寝るときにも、まだ起きてがんばっている人がいるじゃないか。あなたも負けずにがんばりなさいよ。そのくらいがんばらなかったら、仕事というものはうまくいくものではありません」

つまり、これが誰にも負けない努力ということです。

誰にも負けない努力、それは「熱意」です。これは本人の自覚で決めることができます。

そして、何よりも大事なのが「考え方」です。

トップが持つ人生観・哲学・考え方、これがすべてを決めるのです。会社というのは、結局トップの器量、トップの人格に合ったものにしかならないのです。「カニは甲羅に似せて穴を掘る」と言いますが、自分の器以上、人格以上の会社になるはずがありません。

会社を立派にし、自分の人生をすばらしいものにしようと思えば、自分の人間性を高め、人格を磨いていく、それ以外にはありません。

『京セラフィロソフィ手帳』について

京セラでは、創立三十五周年を記念して、先に述べた『京セラフィロソフィ手帳』というものを一九九四年に作りました。従業員が常に持ち歩いていつでもフィロソフィを参照できるように、小冊子にしたものです。これは当時の伊藤謙介京セラ社長が発案して作ったのですが、その手帳の冒頭に私は「京セラフィロソフィについて」と題して、次のようなことを書いています。


私は今から三十五年前、周囲の方々の暖かい支援のもとに、七名の仲間とともに京都セラミック株式会社をつくりました。

会社を始めた頃は十分な資金もなく、立派な建物や機械もありませんでした。ただ私には、家族のように苦楽を共にし、お互い助け合える心と心で結ばれた仲間がありました。

そこで私は、人の心というものをよりどころとしてこの会社を経営していこうと決心しました。それは、人の心ほどうつろいやすく頼りにならないものもないかわりに、ひとたび固い信頼で結ばれれば、これほど強く頼りになるものもないと思ったからです。

その後、この人の心をベースとして京セラを経営していく中で、私はさまざまな困難に遭遇し苦しみながらもこれらを乗りこえてきました。その時々に、仕事について、また人生について自問自答する中から生まれてきたのが京セラフィロソフィです。

京セラフィロソフィは、実践を通して得た人生哲学であり、その基本は「人間としてこういう生きざまが正しいと思う」ということです。このような生き方で人生をおくっていけば、一人一人の人生も幸福になり、会社全体も繁栄するということを、私は社員の皆さんに訴え続けてきました。

こうした考え方に共鳴していただいた社員の皆さんが、人間のもつ無限の可能性を信じて、際限のない努力を続けてきたからこそ、今日の京セラの発展があるのです。

京セラがいつまでもすばらしい会社であり続けるために、そして一人一人がすばらしい人生を歩んでいくためにも、私は皆さんが京セラフィロソフィを体得し、実践していくことが何よりも大切であると考えています。

この節目の年に皆さんが京セラフィロソフィを今まで以上に真剣に受け止め、自分のものにしていただくことを心から願っております。

この「共有する」ということが大事なのです。フィロソフィでも経営計画でも、すべて従業員と共有し、共鳴してもらう、賛同してもらうことが重要なのです。

京セラの経営の理念

一般に、自分の会社をつくったとき、最初は「金もうけをしたい」と思いがちです。しかし、私の場合はそうではありませんでした。というのは、京セラは周囲の方々につくっていただいた会社だったからです。

京セラは資本金三百万円で創業しましたが、当時の私は一万五千円しかお金を持っていませんでした。その一万五千円すらも、家族を養うために必要だったものですから、私は会社には一円も注ぎ込んでいません。三百万円の資本金というのは、私の技術を信用してくださった方々に出していただいたお金なのです。そのときに、資金を出してくださった方々から、「あなたの技術を信用して出資し、会社をつくります。あなたはお金を一銭も出さなくて結構です。あなたの技術を資本金に換算してあげます」と言われて株を頂戴し、私が筆頭株主になったわけです。私のお金で株を買ったのではなく、お金を出していただいた方々が、私の名義にしてくださったのです。そういう経緯がありましたので、私は自分の金もうけのために会社をつくったわけではないのです。

当初、京セラは「稲盛和夫の技術を世に問うために」つくった会社であると位置づけていました。つまり、稲盛和夫が以前勤めていた会社で挙げた研究成果は、前の会社の経営者の理解が十分でなかったために、あまり高く評価されなかった。しかし今度は、稲盛和夫の技術を自由に世間に問うための場として京セラをつくってもらった。そういう形でのスタートだったのです。

会社をつくって三年目になると、高卒の十名の従業員たちが、私のところへ団体交渉を申し入れてきました。連判を押した申し入れ書を持ってきて、「できたばかりの会社だと不安でたまらない。暮れのボーナスはいくらくれるのか。来年の昇給はどうなるのか。向こう五年くらい保証してくれないなら自分たちは会社を辞める」と言ってきたのです。

そこで私は、技術屋としてのロマンを捨て、会社の目的・理念（経営理念）を「全従業員の物心両面の幸福《しあわせ》を追求すると同時に、人類、社会の進歩発展に貢献すること」というものに変えました。つまり、稲盛和夫が技術者として、また、大株主として成功するのが目的ではなく、「全従業員の物心両面の幸福を追求する」ことを目的としてこの会社を運営するのだとしたわけです。しかし、それでは従業員の幸せだけを追求するようにもとられかねないので、「人類、社会の進歩発展に貢献すること」ともうたったのです。

そういう経緯の中で「京セラフィロソフィ」というものをまとめていくのですが、『京セラフィロソフィ手帳』の最初のほうにこういうことを掲げています。


経営理念で高らかにうたわれているように、京セラでは全従業員の物心両面にわたる幸福と人類社会の進歩発展に貢献することを経営の目的としています。

私たちが目指す物心両面の幸福とは、経済的な安定や豊かさを求めていくとともに、仕事の場での自己実現を通して、生きがいや働きがいといった人間としての心の豊かさを求めていくものです。

また、私たちは常に技術を磨き、次々にすばらしい製品を世に送り出していくことによって、科学技術の進歩に貢献するとともに会社として利益を上げ続け、多くの税金を納めることなどを通じて公共の福祉の増進に貢献していくのです。

今後もこうした経営目的を果していくために、私たちは自らの力で、京セラをさらに発展させ続け、社員一人一人が安心して将来を託せる会社にしていかなければなりません。

京セラフィロソフィは、そのための行動指針として、またすばらしい人生をおくるための考え方の基準として、体得し実践していかなければならないものです。

京セラフィロソフィ

第1章

すばらしい人生をおくるために

1 心を高める

人生の目的とは、心の純化、浄化に努め、心を立派にしていくこと

私は企業経営をしていくにあたり、「心」というものが一番大事だと考えてきました。「心」とは、「考え方×熱意×能力」という人生の方程式にある「考え方」と同じだと考えています。「熱意」も心の所産ですから、人生の結果、仕事の結果を表すこの方程式から見ても、いかに「心」というものが大事なのかということがわかると思います。

もともと私は理工系の人間です。大学では有機化学、特に合成樹脂などを扱う石油化学が私の専門分野でした。現在化学物質による地球の汚染が問題とされていますが、化学反応によって新しい物質をつくり、世の中をさらに豊かにしていきたい、ということを夢見る技術者であったわけです。

本来そのような思いを持つ者であれば、いわゆる技術万能の発想をするものなのに、私は若いころから、技術や科学よりも「心」というものが最も大事だと考えてきました。ま

た、社会に出てからもずっと、心というものが人生にとって一番大切になるのではないかと思い続けてきたのです。そのために、私の話では、心というものが常に一番大きな比重を占めています。

一九九九年、山口大学が創立五十周年を迎えました。山口大学は、京都大学の名誉教授でもあります世界的な数学者、広中平祐さんが学長をしておられます。広中さんは、ご出身が山口県だったこともあり、山口大学の招聘《しょうへい》を受けて四年前に学長に就任され、今度二期目を迎えておられます。私は広中先生とたいへん親しいものですから、「ぜひ創立五十周年記念講演をお願いしたい」というご依頼をお引き受けしました。

そこで、どういう話をすればいいのかと考えた結果、結局「人生の意義」ということについてお話ししました。一人の人間としてこの世に生を享《う》けて生きていくその人生の目的、意義とは何だろうかということを、私はこの数カ月にわたりずっと考えていました。そして、思案の後に、「心を高める」ことこそが人生の意義であるという結論に達したのです。「心を高める」「心を立派にする」「心を純化する」「心を浄化する」「美しい心をつくり上げる」、言い方こそ違え、このように努力することこそが人生の目的であり、人生を意義あるものたらしめるのは、まさに心を高めることにある、そのことに、巡り巡って私は気がついたのです。

心清らかなれば人生の道は平らで安らかなものになる

なぜ「心を高める」ことが人生の目的、意義なのか。

仏教伝道協会が無料でホテルの部屋などに置いてある『仏教聖典』という書物があります。その中で、お釈迦《しやか》様は心について次のように表現しておられます。

この世界は心に導かれ　心に引きずられ　心の支配を受けている
迷いの心によって　悩みに満ちた世間が現れる

すべてのものは　みな心を先とし　心を主《あるじ》とし　心から　成っている
汚れた心でものを言い　また身で行うと

苦しみがその人に従うのは
ちょうど牽《ひ》く牛に車が従うようなものである

しかし　もし善い心でものを言い　または身で行うと　楽しみがその人に従うのは
ちょうど影が形に添うようなものである
悪い行いをする人は　その悪の報いを受けて苦しみ
善い行いをする人は　その善の報いを受けて楽しむ

この心が濁ると
その道は平らでなくなり
そのために倒れなければならない
また　心が清らかであるならば
その道は平らになり　安らかになる

身と心との清らかさを楽しむものは
悪魔の網を破って仏の大地を歩むものである
心の静かな人は安らかさを得て
ますます努めて夜も昼も心を修めるであろう

心が濁ると、われわれが歩む人生は平らでなくなって、そのためにわれわれは倒れてしまうであろう。一方、心が清らかであれば、人生という道は平らになり、安らかに生きることができるだろう。お釈迦様は、心というものをこのように表現しておられるわけです。

これは経営にも当てはまることです。心が清らかであれば、経営は安定したものとなります。「心を高める」ということは、心を善き方向に導いていく、心を美しくしていくことであり、それは人生や経営までも好転させていくもとになるのです。

●「宇宙の意志」と調和する心

世の中の現象を見ると、宇宙における物質の生成、生命の誕生、そしてその進化の過程は偶然の産物ではなく、そこには必然性があると考えざるを得ません。

この世には、すべてのものを進化発展させていく流れがあります。これは「宇宙の意志」というべきものです。この「宇宙の意志」は、愛と誠と調和に満ち満ちています。そして私たち一人一人の思いが発するエネルギーと、この「宇宙の意志」とが同調するのか、反発しあうのかによってその人の運命が決まってきます。

宇宙の流れと同調し、調和をするようなきれいな心で描く美しい思いをもつことによって、運命も明るくひらけていくのです。


先ほどのお釈迦様の教えにも、「心が清らかであれば、あなたが歩まれる道も平らなものでありましょう」とありました。ですが、単にそう言われても、理屈っぽいわれわれ現代人にはなかなか理解できません。私自身も理解できなかったのですが、あるとき私は、宇宙には「宇宙の意志」と呼べるものがあるのではないかと気がついたのです。

われわれのいる太陽系は、銀河系に属しています。この銀河系には、太陽系に匹敵するものが何億もあるだろうと言われています。そしてまた、この銀河系に匹敵する銀河も、この宇宙には数え切れないほど存在するそうです。

このように、宇宙はとてつもなく大きなものですが、現代の物理学者に言わせますと、宇宙の始まりは、ごく一握りの超高温・超高圧の素粒子の塊だったそうです。それがあるとき、大爆発を起こしてこの宇宙をつくり、現在でもまだ膨張し続けているというのです。この「ビッグバン・セオリー」は、最近では宇宙物理学者の観測データなどによって、正しいことが証明されてきています。

とてつもなく巨大な宇宙が、なぜ一握りの素粒子からできたのかと不思議に思われるでしょうが、最先端の物理学の知識をもって計算してみるとそうなるのです。このことをとらえて、宇宙は「空《くう》」から生まれたと言ってもいいのかもしれません。

仏教では「色即是空《しきそくぜくう》」と言い、あるように見えるものは実は全部空なのだと教えています。現代物理学の言うごく一握りの素粒子の塊が爆発して広大な宇宙ができていったということは、もともとこの宇宙は空だったとも言えます。また、真空からこの宇宙が生まれたという説まであります。真空というのは本来「何も無い」という状態ですが、それは膨大なエネルギーを含んでいたというのです。

ここで、原子の構造について考えてみたいと思います。周期表に出てくる原子の中で最初に登場し、最も質量が小さいものは水素原子です。水素原子には原子核が一つあって、その周囲を電子が一つ回っています。原子核は、陽子と中性子、そして中間子で構成されています。

最新の大型の加速器を使って、中性子や陽子を猛烈なスピードで衝突させて壊しますと、そこから素粒子が出てきます。このことから、複数の素粒子が結合して陽子や中間子、中性子がつくられたということがわかりました。

宇宙開闢《かいびゃく》のとき、もともとあった素粒子がくっついて陽子をつくり、中性子をつくり、中間子をつくり、その中間子の働きで陽子と中性子が結合して原子核を構成した。そして原子核の外側に電子が一つトラップされて水素原子ができ上がった。

原子同士がくっつくことを「核融合」と言い、水素爆弾の原理でもありますが、この核融合によって水素原子同士がくっつきますと、一つ質量の大きい原子ができます。周期表によれば現在約百種の原子があるとされていますが、もともとは一つの素粒子だったのが、このようにして次から次へと結合して、現在の物質世界を構成する各種の原子をつくっていったのです。

さらには、その原子同士が結合して分子をつくり、分子が結合して高分子をつくります。また、その高分子は、ＤＮＡという遺伝子が加わることによって生命体に変わっていきます。地球上に生まれた最初の生命体はアメーバみたいな原生動物であったわけですが、そのアメーバが進化を繰り返し、われわれ人類のような高度な生物までをつくり上げていきました。

もともと、この宇宙は一握りの素粒子から始まったのです。しかし、それは一瞬たりとも現状のままとどまらず、結合を繰り返し、現在の宇宙を形作ってきました。つまり、宇宙には、一瞬たりとも停滞することなく物事を進化発展する方向へ進めていこうという流れがあるのです。この流れを「宇宙の意志」と表現することができるのではないかと私は考えています。

一瞬たりともとどまらないで、森羅万象あらゆるものを進化発展する方向へ導こうとする流れ、もしくは、意志のようなものが、この宇宙空間に遍在している。だから、「私はもう進歩しなくても結構」とか、「私の会社はもう伸びなくてもいい」と考えても、この宇宙はそうさせてはくれない。「どんな会社であっても伸びるのだ」と言わんばかりに、すべての生きとし生けるものを進歩発展する方向へ導こうとするはずです。

宗教家は「宇宙には愛が充満している」と言います。仏教ではこのことを「慈悲の心があまねく存在している」と表現しています。これと同じ意味で、すべてのものを進化発展する方向へ導くような意志が、この宇宙にはあるということなのです。

先ほど紹介した、世界的な数学者である広中平祐さんや、京都大学教授で宇宙物理学の権威である佐藤文隆さんから宇宙創成の話を聞いたときに、私は「それは、宇宙の意志ということで説明できるのではないか」と自分の考えを述べたことがありましたが、彼らも、「そのように理解することができるのかもしれません」と答えてくれました。広中先生や佐藤先生のような、あくまでも自然科学に立脚した考え方をされる人たちでも、形而上《けいじじょう》学的《がくてき》な、または精神的なことに理解を示されるようになっているのです。

愛に満ちた心を抱き日常を生きることで人生や経営は開けていく

宇宙に流れている意志とは、すべてのものを慈しみ、すべてのものを愛し、すべてのものを良くしてあげたい、という思いであり、自分だけが良くなろうという意志の対極にあるものです。この宇宙に存在する森羅万象あらゆるものを一方的に良くしてあげたいという愛の流れと調和をする、同調する心をわれわれが持っていなければならないのです。

企業経営者であれば、他人《ひと》を蹴落としてでも、足を引っ張ってでも自分だけが金もうけをしようと思う人もいるかもしれませんが、そういう心では宇宙の意志とは調和をせず、経営はうまくいきません。

一方、経営者の心が愛に満ちていれば「宇宙の意志」と同調し、経営は順調なものとなるわけです。また、その心さえあれば、「自分の会社は進歩しなくてもいい、伸びなくてもいい」と思っても、発展していくように世界はできているのです。この愛に満ちた心を持つために、先ほどお話しした「心を高める」ということが必要となるわけです。

自分のことは考えずに、みんなが良くなるようにするだけで、果たして自分の会社がうまくいくのかと思われるかもしれません。もちろん、何もただ他人に尽くすことだけやっていればいいということではないのです。

無生物を含めて、宇宙に存在する森羅万象あらゆるものは、一瞬たりともとどまらずに進化発展を続けていると言いました。無生物である素粒子でさえ、またどんな小さな生物や植物であっても、生々流転を繰り返し、必死で生きているわけです。同様に、経営者も、自分の会社を立派にするという一点で、誰にも負けない努力を続けなければなりません。自分で自分を助けなければ誰も助けてくれる者はないという思いで、懸命に働くのです。

相手との勝ち負け、つまり、相手を打ち負かすために働くのではありません。自分自身が生きていくために、自分の会社を立派にするために、必死で働くということです。もし、余裕があって自分の会社を立派な会社にしていくのと同じように、他の人の会社も立派になってほしいと願い、そのお手伝いもしてあげられるようであればよりすばらしいことですが、まずは、一生懸命に働き、自分の会社を立派にするということが大切なのです。

心を高める努力と反省を繰り返す

そこで難しいのは、「どうすれば愛に満ちた心を持てるか」ということです。実際には、私自身も含めて、持てやしないのです。持てないけれども、「持とう」と思うことが大事なのです。

ほとんどの人は心の大切さに気づかず、心を立派にしようなどということに関心を持ちません。しかし、まずは心を高めなければならない、心を美しくしなければならないと思わなければならないのです。そうは言っても、われわれは煩悩、欲にまみれた人間ですから、なかなかそうはなれない。なれないけれども、「ならなければならない」と思って反省する。この反省があるから、努力をしようと心がける。このことが人生にとっては大切なのです。

本当に美しい心を持った人は、「悟りを開いた人」でもあるのでしょうが、凡人がいくら努力をしても悟れるわけがありません。お釈迦様が悟りを開かれた二千五百年前から今日に至るまで、そうして悟りを開いた人というのはほとんど出ていないわけです。

だからこそ、せめて道を少しでも究《きわ》めるために努力しようと思っている人間でありたいと思うのです。そのように自分自身で心を高めよう、心を浄《きよ》めようと努力をしている人は、いわば修行をしているようなものだと思います。またその人間にとって、与えられた人生とは、心を美しくするための道場となるはずです。

私自身、偉そうなことを言っていますけれども、一生懸命にこうして話をすることで、自分自身の心を浄めようとしているのです。「あなたの心はいかほど浄められていますか」「どのくらい心が高まっていますか」と問われれば、本当に答えるのも恥ずかしいくらいのものでしかないのかもしれません。しかし、だからこそ、こういう話を皆さんにするのです。そうすれば必ず「そういうおまえはどうなのか」と私自身を責める自分というものが出てきます。その葛藤《かっとう》の中で私自身を高めていく、この繰り返しこそが人生なのだと思うのです。

私の話を聞いた塾生の中には「企業が経営者の器以上に大きくならないのであれば、私は自分の器を大きくしようと思う」と言われる方がいらっしゃいます。その「器」とは、もちろん肉体のことではありません。心、人格、人柄のことです。つまり、人間としての器を大きくしようということは、心を浄めよう、心を立派にしようという意味であり、人間の心を育てるということです。

「人生はあなたの心のままです」とお釈迦様が説かれたように、経営者が人生という道場で修行を積み、勝ち取った「心」以上には、企業は大きくならないということなのです。

●愛と誠と調和の心をベースとする

人生においても仕事においてもすばらしい結果を生み出すためには、ものの考え方、心のあり方が決定的な役割を果たします。

人を成功に導くものは、愛と誠と調和という言葉であらわされる心です。こうした心は、私たち人間がもともと魂のレベルでもっているもので、「愛」とは他人の喜びを自分の喜びとする心であり、「誠」とは世のため人のためになることを思う心、そして「調和」とは自分だけでなくまわりの人々みんなが常に幸せに生きることを願う心です。

この愛と誠と調和を尊ぶ心から出てくる思いが、その人を成功に導いていく基盤となるのです。

愛と誠と調和に満ち満ちた心、常に心をそういう状態に置かなければならない、と私は言っています。

「愛」と「誠」と「調和」、この三つは、私たちが本来持っている根源的なものだと思うのです。

あなたという存在は、肉体だけを表すのではなく、心というものもそこにあるはずです。その心でいろいろなことを考え、いろいろな思いを巡らせるわけですが、では、その思いが出てくる大本は何だろうと問い詰めていきますと、「魂」という霊性を帯びたものがあるのではないか、ということに思い当たります。

つまり、「自分とは何ぞや」と尋ねることは、人間の本質というものを追究していくことでもあるわけです。

インドのヨガでは、瞑想《めいそう》などを通じて、自分というものの根源に迫ろうとします。目を閉じてマントラを唱えながら精神統一をしていきますと、意識が清明になっていき、最終的に本当の自分というものにたどり着くと言います。人によっては、それを「真我に至る」と言ったり、「自分が存在しているということだけは覚めた意識で実感しているけれども、その他のすべての意識が消えてしまって、『ただ存在する』としか言いようのない感覚にたどり着いた」と言ったりします。

仏教では「山川草木《さんせんそうもく》　悉皆成仏《しつかいじょうぶつ》」と言い、山も川も草も木も、すべてことごとく仏であると教えます。これについては皆さんも昔両親などから「ご飯粒一つにも仏が宿る」など教わったことがあるのではないでしょうか。

このように、人間の本質、根源についてはさまざまな表現があるわけですが、その本質とは「愛」と「誠」と「調和」の三つの言葉で表されるものなのです。皆さんは気づいていないかもしれませんが、皆さんそのものが愛と誠と調和に満ちた存在なのです。あるいは、「あなた自身が仏である」と言ってもいいでしょう。

ところがわれわれは、愛と誠と調和に満ちた魂を持っていると同時に、肉体というものも持っています。この肉体を維持するために、われわれは食物を通じて栄養を取り続けなければなりません。また、食糧がなければ人から奪ってでも自分の肉体を守ろうとする欲望さえ持っています。

もともと人間の本質とは、愛と誠と調和に満ちた美しいものであるはずなのですが、魂が肉体をまとっていますから、最初は肉体が発する欲望が出てきてしまうのです。

勇気を持ってこの魂の外側を覆っている欲望を少しでも抑え、自分の本質である愛と誠と調和に満ちた魂が出てくるようにしなければなりません。そうすることによって、常に自分自身を高め、自らの心を愛と誠と調和に満ちた状態に保ち、すべてのものを生かそうとする宇宙の意志、宇宙の心と調和させていくのです。

●きれいな心で願望を描く

きれいな心で描く願望でなければ、すばらしい成功は望めません。強い願望であっても、それが私利私欲に端を発したものであるならば一時的には成功をもたらすかもしれませんが、その成功は長続きしません。

世の道理に反した動機に基づく願望は、強ければ強いほど社会との摩擦を生み、結果的には大きな失敗につながっていくのです。

成功を持続させるには、描く願望や情熱がきれいなものでなければなりません。つまり、潜在意識に浸透させていく願望の質が問題となるわけです。そして、純粋な願望をもって、ひたすら努力を続けることによって、その願望は必ず実現できるのです。


先ほどの『仏教聖典』にありましたように、お釈迦様は「心に描いたとおりになる」と仰《おつしや》っています。心に思ったことは全部現実として現れると言うのです。

私もそのとおりだとは思うのですが、しかしこれほど証明しにくいものはありません。少しくらいきれいな心で願ったからといって会社がうまくいくはずがない、誰もがそう思うことでしょう。実際には、なかなか思ったとおりにはうまくいかないし、むしろ悪い心がけを持った経営者の会社のほうがうまくいっているというケースさえ、皆さんはよく目にされていることと思います。

そのため、企業経営において「あなたが心に描いたとおりの結果になります」と言われても、どうしても素直に納得できないのだと思います。もし、善には善、悪には悪と一対一の対応で結果が現れるなら、悪などはびこらないはずなのですが、そこは曖昧模糊《あいまいもこ》としていて、真面目にやっていても人生や経営は良くならないし、逆に相当な悪《わる》でも成功する人間がいるように見える。そのために、「世の中はおかしい。不公平だ」となってしまって、私が言うようなきまじめな生き方を誰もしようとは思わないのです。

しかし、「因果応報」と言うように、実際に人生や経営は、心に思ったことと寸分違《たが》わず現れてきます。ただ、スパンが長いわけです。だいたい三十年くらいのスパンで見ると帳尻が合うはずです。

心に描いてから結果が出てくるまでが一週間や一カ月、長くてもせいぜい一年くらいであれば、皆もっと心や考え方を大切にするのでしょうけれども、三十年くらいかけてようやく結果が出たり、ものによっては三十年たっても結果が出ない、ときには死ぬまで出ないこともあるものですから、なかなかそうはならないのです。

一九二〇年ごろ、イギリス、ロンドンの町に、スピリチュアル（霊的）なものを信じている人たちがおり、週末友達と集まって交霊会を開いていました。そこにはいつもシルバー・バーチというネイティブ・アメリカンの霊魂が出てきて話をしていたらしく、その話をまとめた本が『シルバー・バーチの霊訓』（潮文社）というタイトルで十巻ほど出版されています。これは、シルバー・バーチの霊が精神統一をした人に取りついて、その口を借りて話した内容の記録なのですが、その本を読んだ私はたいへん驚きました。

シルバー・バーチというネイティブ・アメリカンの霊は、「因果応報」について次のような趣旨のことを言っているのです。

「現世で生きているときに思ったこと、考えたこと、行ったことは、いいものはいいように、悪いものは悪いように結果として出てくるということを、皆さんは信じてはいないでしょう。それは、あまりにも結果が出てくるまでのスパンが長いためです。しかし、私が今いる『あの世』までも含めた長いスパンで見ると、まったく寸分の狂いもないくらい、相応の結果が出ています」

つまり、肉体を持って生きている現世だけで考えるのではなく、あの世まで通算してみれば、ものの見事に、因果応報は成立しているというのです。

　きれいな思いでなくても、願望は実現します。人をやっつけてでも、同業者の足を引っ張ってでも、自分の会社を立派にしたいと強く思い、誰にも負けないように努力をすれば、会社は大きくなります。極端に言えば、欲望の塊や我利《がり》我利《がり》亡者であっても、成功はするのです。しかし、それは決して長続きしません。長いスパンで見れば、その成功は持続するものではないのです。

　努力をしない人は論外ですが、例えば心がきれいで、仏のように他人のためだけに努力しているという人がいます。自分が金持ちになる必要はない、他人のために尽くすことこそが私の人生だと心底思っていること自体は、たいへんすばらしいことだと思います。

　しかし、先ほども述べたように、自分の会社を大きくしたいと思っているのに、他人のことばかり考えていては、会社が大きくなるはずがありません。それを、「塾長は、利他に努めたら会社も良くなると言っていたではないか」と文句を言う人がいる。これは、自分の会社を良くするには、まず誰にも負けないくらい努力しなければならない、そのことがわかっていないのです。まずは、誰にも負けないくらい努力するということが必要です。

そのときに美しい心でがんばらなければならないのです。他人を蹴落としても自分だけもうかればいいという勝手な思いで努力するのであれば、必ず没落が待ち受けているはずです。

バブル崩壊後、さまざまな不正行為が発覚し、罪に問われた人がたくさんいました。バブル最盛期には、飛ぶ鳥を落とす勢いで次から次へと銀座や大阪にビルを建てて、繁華街を肩で風を切って歩き、ひと晩に何百万、何千万と湯水の如くお金を使っていた人が、わずか十年で見る影もなくなってしまった。

そのような例を見ても、われわれ経営者は、自分の欲望だけを満たそうとしてはなりません。全従業員の幸せを考えなければならないのです。もし会社が傾けば、会社の将来にかけて懸命に働いてくれている従業員を路頭に迷わせてしまいます。経営者とは、そうならないためにも自分が先頭に立って努力している人たちであるはずです。そういう人たちが抱く「自分の会社を立派にしたい」という願望は、美しい心で描いているだけに、長いスパンで見れば必ず報われていくに違いない、私はそのように考えています。

●素直な心をもつ

素直な心とは、自分自身のいたらなさを認め、そこから努力するという謙虚な姿勢のことです。

とかく能力のある人や気性の激しい人、我の強い人は、往々にして人の意見を聞かず、たとえ聞いても反発するものです。しかし本当に伸びる人は、素直な心をもって人の意見をよく聞き、常に反省し、自分自身を見つめることのできる人です。そうした素直な心でいると、その人の周囲にはやはり同じような心根をもった人が集まってきて、ものごとがうまく運んでいくものです。

自分にとって耳の痛い言葉こそ、本当は自分を伸ばしてくれるものであると受けとめる謙虚な姿勢が必要です。


先ほどから述べています「愛と誠と調和の心をベースとする」「きれいな心で願望を描く」、そしてこの「素直な心をもつ」、さらには次に出てくる「常に謙虚であらねばならない」、これらを並べてみると、優しい語感の言葉が並んでいることに気づきます。

特にこの「素直な心をもつ」という言葉は、おとなしく「右向け右」と言われれば右を向くといった、従順な意味合いにとらえがちですが、決してそうではありません。

最近、ある役所の高級官僚の方々が集まる会で、私は仏の教えについて話をしました。インテリの集まりであるだけに、なおさら心のあり方が大切だと思い、仏教の話をしたわけです。そのとき、事務次官まで勤め上げた優秀な官僚が質問だと言って手を挙げました。

「私は先日ミャンマーに行ってきました。ミャンマーは仏教国で、すばらしい国だと思っていました。確かに、ミャンマーの住民たちは明るくて、清々《すがすが》しい顔つきをしていました。しかしその貧しさたるや、想像を超えていたのです。

今、稲盛さんは『きれいな心』『素直な心』『足るを知る』『感謝の心』『謙虚な心』など、仏教の教えについて話されました。しかし、たいへん貧しい生活をしながら、それに満足をしているミャンマーの人たちを見て、あれで本当に幸せなのかと、私は甚だ疑問に思うのです。ミャンマーは独裁に近い軍事政権国家です。その体制下で、民衆は従順にしていいます。そういう無抵抗で従順な民衆になれと稲盛さんは言われるのですか」

私が言っているのは、そのように、ただ従順になれという意味のことではないのです。仏教の教えとして、お釈迦様は一番に「精進《しょうじん》」を挙げておられます。修行をするにしても働くにしても、一生懸命に行う。この精進が、まず初めにあるわけです。

しかし、自らの欲望のみを追いかけてひたすら努力をしていても、その成功は長続きしないのです。人間の欲望には限度がありませんから、ほどほどにという意味で「足るを知る」ことが大切だとお釈迦様は言っているわけです。世の中を良くするためにもっと働きたいというような美しい心で描く願望であれば、限度がなくても構いませんが、個人的な欲望については、できる限り抑える努力をすべきなのです。

ですから私が言っている意味は、決して卑屈になって現状に甘んじるということではありません。自らの欲望を抑えるために「足るを知る」ことを心がけるということなのです。

素直な心は進歩の親

さて、「素直な心をもつ」ということについてですが、私はこのことは人生にとってたいへん大事なことだと思っています。

盛和塾に入塾してこられた方々を見ていますと、やはり素直な心を持っておられるように見受けます。経営哲学などというきまじめなことを勉強しようという人は、やっぱり素直さを心の中に持っておられるのでしょう。ねじれた心、斜に構えた心、素直になれない心では、私の話を聞こうという気にはなかなかなれないはずです。

私は、「素直な心」というものは進歩の親だと思っています。素直な心がなければ、人間は成長、進歩していかないからです。

この「素直な心」の大切さを説かれたのが、あの松下幸之助さんでした。松下幸之助さんは、小学校さえも満足に行かれていないのに、あの松下電器産業(現・パナソニック)という大企業をつくり上げられました。その原動力とは、まさに素直な心なのです。

松下さんは戦前、すでにすばらしい成功を収めておられました。そこでもし傲岸不遜《ごうがんふそん》になり、「自分は偉い」と思いあがっていたとすれば、おそらくそこで終わっていたことでしょう。しかし、年をいくつ重ねられても、「自分には学問がない。学校も出ていない」と言って、「耳学問であっても、他人様に教えてもらって自分を成長させていこう」という姿勢を変えようとはされませんでした。そのため、人の意見を聞いて物事を学び、それを通じて生涯発展、進歩を遂げていかれたわけです。

「素直な心」とは、自分のいたらなさを認め、そこから努力する謙虚な姿勢であり、それこそが成功の鍵なのです。そういうことから、私は「素直な心をもつ」ということを、「京セラフィロソフィ」の中の重要な項目として挙げています。

常に謙虚であらねばならない

世の中が豊かになるにつれて、自己中心的な価値観をもち、自己主張の強い人が増えてきたといわれています。しかし、この考え方ではエゴとエゴの争いが生じ、チームワークを必要とする仕事などできるはずはありません。

自分の能力やわずかな成功を鼻にかけ、傲岸不遜になるようなことがあると、周囲の人たちの協力が得られないばかりか、自分自身の成長の妨げにもなるのです。

そこで集団のベクトルを合わせ、良い雰囲気を保ちながら最も高い能率で職場を運

営するためには、常にみんながいるから自分が存在できるという認識のもとに、謙虚な姿勢をもち続けることが大切です。

あわせて、「常に謙虚であらねばならない」ということも私は強調しています。素直であることと同様、謙虚であることも学びの源となります。

中国の古典に「謙のみ福を受く」という言葉があります。傲慢な人間は幸運、幸福は得られない、謙虚な心の持ち主しかそれを得ることはできない、という意味です。

謙虚、つまり謙《へりくだ》ると言えば、何かみっともないような感じを抱かれる人もあるかもしれませんが、それは誤りです。人は、自分に誇るものが何もないからこそ威張り、ふんぞり返って自己顕示欲を満たそうとするものなのです。たとえ控えめに、謙虚に振る舞うことによって他人からばかにされても、それはばかにする人間が間違っているのです。

経営者にとってこのことは、自分の会社が良くなってくればくるほど必要なことです。中小企業の経営者でも、少しもうかりだしたらすぐに天狗《てんぐ》になる人がいますが、それではそれ以上の発展はあり得ません。せっかく神様が収益が上がるように、会社が立派になるようにしてくださったのに、謙虚さを失い、傲慢になるものだから、たちまちに赤字に転落してしまうような羽目に陥るわけです。常に謙虚であらねばならないということを、皆さんはぜひ肝に銘じてください。

企業経営では、集団のベクトルを合わせて、心と心で結ばれた良い雰囲気を保ちながら、高い能率で職場を運営していかなければならないわけです。このすばらしい企業風土を醸成するためにも、経営者自身が謙虚な姿勢を持たなければなりません。経営者が率先垂範《そっせんすいはん》してそのような姿勢に努めることにより、従業員が後に続くことができるのです。

同時に、社員にも「謙虚であってほしい」と訴えなければなりません。課長や部長がふんぞり返っていたり、取締役が威張っていたのでは、チームワークなど取れるはずがなく、決して集団のベクトルはそろいません。役職が高くなるほど謙虚になって従業員の中に入り、自ら懸命に仕事の夢などを語って聞かせ、職場にすばらしい風土をつくり上げるよう努力していくことがたいへん大切なことです。経営者も従業員もそのような「謙虚な姿勢」を持つことで、企業内にはすばらしい人間関係が築かれ、それをベースとして、必ず企業は発展を遂げていくはずです。

●感謝の気持ちをもつ

社内に人の和がないと、お客様に喜んでいただけるものはつくれません。なぜなら製品にはそれをつくる人の心が反映されているからです。ところが「オレがオレが」といった利己的な考え方では、社内に和をつくっていくことはできません。

私たちが今日あること、そして存分に働けることは、お客様や取引先はもちろん、職場の仲間、家族といった周囲の多くの人々の支援があるからこそです。決して自分たちだけでここまでこられたわけではありません。

このことを忘れず、常に周囲への感謝の気持ちをもち、お互いに信じあえる仲間となって仕事を進めていくことが大切です。


お互いに信じ合える仲間となって仕事を進めていくためには、常に周囲への感謝の気持ちを持つことが大切です。

お客様や取引先はもちろんのこと、職場の仲間、家族といった周囲の多くの人々の支援があったからこそ皆さんはこんにちまで来ることができたわけですから、その方々に対して感謝の気持ちを持つことが必要なのです。またこのことは、人生を生きていく上でも、最も大切なことなのです。

私は「六つの精進」（※次ページ参照）として魂を磨く方法を説いていますが、そこでも、すばらしい人生を送るための一つの要素として「生きていることに感謝する」ということを挙げています。

では、「感謝をする」ということは、どういうことなのでしょうか。まず、自分自身が他に対して謙《へりくだ》らなければ、感謝という心は出てきません。厳しい環境の中でも何とか会社を経営していけるのは従業員の協力があってのことだし、お客様から注文がいただけるからでもあるのです。そういうことを含めてすべて、周りの人のおかげでこんにちの自分はある、という気持ちで謙り、感謝の気持ちを持たなければなりません。

逆に、不平不満、愚痴というものは、必ず人生を暗くし、不幸にします。その不平不満、愚痴の対極にあるものがこの感謝であり、感謝をすることで、人生はすばらしいものになっていくのです。それは、感謝の気持ちを持つことで自分の心が美しくなっていき、運命そのものが明るく開かれていくからです。感謝する心が、幸運を呼び込むのです。

※六つの精進（『六つの精進』〈小社〉より）

1. 誰にも負けない努力をする
2. 謙虚にして驕《おご》らず
3. 反省のある毎日を送る
4. 生きていることに感謝する
5. 善行、利他行を積む
6. 感性的な悩みをしない

●常に明るく

どんな逆境にあっても、どんなに辛《つら》くても、常に明るい気持ちで理想を掲げ、希望をもち続けながら一生懸命努力を重ねてきた結果が、京セラの今日をつくったのです。

人生はすばらしく、希望に満ちています。常に「私にはすばらしい人生がひらかれている」と思い続けることが大切です。決して不平不満を言ったり、暗くうっとうしい気持ちをもったり、ましてや人を恨《うら》んだり、憎んだり、妬《ねた》んだりしてはいけません。そういう思いをもつこと自体が人生を暗くするからです。

非常に単純なことですが、自分の未来に希望をいだいて明るく積極的に行動していくことが、仕事や人生をより良くするための第一条件なのです。

不思議なことですが、人生がうまくいっている人は必ず明るい心を持っています。心根が暗く、不平不満ばかりこぼしているようでは、決してすばらしい人生を歩くことはできません。もちろん、誰にも負けない努力をするという「根性」は必要です。その上で、自分の未来、自分の人生はきっとすばらしい幸運に恵まれているはずだと常に信じることが必要なのです。

けれども、自分の未来は幸運に満ちている、自分にはすばらしい人生が待っていると思いなさいと言われても、この先、何が起こるかもわからないのに、そんなおめでたいことが思えるか、とお考えの方があるかもしれません。しかし、そうではないのです。誰にでも明るい人生が開かれているはずなのです。まずそのことを信じ、誰にも負けないような努力を重ねていけば、必ずすばらしい未来が待っています。

要は信じるか信じないかの問題です。自分の人生はすばらしく明るいと信じて、困難、苦労、苦難にめげず、未来を描いていく。厳しい現実の中でつい負けそうになる自分を励ましながら、明るく振る舞っていく。そのような姿勢こそが、人生を開いていくのです。

物事を明るく善意に受け止める

たとえどんなことがあろうとも、物事をいいほうに、善意に解釈していくことが大切です。悪いほうに悪意に受け取っては、人生はどんどん暗くなります。仮に相手が自分に対して悪意を持って何かを仕掛けようとも、「あの人はばかじゃないだろうか」と疑われるくらい、ニコニコしながら受け流すのです。

そんなあなたを見て、「あの人はよほどのばかだよ。あそこで怒らなくてどうするのだ」と見下す人もいるかもしれませんが、そういうくだらない、悪意に満ちた悪口などは気にせず笑い飛ばせばいいのです。

そう言う私自身、必ずしもそうできているわけではありません。ばかにされたり軽蔑されたりすれば腹が立ちます。しかし、できるだけそれを悪く取らないように努力しています。「あの人はなんと哀れな人だろう。心が貧しいからそんなことを言うのかもしれない」と相手を哀れむことによって、腹を立てずに済むよう努めています。このように、常に物事を明るく考えることが必要だろうと思います。

私は子供のころはガキ大将で、小学校高学年から中学、高校にかけてけんかばかりしていました。今でこそ背は高いほうですが、高校の前半くらいまでは真ん中よりも少し低いくらいでした。それでも負けん気が強く、よくけんかをしたものです。

きっかけは単純なもので、他校の生徒とすれ違いざまに目と目が合って、にらんだとか眼《がん》をつけたと言って、「オイ、コラ」と始まる。または、相手から生意気だとけんかを売られる。そんな他愛もない、くだらないことでしょっちゅうけんかをしていたわけです。

中学三年生くらいになって少し大人になると、「なぜこんなにけんかばかりするのだろう」と、自分が情けなくなってきました。ちょうど人生について思いを巡らせる時期でもあったのでしょう。けんかばかりする自分を戒《いまし》めるもう一人の自分がいたのです。

「おまえは、眼を飛ばしたとか、軽蔑されたとか、他愛もないことですぐけんかをする。おまえの友達を見ろ。彼らはささいなことだと笑い飛ばしているではないか。なのに、おまえだけはことさらそれを取り上げてはけんかのタネにしている。なんと哀れな男か」

しかしまた別の自分が、「それは勇気がないから卑屈になって、腹が立つのを抑えているだけなのだ」と言うわけです。それに比べれば、「自分にはけんかをするだけの勇気があるだけましなのだ」と考えて、結局高校に行ってもやっぱりけんかばかりしていました。

しかし、だんだんとけんかばかりしている自分は駄目な男だと思えて、ささいなことにいちいち腹を立てるのではなく、たとえ相手が悪意を持って言ったにせよ、それを笑い飛ばすだけの人間性が要るのではないかと思うようになりました。そう深く反省して以来、私はプッツリけんかをやめたのです。

世の現象はすべて、自分の心が招いたものです。暗く拗《す》ねた心で送る人生は、ろくなものではないはずです。その意味からも、物事を明るく善意に取って毎日を過ごすということは、非常に大事なことなのです。

2 より良い仕事をする

仲間のために尽くす

人の行いの中で最も美しく尊いものは、人のために何かをしてあげるという行為です。人はふつう、まず自分のことを第一に考えがちですが、実は誰でも人の役に立ち、喜ばれることを最高の幸せとする心をもっています。

かつて、真冬のアメリカで起きた飛行機事故で、一人の男性が自らが助かるというその瞬間に、そばで力尽きそうな女性を先に助けさせ、自分は水の中に消えてしまうという出来事がありました。人間の本性とはそれほど美しいものなのです。

私たちは、仲間のために尽くすという同志としてのつながりをもってみんなのために努力を惜しまなかったからこそ、すばらしい集団を築くことができたのです。

私は事あるごとに「世のため人のために尽くすことが人間として最高の行為である」と

言っています。この「仲間のために」ということは、「世のため人のために」尽くすということに比べると狭い範囲の利他行ではありますが、たいへん大事なことなのです。

世のため人のために、仲間のために尽くすということは美しい心が行うものであり、また、それを行うことによってその人の心はさらに美しく、かつ純粋になっていきます。つまり、人格を向上させていくために、たいへん大事な行為であるわけです。

このことは仏教で言う「利他行」に当たります。仏教では、他人のために尽くすという利他の行為をたいへん大切にします。利他を積むことが悟りへの道だとお釈迦様は説いておられるのです。

仲間のために仕事をする精神がアメーバ経営の真髄

また、「仲間のために尽くす」ということは、京セラのアメーバ経営の基盤を形成しています。

京セラでは、初期のころからアメーバという小集団による独立採算制を敷いてきました。

一握りの経営陣だけが経営を考えるのではなく、全社員が経営者と同じようなマインド、考え方、精神でもって会社を運営していくことが強い企業をつくるはずだと考えたからです。組織を小集団に分けて、それぞれが一つの会社のように独立採算で運営されることにより、おのおのが収益を上げているかいないか、無駄な動きをしているかいないかが把握できるようになります。これが、アメーバ経営と呼ばれる管理手法です。効率的な経営を目指し、事業部別に独立採算制を採用している企業は数多いと思いますが、京セラの場合には、それをさらに小集団化していっているのです。

事業部別の独立採算制を採用している場合、問題となってくることがあります。それは成果配分です。例えば、いくつかの事業部に分け、それぞれ独立採算で見ていくと、一つの事業部は大きな利益が出たけれども、一つの事業部は赤字を出したというように、収益がアンバランスになるケースが発生します。その場合どうするのかという問題です。

一般には、収益のたくさん出た部門の人たちにボーナスを出したり、高い給与を払ったりしているのかもしれません。つまり、成果に従って利益配分を行うわけです。特にアメリカでは、このような利益の成果配分を行っている企業がほとんどではないかと思います。

例えば、業績が上がれば十カ月分といった天井知らずのボーナスがもらえるけれども、悪いときには、お正月が来ようとお盆が来ようとボーナスは出ないという、非常にドライな考え方です。

アメーバ経営で多くの方が不思議に思われるのはこの成果配分のことであり、業績の良いアメーバの給料をアップさせるとか、ボーナスを多くするということをしないということに、なかなか納得されないようです。京セラではあるアメーバが業績に貢献し、会社全体の牽引《けんいん》役となって仲間のために貢献したとしても、給料、ボーナスなど、金銭的に報いることはしていません。その集団に与えられるのは賞賛と賛辞だけなのです。

人からは「そんなことで、社員がよく納得しますね」と、常に不思議がられてきました。ですが、「代償を求めず仲間のために尽くすことが人間として一番大切である」と私が創業のときからずっと説いてきたので、京セラの社員はたとえ自分の事業部が利益を出したからといって、「ボーナスを余計にくれ。給料をもっと上げてくれ」とは、誰も言いません。

なぜ金銭や物質でもって報いてこなかったのか。それは人間の心理を考えたからなのです。業績が上がればボーナスが余計にもらえる、給料が上がるとしましょう。そうすると、もらったところは士気が高まり、さらに高いボーナスをもらおう、給料も上げてもらおうと盛り上がることでしょう。

しかし、業績向上が果たせなかった事業部は、それを目の当たりにして意気消沈してしまいます。ある事業部がますます活況を呈していくのに対し、一方の事業部は、それに反比例して沈滞していくわけです。それでは会社全体としてうまくいくはずはありません。

また、意気消沈する事業部に「君らもがんばりなさい。業績が上がったら必ずボーナスや給料がアップします」と励ましてみても、なかなかうまくいかないこともあるでしょう。人間というものは、一年や二年がんばってみてうまくいかなければ、だんだん拗ねてひがんでくるものです。

さらには、うまくいっていた事業部もいつまでも順風満帆にはいきませんから、業績が落ちるときが来ます。すると、今まで高額のボーナスをもらっていた人たちが「業績が悪化したので、今回のボーナスは出ません」と言われたら、どう思うでしょう。人間の心というものを考えれば、やはり意気消沈してしまうはずです。同時に、住宅ローンの返済もできない、などの現実的な問題が生じてしまい、それが不満に変わることになるでしょう。

一方では、万年うまくいかなくて意気消沈している事業部がある。また一方では、会社を引っ張ってくれると期待していた事業部まで低迷しだして、人間関係が崩れていく。それでは会社全体が悲惨な状態になってしまいます。つまり、会社の業績がアップ・アンド・ダウンを繰り返すように、人の心も決して安定しないのです。

よくがんばってくれたところには賞賛を与え、周囲の従業員も「君たちががんばってくれたから、会社がうまくいって、自分たちもボーナスをもらえる」と感謝する。私はそのように、好業績に報いる方法として、名誉だけを与えるという形をとってきました。それは、みんなで努力をし、みんなで物心両面の幸福を実現しようと考えたからです。そのためにも、創業のときから「仲間のために尽くす」ことの重要性を強く説いてきたのです。

信頼関係を築く

京セラでは、創業以来、心の通じあえる社員同士の結びつきを経営の基盤においてきました。お互いが感謝と誠意をもって心を通わせ、信頼関係の上にたって仕事を進めてきたのです。コンパやさまざまな行事は、全員が心をひらき、結びつきを強める機会として重要視されてきました。

上司と部下の関係であっても、信頼関係のベースがあれば、お互い本音で言いたいことをはっきり言いあうことができます。それによって、問題点が誰の目にも明らかとなって仕事がスムーズに運んでいくのです。

こうした信頼関係を築くためには、日頃からみんなの心の結びつきをつくり上げるよう、お互いに努力することが必要です。


信頼関係を築くために一番大切な行事として、京セラではコンパを重要視しています。また、会社行事は全員参加を鉄則にしてきました。

一九六〇年代に入ってだんだんと会社が大きくなってくると、当時の日本企業がやっていたように、慰安旅行みたいなこともするようになりました。『京セラフィロソフィ手帳』の中にも「大家族主義で経営する」という項目がありますが、会社の中に家族と同じような関係を築いていこうという趣旨で、一、二泊くらいの温泉旅行などをするようになったわけです。

当時は、中学校や高校を卒業して間もない若い社員が大半でしたが、なかには、彼らとは親子ほど年の離れた社員もいました。

慰安旅行に行こうと発表すると、「ガキみたいな連中と温泉に行って酒を飲んでも面白くない。その日は慰安旅行には行かず、われわれだけで麻雀でもしよう」とふらちなことを企《たくら》む年輩社員たちがいたわけです。あるいは、「そんなところに行くより、お金をもらって、われわれはわれわれでどこか他のところに行きたい」と言う者もいました。

私は当時、そのような社員を烈火の如く怒ったものでした。全員で慰安旅行に行こうというのは、みんなで遊びに行くということではないのです。社員間の絆《きずな》を強め、信頼関係をさらに強固なものにすることが目的であって、上司と部下ではなく、同志としての関係を築くために設けた機会なのです。その重要性を理解せず、慰安旅行は遊びだと考えるから、「麻雀でもしていたほうが楽しい」となってしまうのです。

日本の企業に昔から慰安旅行という文化があるのは、社員に対する褒美としてではなく、本来は社員間の絆を深めていくためであったはずです。それがしだいに形骸化してしまって、ただの遊びだととらえられるようになってしまったようです。

絆を深めるにはまずお互いを知り合うことから

では、絆を強めるにはどうしたらいいのか。お互いに相手を知り合うということ、このことが、始まりであって終わりでもあります。上司が部下のことを知っているかどうか、逆に、部下が上司のことを知っているかどうか、これこそが、信頼関係をつくっていく基盤なのです。

信頼関係というのは、約束事や取り決めで築けるものではありません。そんなことではなくて、あの人と私は話をした、あの人とはこの前お酒を飲んだ、あの人は私を知っている、私もあの人を知っている、そういう単純なことが信頼関係を築くベースなのです。もちろん、互いに尊敬し合うような高尚な関係もありますが、企業内においては、お互いを知り合うということが信頼関係の始まりであり、終わりでもある。それだけでいいのです。

そのために一番いい方法が、車座になって酒を飲むということです。四角四面で話をしていても信頼関係は生まれませんが、ちょっとビールでも飲んで、「オイオイ、おまえ」というようなことを言うと、相手は「社長はおれのことを覚えていてくれたぞ」と急に親しみを感じるようになる。これが非常に大事なことなのです。

私にとって、コンパとは大切な儀式でもありました。会社が大きくなった現在では、すべてのコンパに出るわけにもいかなくなり、役員や部長が私の代わりに出席してくれていますが、それまでの間は、会社で行われるすべての忘年会に出席していました。十二月に入ると毎日どこかの課や部で忘年会をしていますので、ほとんど毎日、コンパに出続けたこともありました。

その忘年会も、会社の発展につれしだいに規模が大きくなってきて、五十人から百人くらいの規模になってきました。例えば、出席すると五十人くらいのグループに加わり、一緒に車座になって、お猪口《ちょこ》に一杯でもお酒を飲む。みんなから注《つ》がれるものですから、それでもたいへんな量になります。ある年など、風邪で高熱が出ていたにもかかわらず、注射を打って出ていって、酒を飲み続けたことがありました。

車座になって注いだり注がれたりしながら飲んでいると、なかにはふらちなやつもいますので、私が「コラ、おまえ」と、とっちめたりします。ときには烈火の如く怒るものですから、周囲の人はみんな白けてしまう。そいつだけをいつまでも怒っているわけにもいきませんので、次のテーブルに移って、今度はその席の人たちにまた別の話をする。このような感じで、コンパを進めていきました。

そうやって飲んでいくと、だんだん座が乱れてきます。酔っ払ってきて、お酒はこぼれるわ、服は汚れるわ、もうたいへんな有様です。もはや社長と社員ではなくて、飲み友達みたいになって飲んでいるわけです。

そういう中で、「社長から面と向かって、おまえ、ばかか！　と怒られた」と社員が誇らしげに言う。そんな触れ合いを通じて絆が深まっていく。理屈を超えた人間関係を築いていくのに、私はそうやってきました。

つまり、自分も京セラという会社で働く仲間の一員なのだ、という意識を深めてもらう。そのためのセレモニーという意味で、私はコンパを重要視してきたのです。

●完全主義を貫く

よく九〇パーセントうまくいくと「これでいいだろう」と妥協してしまう人がいます。しかし、そのような人には、完璧な製品、いわゆる「手の切れる製品づくり」はとうていできません。「間違ったら消しゴムで消せばよい」というような安易な考えが根底にあるかぎり、本当の意味で自分も周囲も満足できる成果を得ることはできません。

営業にしろ製造にしろ、最後の一パーセントの努力を怠ったがために、受注を失ったり不良を出したりすることがあります。

自分自身の努力をさらに実りあるものとするためにも、仕事では常にパーフェクトを求めなければなりません。

私は、若いころからこの「完全主義を貫く」ということをモットーにしてきました。

この「完全主義を貫く」、または「パーフェクトでなければならない」というのは、私自身の性格もありますが、同時に「ものづくり」という仕事に従事した経験から言い出したことだったのではないかと思っています。

例えばセラミックスをつくるとき、まず何種類かの原料を混ぜ、それを成形して高温の炉で焼きます。次に、焼き上がったものを研磨したり、セラミックスの表面を金属化させたり、製品として完成するまでには長い工程があるわけです。そしてその間の工程で一つでも失敗すれば、すべてが駄目になってしまいます。それまでに注ぎ込んだ材料代から加工賃、電気代、あらゆるものすべてが無駄になるわけです。

つまり、製造の全工程において、たとえわずかコンマ何パーセントというミスであっても、それまでの努力がすべて水泡に帰してしまう。そういうことを、私たちものをつくる人間は経験してきているわけです。一瞬の気の休まる間もないくらいの完全主義を貫きパーフェクトを狙っていかなければならない。これがものづくりの世界です。

さらに具体的にセラミックスを例に取れば、何十種類かの原材料を混ぜる場合、原料を一種類でも入れ間違えば全部駄目になってしまうでしょうし、入れる分量を間違ってもいけません。また、混ぜ方が悪くても駄目なのです。実際、昔、私が実験をしていたときに、このようなことがありました。

実験室で原料の粉末を混ぜるときは、メノウでできた乳鉢と乳棒を使っていました。こういうセラミックスを合成しようと考えて、計算した分量の原料を入れ、乳鉢で混ぜるのですが、そのとき、乳鉢と乳棒がこすれることによって、メノウの成分であるシリカも混ざってしまいます。このことも前もって予測し、計算しておかなければなりません。

さらに、混ぜていく時間が長ければ長いほど、原料は完全に混ざりますが、メノウが摩耗して出てくるシリカの量も増える、という問題も考慮しなければならなくなります。

セラミックスをつくるには、酸化マグネシウム、酸化カルシウムといった原料の粉末を混ぜます。皆さんには、メリケン粉などを想像してもらうとわかりやすいと思いますが、例えば色の違ったメリケン粉を入れて混ぜるとしましょう。最初、まだら状に見えていたものが、一生懸命混ぜていくうちに、均一になってきます。

ところが、液体の場合だとこれで均一に混ざったことになるのですが、固体の粒ですから、いったいどういう状態になれば完全に混ざったと言えるのかわからないわけです。粒がもっと小さくなって、直径千分の一ミリという粒になっても、ミクロで見ればやっぱり完全には混ざってはいません。ですから、よく混ぜてものをつくろうと思っても、どこまで混ぜればいいのかということも問題になってくるわけです。

乳鉢で混ぜても、「ポットミル」という回転する器具で混ぜても、完全に混ざったというのは、どの時点を言うのだろう。永久に回し続けても混ざることはないし、どこまで混ぜればいいのか。まるで哲学の問答みたいなものです。

ですから私は、汚い恰好《かっこう》をして乳鉢で原料を混ぜながら、「混合という工程一つでも、これはたいへんなことだな。すべてのことが完全に行われなければ、自分の理想とするものはつくれない、そのためには、どうすればいいのか」ということを考えていました。

また、完全主義を貫いていきませんと、ある工程でちょっとした不注意で失敗し、製品が駄目になってしまえば、自分の会社に損害が出るだけではなく、そのために納期が遅れてお客様にまでたいへんな迷惑をかけることにもなります。

昔、まだ会社が小さく、電子工業向けの各種セラミック部品しか生産するものがないころは、ほとんどが客先からの注文生産でした。営業が客先に行って打ち合わせをして、「こういうセラミック部品をつくって、いついつまでに納入してください」と言われ、「間に合わせましょう」と答えて引き受けてきます。お客様はその約束の納期に合わせてその部品を組み込んだ機器の生産予定を立てますから、必ずその期日までにつくって納めなければなりません。

しかしそのようなときに限って、もうギリギリのところでちょっとしたミスをしてしまって失敗する。その製品が粉を混ぜてから完成するまでに延べ十五日間かかるものであれば、最終出荷の手前で失敗すると、さらにあと十五日かかるわけです。お客様にも「あと十五日間待ってください」と言わなければなりません。

すると、「おまえのところみたいなボロ会社に頼んだばっかりに、うちの会社がつぶれてしまうではないか」というようなことを言われ、営業がこっぴどく叱られます。それをもみ手をして何とか許してもらって、「社長、二度と取引はしないと憤られています」と、半ベソをかきながら帰ってくる。そういう辛酸をなめてきたからこそ、わずかなミスでもたいへんなことになると知っているのです。それ故に京セラは完全主義を旨として今日までやってきました。

消しゴムで消して直せばいいというのは許さない

このことは製造以外の面においても同じく当てはまります。

私の著書に、『稲盛和夫の実学』(日本経済新聞出版社)という会計学の本がありますが、その中に、次のようなエピソードが紹介されています。

会社が小さいころ、私はある経理部長をさんざん悩ませたものです。理解できない点があると、私は一生懸命に彼に質問していました。複式簿記どころか、経理のケの字も知らないような男が何だかんだと言うものだから、その経理部長は最初から嫌な顔をしていました。会社の偉い人だからしようがないとは思うけれども、年も若い上に、わけのわからないことを言ったり、幼稚な質問をしたりするやつだと思っているわけです。

「この帳簿にある、お金はどこにあるのですか」

と、私が聞けば、

「お金なんて、ありません」

と答える。

「ないなら、どこに行ったのですか」

「それはいろいろ調べてみなければわかりません」

「そんなことじゃ困ります」

「そう言われても、これだけの規模の事業をやっていれば、お金というのは売掛金になっていたり、在庫になっていたり、仕掛品になっていたり、いろいろな形に変わっているのです」

私はそれでも納得できず、次から次へと質問し、問い詰めていきました。すると、相手も最初は私のことをなめてかかっていたのですが、問い詰められ、説明しているうちに、数字に誤りがあることが判明したのです。

「さっき言った話と違う。この数字は、合っていないではないですか」

と私に言われて、「あら?」となる。さすがにちょっとまずいと思ったのでしょう、「すみません」と、すぐに消しゴムを持ってきて数字を直そうとしたのです。

私にはそれがどうしても理解できませんでした。

これが製造であれば、製品は全部駄目になってしまっていたでしょう。経理の人間というのは、後で消せるように数字を鉛筆で書いておいて、間違っていたら消しゴムで消して書き直せば済むと思っている。だから、いつまでもこういうミスがなくならないのだと、私はそのとき烈火の如く怒ったわけです。

つまり、消しゴムで消せないものがあるのです。

事務系の人間は、消しゴムで消して直せば大丈夫だと思っているようですが、それではいけません。すべての仕事において、少しでもミスがあれば取り返しがつかないことになる、そう思うくらい日々緊張して仕事をしなければならないのです。ですから、最後に数字が合えばいいという考え方は許しません、と私は事務系の社員にも完全主義を要求しました。

ベストとパーフェクト

ちょうど会社ができてから二十年ぐらいたったころのことです。フランスに、シュルンベルジェという名門企業があります。石油の採掘を行うときに、どのくらい掘れば石油の層に突き当たるのか、電波を使って地層の測定を行う専門の会社です。穴を掘る際、むやみやたらにリグと呼ばれる大きなドリルで掘っていたのでは、石油の層に到達した瞬間、一気に油が噴き出してしまって大火災を起こしてしまいます。ですから、あと何十メートル掘れば石油の層に当たるのか、あるいはガスの層に当たるのかということを予測する必要があるわけです。その非常に特殊な技術を持った会社、それがシュルンベルジェです。

そのシュルンベルジェの当時の社長が、私が新聞や雑誌に登場し、いろいろなことを述べているのを知り、日本へ来られたときにわざわざ京都まで訪ねてこられました。そのころの私はシュルンベルジェがどういう会社なのかもよく知らなかったのですが、お会いしてみたら、その方はすばらしい哲学を持っておられることがわかったのです。

彼はフランスの名門の出で、お父さんは有名な銀行の頭取、奥さんもインドの有名な詩人、タゴールのめいとのことでした。彼自身もシュルンベルジェに請われて社長になったそうで、すばらしい国際人であると同時に、すばらしい哲学者でもありました。また、当時フランス社会党の政治家とも友人関係にあったそうで、一時はフランス政府の閣僚に選ばれるのではというううわさもあったほどの人物でした。

その方が、どうしても私に会って、経営哲学について語り合いたいと京都に見えたのです。ひと晩ゆっくり話をして、さすがにシュルンベルジェを世界有数の企業にしただけのことはある方だと、私はたいへん感銘を受けました。

彼も私に感銘を受けたと言い、できれば京セラの幹部数名、シュルンベルジェの幹部役員数名に集まってもらい、彼がアメリカ・アリゾナのスコッツデールに所有している個人の別荘で、さらに経営哲学について語り明かしたいと、招待してきたのです。

そこで私は、京セラの幹部を数名連れて、アリゾナのスコッツデールに彼を訪ねました。彼、ジャン・リブー氏は、サボテンがたくさん生えている砂漠の中に、見事な別荘を持っておられました。一日目はゴルフの招待を受け、翌日は夜を徹して経営哲学を語り合うことになりました。

シュルンベルジェのモットーに「ベストを尽くす」という言葉がありました。シュルンベルジェは、ロシアであれ、中国であれ、いずれの国においてもシュルンベルジェの技術を使わなければ石油が掘れないと言われるほどの会社です。その会社のモットーが「ベスト」であったわけです。片や京セラは、「パーフェクト」を目指す、と言っていました。

議論になったのはそのことでした。シュルンベルジェは「ベスト」を狙う。京セラは「パーフェクト」を狙う。ベストとは、「他のものより良い」「最高にいいもの」という意味ですが、私は「ものづくりの精神から言って、最高にいいものであっても、ちょっとした瑕疵《かし》(=欠点)、傷があるだけで、すべてが駄目になってしまう。だから、完璧、パーフェクトでなければならない」と言い、ベスト対パーフェクトで深夜まで議論が続いたのです。ついにジャン・リブー氏が「いや、そのとおりだ。今後はベストをやめて、わが社もパーフェクトに変えようと思う」と、私の意見に同意してくれました。

実際、完全主義と言っても、人間ですから完全なことなどできるわけはありません。しかし、それでも完全主義を貫いていこうという意識を持って努力していくことが大切です。

●真面目に一生懸命仕事に打ち込む

一生懸命に働くということは、勤勉であるということであり、仕事に対する態度が常に誠実であるということです。

私たちが本当に心から味わえる喜びというのは、仕事の中にこそあるものです。仕事をおろそかにして、遊びや趣味の世界で喜びを見出そうとしても、一時的には楽しいかもしれませんが、決して真の喜びを得ることはできません。人の一生の中で最も大きなウエイトを占める仕事において充実感が得られなければ、結局は物足りなさを感じることになるはずです。

真面目に一生懸命仕事に打ち込み、何かを成し遂げたときにこそ、他には代えがたい喜びが得られるのです。

このように私は、真面目に一生懸命に打ち込むことを社員に強く訴えてきました。また、私は「誰にも負けない努力をする」ということも説いていますが、その「誰にも負けない努力」を重ねる上で、「真面目に一生懸命」に努めるということが、非常に大きな意味を持っているのです。

お釈迦様が説く精進とは真面目に一生懸命努力をすること

仏教で悟りを開くということは、心を高める、人間性を向上させる、心を美しくするということと同義です。つまり、人間性が高まっていく、心が美しくなっていく、その最終、最高のレベルを「悟りの境地」と言うわけです。その悟りを開くための方法として、お釈迦様は「精進」ということを言われています。悟りを開くためには、この精進をしなければならないと言っておられるのです。

精進するということは、真面目に一生懸命に努めるということです。この、真面目に一生懸命に努めるということでその結果として報酬が得られるばかりではなく、その人の人間性が向上し、人格が高まり、心を美しくするという第二の効果が得られるのです。

禅宗では、お寺の雲水《うんすい》は食事の用意から庭掃除、お堂の掃除に至るまで、あらゆる作業をします。それらの作業はそれぞれが修行であるとして、禅宗では重きを置いているのです。それは、一心不乱に仕事をする、真面目に一生懸命に仕事に打ち込むことが、禅定《ぜんじょう》、つまり坐禅《ざぜん》を組んで精神統一を図り、精神を高揚させていくことと同じだという考えに基づいているからです。
真面目に一生懸命に、というのは、あることに打ち込んで必死に努力するということであり、そのような努力が人間というものをたいへん立派にするのだということで、お釈迦様は修行の一番目に「精進」を挙げておられるのです。

人生の豊かさは仕事（本業）に打ち込む中で生まれる

世の中、特にものづくりの世界において、名人、達人と言われる人がいます。そう呼ばれるような人は、生涯を通じ、真面目に一生懸命仕事に打ち込んできたからこそ、その領域にまで至ったわけです。ただ少しくらい努力をしましたという程度では、そこまでなれるわけがありません。

つまり、名人、達人とは、仕事ができるだけではなく、その人の心、精神状態が非常に崇高なところにまで高まっている人たちなのです。良いものがつくれるというだけでは、持っている技能が高いと言うことはできても、名人とまでは言えません。技能ももちろん優れているが、その人が持つ心の状態がその作品にも反映し、人を感動させ、感銘を与えるようなすばらしいものをつくる。それが、名人、達人です。それはまさに、真面目に一生懸命仕事に打ち込んでいなければつくれないものなのです。

「仕事だけが人生ではない。趣味や娯楽も必要だ」と言う人がいます。しかし、私に言わせると、それは、本業である仕事に打ち込むことのできない人が、その代替として、趣味などに自分の喜びを見出そうとしているだけなのです。

本業に真面目に、真剣に打ち込むことによって、その本業に喜びを見出してこそ、プロの経営者として仕事が全うできるのです。たとえ中小企業であろうと、経営者として従業員を守っていく、家族を守っていく、またお客様を守っていくために、仕事に真面目に一生懸命打ち込むことがたいへん大事なことだと思っています。

労働を通じてこそ真の人格が形成される

以前、アメリカにある戦略国際問題研究所（ＣＳＩＳ）で「リーダーシップ・創造性・

価値観会議」というテーマのセミナーがありました。NATO（北大西洋条約機構）の大使を務められたこともあるCSISのアブシャイア氏が、私の著書『新しい日本 新しい経営』（PHP研究所）の英語版（For People and For Profit）を読み、私の考えに刺激を受けられたそうで、リーダーのあり方というテーマについて深く話し合おうという趣旨のもと催されたセミナーです。そのときのスピーチの内容を引用してみたいと思います。

人間社会にはいろいろな集団があり、小はコミュニティ、学術団体、ボランティアグループのようなものから、大は国家と呼ばれるような数億人規模のものまであります。そこには、その集団を引っ張っていく中心的な人物、つまり、リーダーと呼ばれる人がいます。

歴史をひもといてみると、リーダーによってある集団は大きな発展を遂げ、ある集団は悲劇的な運命をたどるということが起こっています。私たちの運命というものは、その属している集団のリーダーによって左右されていると言っても過言ではないのです。

そのリーダーの資質について、中国の明代の著名な思想家である呂新吾は、政治のあり方を説いた著書『呻吟語《しんぎんご》』の中で、「深沈厚重ナルハ是《こ》レ第一等ノ資質」と述べています。つまり、リーダーとして一番重要な資質とは、常に深く物事を考える重厚な性格を持つ人格者であるべきだ、と言っているのです。

さらに呂新吾は、同じ『呻吟語』の中で、「聡明《そうめい》才弁ナルハ是レ第三等ノ資質」と述べています。つまり、頭が良くて才能があり、弁舌が立つことは、三番目の資質でしかない、と言っているのです。ところが現在では、呂新吾が言う第三等の資質しか持っていない人、つまり、聡明才弁の人をリーダーに選ぶことが、洋の東西を問わず、広く行われています。確かにこのような人材は能吏として役に立つことは間違いありません。しかし、彼らが果たして立派なリーダーとしての人格を備えているかどうかは疑問だと思うのです。

私は現在、世界の多くの社会が荒廃している原因は、このように第三等の資質しか持っていない人材をリーダーとして登用しているからだと思うのです。ですから、より良い社会を築いていくためには、呂新吾が述べているように第一等の資質を持った人、つまり、立派な人格者をリーダーにしていかなければなりません。

ところが、その人格というものは先天的なものでも、永遠不変なものでもありません。人格とは、時と共に変化していくのです。生来、立派な人格を持った人もいれば、そうではない人もいるかもしれません。しかし、たとえ立派な人格を持って生まれてきた人でも、一生を通じてその優れた人格を持ち続ける例は希有《けう》なことです。それは、人格というものはその人をとりまく環境により、時々刻々、良い方向にも悪い方向にも変化していくものだからです。

例えば、努力家で謙虚であった人が、一度権力の座に就くと、人が変わったように傲慢になってしまい、晩節を汚すケースがよくあります。一方、前半生に世を拗ねて渡り、反社会的な生き方をしてきた人が、あることをきっかけに心を入れ替え、苦労を重ね、辛酸をなめながら、晩年にはすばらしい人格者になった例もあります。このように人格が変化していくものであるならば、リーダーを選ぶ基準というものは、その時点での人格だけでは判断できないことになります。

そうであれば、私たちはリーダーをどのようにして選んでいけばいいのでしょうか。

それにはまず、人格とはいかに形成されていくのか、そしてどのように向上させていくことができるのかを考えることが必要です。

私は、人格とは多くの知識を詰め込むことではなく、日々の労働を通じて向上させることができると考えています。つまり、私たちは一生懸命に働くことにより、生活の糧を得ることができるだけではなく、人格を高めることもできると考えているのです。


ＣＳＩＳでのスピーチではこのような話をして、その後に二宮尊徳の例を挙げて話を結びました。

私は昔、「晩節を汚す人間が多過ぎます。まだ正義感にあふれる若いときにこそ正しいことを貫いていくべきなのです」とよく言っていました。若いときから苦労に苦労を重ね、真面目に一生懸命働くことによってつくり上げた人格というものは、晩年になってもそう簡単に変わってしまうものではありません。そのようなプロセスを経てつくり上げた人格者、そういう人をリーダーに選ぶべきなのだということを、ワシントンでのスピーチで話したのです。

真面目に一生懸命仕事に打ち込むこと、それは自分の人格、自分の人生をつくり上げるためにもたいへん重要なことです。そのために、私はいつも「真面目に一生懸命仕事に取り組んでください」とお話ししているわけです。

●地味な努力を積み重ねる

大きな夢や願望をもつことは大切なことです。しかし、大きな目標を掲げても、日々の仕事の中では、一見地味で単純と思われるようなことをしなければならないものです。したがって、ときには「自分の夢と現実の間には大きな隔たりがある」と感じて思い悩むことがあるかもしれません。

しかし、どのような分野であっても、すばらしい成果を見出すまでには、改良・改善への取り組み、基礎的な実験やデータの収集、足を使った受注活動などの地味な努力の繰り返しがあるのです。

偉大なことは最初からできるのではなく、地味な努力の一歩一歩の積み重ねがあってはじめてできるということを忘れてはなりません。

私は、地味な努力を積み重ねることをたいへん大切に考えています。どんなに偉大なことも、地味な一歩一歩の努力の積み重ねでしか達成できません。人生において一つの仕事を成し遂げようとした場合、ジェット機のように簡単に目的地に着ける便利な乗り物はないのです。地味な一歩一歩を積み重ねていくしかありません。

そうとわかってはいても、人は「自分の会社を大きくしたいと思っているのに、今やっているような地味な仕事をコツコツとやっていてもどうにもならないのではないか。こんなことで本当に日本一の会社にできるのだろうか」と焦り、自分の描く目標と現実との間に大きな隔たりを感じて悩んでしまうものです。

私自身、実際にそうやって悩みました。会社をもっと立派にしたいのに、今やっていることは非常に地味な仕事の繰り返し、目の前に横たわる問題を一つ一つ片づけていくという、こんなことを来る日も来る日もやっていたのでは会社を大きくできるわけがないと、思い悩んでいたのです。

それはまさに、賽《さい》の河原の石積みのように、一つ積んではまた次の石を積む、という地味な作業の積み重ねです。しかし、それを繰り返しているうちに、周りに部下や同僚が集まってきます。その人たちにも一つ一つ積んでいってもらい、またその人たちの部下にも積んでもらう。そうすると、会社が大きくなっていくに従って末広がりに仲間が増えていき、積む石はそれぞれ一つずつでも、同時に百人、いや千人が積むような会社になっていきます。

一人がやれる仕事というのはたかが知れていますが、大勢が一致団結して取り組むことによって、またそれを続けていくことで、やがては偉大なことを成すことができる。そのことに私は気づいたのです。

日々の創意工夫が地味な努力の積み重ねを支える

そうは言うものの、地味な仕事を毎日毎日繰り返していると、飽きてだんだん嫌になってきます。そこで私は、嫌にならないためのコツであり、同時に、地味な努力を加速させていく方法を自分なりに考えました。それが「創意工夫をする」ということです。

創意工夫と言えば難しそうに聞こえますけれども、それは、今日よりは明日、明日よりは明後日《あさって》と、必ず改良改善を加えていくということです。同じ石を積むにしても、荷車で運んでいって積む方法もあれば、何人かでリレー形式で運んでいって積む方法もあるというふうに、いろいろなやり方を考えるのです。今日はこんな方法でやってみる。明日はさらに能率のいい方法を考えていく。そういうことを私は連綿と続けてきました。

創意工夫をしながらやっていくと、たとえ地味で単純な作業であっても、昨日よりは今日と少しずつ向上していきますから、仕事の面白味も変わっていきます。結果として、このことは、仕事に飽きないようにするための工夫にとどまらず、やがては大きな飛躍をもたらしてくれるのです。

京セラという企業はバラエティーに富んだハイテク技術を持っています。例えば第二電電（現・ＫＤＤＩ）の子会社であるセルラー電話（現・ａｕ）向けに、携帯端末を大量に生産しています。以前は通信機器をつくるような会社ではなかったのに、今では日本でトップクラスのメーカーになっているのです。

そのような技術は京セラにもともとあったものではありません。また、セラミックスに関しても最初から高度な技術を持っていたというわけではないのです。

さらには太陽電池や再結晶宝石の分野まで、非常に広範囲の技術を確立してきたのも、もともと知識があったからでも、最初から優秀な技術者がいたからでもありません。創業から今日にいたるまで、毎日毎日少しずつ改良改善を重ねていった結果、そのような高度な技術を身につけるようになったのです。全員が少しずつでもいいから工夫をする、その集積が、京セラの広範な技術のベースとなっているのです。

創意工夫の精神を持ち続けることが中小零細企業を大企業へと変えていく

例えば、中小企業の経営者が「親から引き継いだ事業、あるいは自分で始めた事業にはどうも将来性がなさそうだ。だから新しい事業展開をしたい」と考えるとします。しかし、そうは言っても人材はいないし、技術もない。結局それはかなわぬ夢であって、とうていできっこない。そう考えるのではないでしょうか。

私自身も京セラ創業当時、同じように鬱々と悩んでいました。創業間もないベンチャー企業ですと、夢は大きくても規模は中小零細ですから、人を採用しようと思ったところで、いい大学を出た優秀な技術者など来てはくれません。「うちの会社であなたの技術を生かしたい」と頼んでも、そういう優秀な技術者は一流会社に行ってしまいます。「しょせん、自分が望んでいることは高嶺《たかね》の花なのかな、うまくいかないな」と思っていました。

同様に、今の仕事を続けていっても将来性がないから新しいことをしたいと思うけれども、人材もない、技術もない、資金もないからそれは無理だとあきらめている方は大勢いると思います。しかし、そうではないのです。

例えば、繊維関係の縫製工場を経営しているとします。メーカーからこういうものをつくってくれと言われて、型紙など必要な材料をもらい、裁断して縫う。このような加工を、三十人ほどの社員を雇ってやっている会社だとしましょう。工業用ミシンを三十台並べ、一枚縫ったらいくらという賃加工で従業員に工賃を支払う零細企業というわけです。

それでも、例えばボタン穴をかがるにしても、この前まではこうやってミシンで縫っていたけれども今度はこうしてみようというふうに、いろんな工夫を試みるのです。新しいことに挑戦すると必ず行き詰まって「これはどうしたらいいのだろう」と考えることになります。そうすると、その解を求めて先輩や同業者などに「ボタン穴をかがるところがうまくいかないのだけれども、何かいい方法はないでしょうか」と聞きに行きます。友達に会っても同じように聞きます。もし大学で縫製のことに詳しい人がいれば、そういう先生にも聞いたりします。

いろいろな人に聞くうちに、「それだったら、繊維産業ではないけれども、こういう産業で同じようなことをしているところがありますよ」などと教えてくれる人に行き当たります。そこで、教えられたところに行ってみると、まったく業種は違うけれども、同じようなことを思いもかけない方法でやっているわけです。「あっ、なるほど！　こういうすばらしいやり方があったのか」と気がついて、それを自分のところに導入し、改善していく。

そういうことを次から次へとやっていくと、それまでは型紙や布地を支給してもらって裁断と縫製を行い、一枚当りいくらというふうにただの賃加工をやっていたのが、ミシンの縫い方をどんどん工夫しているうちに、いろいろな縫製技術を身につけた専門業者になっていくのです。

すると、柔らかい布をミシンで縫製するだけではなく、強力な工業用ミシンを導入して、非常に硬い衣料、例えば革ジャンみたいなものまで縫えるようになる。そのうち、「陸上自衛隊向けで強靭《きょうじん》な布でつくった服が要るらしい」というような話を聞きつけては、「私のところではこういうものが縫えるのです」と名乗りを上げ、新しい注文をもらってくる。そこでも新しい技術を教えてもらい、自分のものにしていく。このように、次から次へと芋づる式に技術を身につけていくわけです。

つまり、大学などで得た学問ではなく、人から教えてもらう耳学問によって技術は進んでいくのです。大学どころか高校もやっと出たという程度の経営者でも、こうやって知恵をつけていけばいいのです。そうやって発展をしていったのが、京セラです。

この原点は松下幸之助さんにあります。松下幸之助さんは小学校も出ておられず、すぐに丁稚奉公《でっちぼうこう》に行かれました。その後は、もっぱら耳学問で知識を伸ばしていかれたのです。なぜ耳学問だけで伸びたのかというと、そこに「創意工夫」があったからです。「何でや?」と常に疑問に思い、そこから工夫を重ねていく。この松下幸之助さんの精神が、松下電器産業をあれだけの大きな企業にしたのです。

地味な努力を積み重ねることが大切です。その積み重ねの中で創意工夫をし、改良改善を続けていくことが、中小零細企業から大企業へと変身を遂げていくただ一つの方法だと言ってもいいと思います。

自ら燃える

物には可燃性、不燃性、自燃性《じねんせい》のものがあるように、人間のタイプにも火を近づけると燃え上がる可燃性の人、火を近づけても燃えない不燃性の人、自分でカッカと燃え上がる自燃性の人がいます。

何かを成し遂げようとする人は、自ら燃える情熱をもたなければなりません。高校野球では、心から野球の好きな若者たちが、甲子園という大きな目標を目指し、一丸となって生き生きと練習に励んでいます。その姿には、未来への可能性とエネルギッシュな躍動が感じられます。彼らは自ら燃える自燃性の集団なのです。

自ら燃えるためには、自分のしていることを好きになると同時に、明確な目標をもつことが必要です。

経営者、トップであれば、自分の会社をこうしよう、ああしようと常に考えています。不況ですとなおさらカッカとなって、必死でがんばっておられるはずです。そして、自分の周囲にいる部下を、「おい君、今うちの会社は受注が減ってたいへんだから、こういう動きを取ってほしい。いちいち僕が言わなくても、自分で考えてそのくらいのことはやってくれよ」と、叱咤《しった》激励したりします。

そのときに、まったくクールと言おうか、冷め切った顔をして全然燃え上がってくれない者がいます。こちらはカッカと熱くなっているのに、もうその熱まで冷めてしまいそうになる氷みたいな人間が、必ず一人や二人はいるでしょう。こういう人間がいると非常に嫌なものです。特に中小零細企業の場合には、燃えてくれない人が一人でもいると全体が沈滞した雰囲気になります。

私はよく次のように思いました。

「そういう者は会社にいてもらわなくて結構だ。会社を立派にしようと思えば、私が近づかなくても勝手に燃えてくれる『自燃性』であってほしい。少なくとも燃えている私が近づけば一緒になって燃えてくれる『可燃性』でなくてはならない」

一番困るのは燃えない人間です。京セラはセラミックスという燃えない製品をつくっている会社ですから、冗談交じりに「うちの会社はホントに燃えんやつばっかしや」とこぼしたこともあります。

私と同じように勝手に燃えてくれる人がたくさんいたらいいのにな、などと考えていたのですが、なかなかそういう人はいませんでした。

しかし、会社の中で、あっちでも燃えている、こっちでも燃えているというように、自分から燃えてくれる人間が何人いるかで、会社の良し悪《あ》しは決まってきます。

ですから、いかにして「燃える人」をつくるかということが、経営を左右する鍵となってくるのです。

自燃性をつくる

では、「燃える人」をどうやってつくるか。これは次の項の「仕事を好きになる」ということにも関係してきますけれども、自分から燃える人は、人から言われたから仕事をする、命令されたから仕事をするというような人ではありません。言われる前に自分からやるという積極的な人が、「燃える人」なのです。

燃える人を採用したい場合、やはり最初に見るべきはその人の性格です。燃えるタイプとしてまず一番に来るのは「勝ち気」、そして「常に何事にも積極的」な人です。そういう性格の持ち主が自分に与えられた仕事を好きになると、完全に自分から燃えてくれます。ですから、なるべくならそういう性格の人を採用し、仕事を好きになってもらうように仕向けるのです。

もう一つ、自ら燃えさせる方法があります。それは、責任感と使命感を持たせることです。

盛和塾で学ぶ経営者の方々は、皆さんもとから「自燃性」だったのではないと思います。親から事業を引き継いだ瞬間、「自分の会社を守らなければならない」という使命感と責任感を覚え、そのために自ら燃えだしたという人が多いのではないでしょうか。この使命感、責任感も、自らを燃え上がらせる要因になるのです。

勝ち気で積極的な性格を持った人に仕事を好きになってもらうことで自燃性の人をつく

る方法が一つ。もう一つは、さほど勝ち気でも積極的でもない、真面目でおとなしそうな人の場合は、責任感を持たせて自ら燃えてもらう。気が弱く、自分から進んでやろうとはしないタイプでも、責任のある立場に就けて三人でも四人でも部下を持たせ、「責任者としてあなたがこの部門を守ってください」と言って使命感を持ってもらえば、自分から燃え上がって「やろう」と言い出すはずです。

●仕事を好きになる

仕事をやり遂げるためにはたいへんなエネルギーが必要です。そしてそのエネルギーは、自分自身を励まし、燃え上がらせることで起こってくるのです。

そこで、自分が燃える一番よい方法は、仕事を好きになることです。どんな仕事であっても、それに全力を打ち込んでやり遂げれば、大きな達成感と自信が生まれ、また次の目標へ挑戦する意欲が生まれてきます。その繰り返しの中で、さらに仕事が好きになります。そうなればどんな努力も苦にならなくなり、すばらしい成果を上げることができるのです。
こうした心境にまで高まってはじめて本当にすばらしい仕事を成し遂げることができるのです。

一九九九年三月、私は京セラで二番目に古い鹿児島の川内《せんだい》工場に赴き、幹部社員数百名に「すばらしい人生を歩むための五つの要点」という話をしました。その講話の中で「京セラは四十周年を迎えますが、その間、私自身すばらしい人生を歩いてきたと思っています。しかし、本当はすべての人の人生がすばらしいものでなければなりません。そのためには心がけるべきことがあります」ということを話したわけですが、その五つの要点の最初に来るのが、この「仕事を好きになる」ということなのです。

これはまさに私の実感なのです。大学を出て入った会社で、「仕事を好きになった」おかげでこんにちの私があるとつくづく思うものですから、これは人生において、また仕事において、本当に大切な要素だと考えているわけです。

私は一九五五年に大学を出ましたが、当時は朝鮮戦争後の不況でなかなか就職ができず、先生のお世話で碍子《がいし》をつくっている松風工業という京都の会社にやっと就職させてもらいました。しかしながらそこはたいへん経営内容の悪い会社で、戦後十年間ずっと赤字を続け、すでに銀行の管理下に置かれていました。給料も一週間や二週間遅配することなど珍しくなく、また、業績が悪いものですから、組合としょっちゅう労働争議を起こしていたのです。

私が入れてもらった社員寮もボロボロで、畳表ははがれ、中のわらが飛び出ているといった状態でした。こんな状況ですから、もう入った瞬間から不平不満ばかりこぼしていました。先生のお世話でやっと入れてもらったのだから本来なら感謝しなければならないのに、会社の悪口ばかり言っていたのです。

大卒の同期入社は五人いたのですが、みんな寄ると触ると「こんなボロ会社だとは思わなかった」と、会社に対する不平不満をこぼし合っていました。そして、辞めても行くところなどないのに「早く辞めよう」と口々に言って、「誰が一番早く辞めるか」などと話していました。これでは、仕事を好きになるどころではありません。

そのうちに一人辞め、二人辞め、結局夏が過ぎるころには、私ともう一人京都大学を出た、九州の天草出身の男の二人しか残っていませんでした。

ある日、二人で「自衛隊にでも行こう」と話し合って、京都の桂《かつら》で願書をもらい、伊丹《いたみ》の自衛隊まで幹部候補生の試験を受けに行きました。結果、二人とも合格し、幹部候補生学校に入ることになったわけですが、入隊手続きに必要な戸籍抄本が私だけ田舎から届かなかったのです。提出期限になっても送ってこなかったので私は入隊することができず、友人だけが「稲盛君、がんばれよ。おれは行くからな」と、さっそうと旅立っていきました。私は愚痴をこぼす相手もいなくなり、ボロ会社に一人取り残されてしまいました。

そこで私は「愚痴をこぼしていたって天に唾するみたいなものだ。どうせなら、一生懸命仕事に打ち込んでみよう」と気持ちを切り替え、以来、ファインセラミックスの研究に没頭するようになりました。すると面白いことに、いい研究結果が現れだしたのです。

私はもともと有機化学、特に石油化学やプラスチックスなどを大学では専攻していて、焼き物の世界については就職前に付け焼き刃で勉強したくらいでした。どちらかというと、無機化学の分野は好きなほうではなかったのです。

ところが、研究に打ち込み、いい結果が生まれてくると、だんだん面白くなってきます。

面白くなってきますから、さらに打ち込んでいく。またいい結果が出る。そのようにして、わずか一年くらいで、日本で初めて新しい高周波絶縁材料の合成に成功しました。

その材料は、私が開発する一年ほど前にアメリカのGE（ゼネラル・エレクトリック）社が合成に成功していたものでした。その新しい材料を、私が独力で、日本で初めてつくり出すことに成功したわけです。周囲の人からもたいへん褒められ、うれしくなって自信もつきました。そして、私の人生はそこからうまく回転し始めたのです。

「会社を好きになった」こと、「仕事を好きになった」こと、このことが今日の私をつくったということを、今しみじみと実感しています。

好きになれば苦も厭《いと》わず

また、好きになれば苦労など感じません。嫌々やっていると、どんなことでもつらく感じるものです。

研究に打ち込みだしたころ、私は寮から鍋釜を研究室に持ち込み、そこで生活をしながら実験を続けていました。しかしそれはちっとも苦にはならず、むしろ楽しくてならなかったほどでした。

「惚《ほ》れて通えば千里も一里」という言葉があります。好きな人に会いに行くときは、千里の道でさえもわずか一里くらいにしか感じられないという意味です。

例えばゴルフでも、ただ「十八ホール歩いてみろ」と言われたら、おそらくすぐに疲れてしまうことでしょう。ゴルフが好きだからこそ十八ホールもの距離を、ボールを追いかけながら回れるのです。

京セラをつくってからというもの、私は朝早くから晩は遅くまでずっと仕事に打ち込んできました。近所の人から「おたくのご主人はいったい何時に帰ってこられるのですか」とあきれられたり、田舎の両親からも頻繁に「そんなに働いたのでは身体を壊してしまう」と心配する手紙が届きました。はたから見ればたいへんに思えるのでしょうが、本人は好きでやっているのですからつらくもないし、疲れもそれほど感じていないのです。

また、「好きこそものの上手なれ」と言うように、このことが、物事の上達をも促すのです。

この「仕事を好きになる」ということは、大きな仕事を成し遂げていくためには一番大切なことだろうと思います。

●ものごとの本質を究《きわ》める

私たちは一つのことを究めることによって初めて真理やものごとの本質を体得することができます。究めるということは一つのことに精魂込めて打ち込み、その核心となる何かをつかむことです。一つのことを究めた体験は、他のあらゆることに通じます。

一見どんなにつまらないと思うようなことであっても、与えられた仕事を天職と思い、それに全身全霊を傾けることです。それに打ち込んで努力を続ければ、必ず真理が見えてきます。

いったんものごとの真理がわかるようになると何に対しても、またどのような境遇に置かれようと、自分の力を自由自在に発揮できるようになるのです。

先に「完全主義を貫く」ということと「真面目に一生懸命仕事に打ち込む」ということ、そして「地味な努力を積み重ねる」ことについてお話をしました。実は、この三つのことを四六時中やっていれば、物事の本質が究められるようになるのです。

完全主義を貫き、仕事に打ち込みながら、三年がたち、五年がたち、そして十年がたっていく。そうするうちにだんだん物事の本質が究められるようになっていきます。これは禅宗のお坊さんが坐禅をして悟りを開くのと同じことだと思います。

禅宗では日々坐禅を組むだけではなく、自分たちで炊事をし、掃除をし、風呂を沸かし、また農作業をして自分たちの食べるものを作っています。そこでは、あらゆる仕事が坐禅と同じく修行とされているのです。

つまり、「一つの仕事に打ち込むこと」が修行であるわけです。例えば食事を作るという場合、雑念妄念《もうねん》を払拭してただ食事を作ることに一生懸命になる。そのことが、やがて悟りへの道を開いていくのです。年がら年中朝から晩までだるまさんみたいに坐禅を組んでいれば悟りが開けるというものではないわけです。

私も、ファインセラミックスの研究開発に打ち込み、また会社経営に一生懸命に取り組むうちに、何か核心のようなものをつかんだ気がします。

以前、私はある宮大工の方が対談をされているのをテレビで見て、感心させられたことがありました。もう年は六十か七十歳くらいでしょうか、小学校を出てからずっと宮大工として務めてこられたそうで、その方が大学の哲学の先生と対談をしておられたのです。それが大学の先生もタジタジになるくらい、すばらしい話をされていました。

「一芸に秀でる」という言葉があります。「大工の仕事を究める」ということは、ただ単に鉋《かんな》をかけてすばらしい建物を造れるようになるということではなく、自らの人間性をもすばらしいものにつくり上げることに通じるのです。つまり、一芸に秀でた人、物事の本質を究めた人は、万般あらゆるものに通じるようになる、そう私は感じたわけです。私自身、そういう境地にまで行かなければと思ったものです。

不変の人格は仕事に打ち込む中でつくられる

物事の本質を究めた人は、漂う風格もどこか違っています。高度な教育を学校で受けていなくても、すばらしい人格をつくり上げておられるのです。

先に述べたように、戦略国際問題研究所のセミナーで、私は「リーダーにおける人格の重要性」というスピーチを頼まれて、ワシントンまで行ってきました。

アメリカの心ある人たちは、クリントン大統領の不祥事をとらえて、大統領という一国を代表するリーダーの資質に疑問を抱くとともに、アメリカのリーダーシップの現状に強い危惧《きぐ》の念を持っています。そのため、「リーダーとはいかにあるべきか」ということを考え始めているということでした。

私は著書『新しい日本 新しい経営』の中で「リーダーのあるべき姿」として、必要な資質をいくつか挙げていますが、スピーチではあえて本の内容には触れず、「人格がすばらしいからリーダーたり得るのだ」という人格論を冒頭に掲げ、ではそういう人格はどうしたらつくれるのかということについてお話ししたのです。

しかし、注意しなければならないのは、人格とは固定的でまったく変化しないものではなく、「変化する」ということです。例えば、真面目で立派な人格者だと思っていたのに、リーダーになって周りからちやほやされるうちにだんだん傲慢になり、ついには人柄がまったく変わってしまう人がいます。

また、若いころは極道者で悪さもし、周囲の人を泣かせたけれども、晩年になって目が覚めて、すばらしい人格者になったという例もあります。このように、人格は普通変化します。環境によって、また状況によって変わってしまうのです。

では、変化しない人格というものをつくることはできるのか。スピーチで私は、内村鑑三が『代表的日本人』という著書で取り上げた二宮尊徳のお話をしました。

二宮尊徳は日本の江戸時代の農民で、寺子屋で若干の勉強をしたかもしれませんが「学問を修めた」と呼べるほどのものではなく、朝は朝星、夜は夕星をいただくまで、鍬《くわ》一丁鋤《すき》一丁を担ぎ、田畑に出て農作業にいそしみ、それだけで、貧しかった農村を豊かな村に変えるという偉業を成し遂げました。

この尊徳のすばらしい業績を伝え聞いた日本各地の殿様が、貧しく疲弊した村の再建のために彼を招くようになります。尊徳もそのような要請を受け入れて、寒村を次から次へと豊かな富める村へと変えていきました。

そのうわさはやがて江戸幕府にも伝わり、殿中に尊徳を招くまでになります。そのときの様子を、内村鑑三は次のように表現しています。

「生まれも育ちも貧しく、教養も何もない一介の農民である尊徳が、侍と同じように裃《かみしも》を着けて城に上がり、当時の武将たちに伍《ご》して話をする。その立ち居振る舞いといい、話の内容といい、すべてがすばらしいものであった」

つまり、人格とは、仕事に打ち込むことによって身についていくものであって、学問を修めたり本を読んだりして身についていくものではないということです。

そのスピーチでは、「物事に打ち込んで打ち込んで人格をつくり上げたような人を、すべての組織のリーダーに選ぶべきです。そうすれば、集団を不幸に陥らせることはないはずです」と結びました。

物事を究めれば万般に通ず

私も今、たくさんの方々に集まっていただいて、説教じみたお話をしています。しかし、今お話ししたようなことを私が専門的に勉強したかというと、そうではないわけです。セラミックスの研究をし、製造し、販売する、また会社を経営するということを四十余年間やってきただけのことなのです。しかし、一つの物事を究めれば万般に通じていくのです。

本来なら、ワシントンで学者や官僚など並み居るアメリカの知性を前にして話ができるような男ではないのです。ただ京都という町で地味なセラミックスの仕事を四十余年間、ずっと飽きもせずやってきただけの人間です。しかし、そこで体得したものは、アメリカの中枢であるワシントンでも通じるわけです。一つ物事を究めれば、あらゆることに通じていくということは、こういうことだろうと思います。

また日本においても、経済について特別勉強したわけでもない私が経済団体などで発言をすれば、皆さん私の言葉を尊重してくれます。それは私に権威があるからではなく、精魂を打ち込み、あるものを究めた人間の発する言葉がいささかなりとも真理を突いているため、結果として尊重されるのだと思うのです。

経営者といっても、親の仕事を引き継いだケースもあれば自分でベンチャーを始めたという場合もあるでしょうし、また業種についても、運送業もあれば縫製業や小売業など、さまざまなものがあるでしょう。大事なことは、「自分の一生、このままでは終わりたくない。もっといろんなことをやりたい」と思うならば、仕事を好きになり、今日よりは明日、明日よりは明後日と創意工夫を重ねていかなければならないということです。それを長年続けることが大切なのです。

渦の中心になれ

仕事は自分一人ではできません。上司、部下をはじめ、周囲にいる人々と一緒に協力しあって行うのが仕事です。その場合には、必ず自分から積極的に仕事を求めて働きかけ、周囲にいる人々が自然に協力してくれるような状態にしていかなければなりません。これが「渦の中心で仕事をする」ということです。

会社にはあちらこちらで仕事の渦が巻いています。気がつくと他の人が中心にいて、自分はそのまわりを回るだけで、本当の仕事の喜びを味わうことができないときがあります。自分が渦の中心になり、積極的に周囲を巻き込んで仕事をしていかなければなりません。

私はこの「渦の中心になれ」ということを社員に対してよく言ったものでした。

会社の中では、例えば「社員教育に力を入れて、社員の質を高めようではないか」というように、さまざまなテーマが持ち上がってきます。なかには、それが総務の仕事なのか、人事の仕事なのか、担当がはっきりしない類いのものもあります。

特に会社が小さいうちは、経理や総務、営業という境界も明確ではなく、おのおの兼務であらゆる仕事をしているというケースが多いと思います。

そのような場合、ある問題が持ち上がってくると「みんな、終業後にちょっと集まってくれ。社長がこの前から社員教育をして社員の質を高めようと言っているので、そのことについて話をしようと思う」という言いだしっぺが必ずいます。

それは年齢の高いベテラン社員とは限りません。若くても、自分の先輩を集めて、そう切り出す者もいます。

そのような者の周りにみんなが集まってきて渦をつくる。一つのテーマが一つの渦をつくります。そして、同じような渦があちらこちらでいくつも動いている。こういう会社が活力、活気のある会社だと思います。

「ボケッとしていると、部下や後輩に取り仕切られ、周囲をグルグルと走らされることになるぞ。自分が中心となって、周囲の人間を使いなさい」

渦を起こせないベテラン社員には、そう言ってよく発破をかけたものです。

命令でもって人を動かすのではありません。問題意識を提示すれば自然に人がそこに集まり、周りに渦をつくっていきます。そのような社風が必要なのです。

例えば、「今年は売上を倍にしよう」というテーマがあるとします。まだ入社したばかりの若い社員であっても、「課長、売上を倍にすると社長が言っておられますが、一度みんなで集まって、どうすれば倍にできるか検討してみませんか」と言い出す者があれば、もうその人間がリーダーなのです。いい恰好をしたいからというのではなく、目的意識を持っているからそうする、こうした渦の中心になれる人間が会社の中にいなければなりません。

「渦をつくっていく人になってほしい。そういう人が数多くいる企業でなければ、発展していかないのです」と、私は事あるごとに社員に呼びかけていました。

●率先垂範《そっせんすいはん》する

仕事をする上で、部下やまわりの人々の協力を得るためには、率先垂範でなければなりません。人の嫌がるような仕事も真っ先に取り組んでいく姿勢が必要です。

どんなに多くの、どんなに美しい言葉を並べたてても、行動が伴わなければ人の心をとらえることはできません。自分が他の人にしてほしいと思うことを、自ら真っ先に行動で示すことによって、まわりの人々もついてくるのです。

率先垂範するには勇気と信念がいりますが、これを常に心がけ実行することによって、自らを高めていくこともできるのです。上に立つ人はもちろんのこと、すべての人が率先垂範する職場風土をつくりあげなければなりません。

リーダーたる者、自ら最前線で仕事をしなければなりません。「その後ろ姿で部下を教育するのがリーダーというものだ」と思って、私は最初から最前線で仕事をするように努めてきました。

しかし、リーダーが先頭に立つということは本当に理想的なのだろうか、と考える人もいると思います。戦争では、第一線で歩兵と一緒に苦労しているのは下士官の軍曹たちなどで、総大将は後方で指揮を執るのが普通です。

トップはどこにいるべきなのか。私は、会社を始めた当初からこのことを常に問題にしてきました。

「リーダー論」などを読んだりすると、「トップは何よりも大局を見誤ってはならない」と書かれています。会社であれば、技術、製造、営業はもとより、経理、教育、人事、総務など、広範な領域をすべて見渡して、あらゆることに的確に指示を与えていくのが社長の役目です。そのためには、全体が見渡せるような高い位置にいて、そこから全軍の指揮を執るのが好ましい、というような意見を鵜呑《うの》みにし、実行している経営者も多いことでしょう。しかし、私にはどうもそうは思えないのです。

戦争映画を見ていると、最前線で塹壕《ざんごう》を掘って、土砂降りの雨の中を這《は》いつくばり、敵から撃ち込まれてくる銃弾の雨を避けながら必死に防戦しているシーンで、兵とともに最前線で戦う部隊長などの姿が出てきます。最前線の塹壕で泥水をすすりながら、ともすれば崩れそうな自軍の兵を叱咤激励し、生命の危険を冒してまで最前線に踏み止《とど》まる部隊長を見て、「すばらしいリーダーだ」と評価する人もあるでしょう。

しかし、その前線は守れるかもしれないけれども、目の届かない別の戦線を敵に打ち破られてしまって、結局は敗走に次ぐ敗走をして全滅してしまうケースもあります。そうなると、「あのばかな部隊長がいい恰好をして最前線で指揮を執り、『勇気もあってすばらしい部隊長だ』という周りの褒め言葉に酔い、大局が見えなくなってしまって、結局部隊を全滅させてしまったのだ」と非難する人もあるわけです。

はたまた、後方で指揮を執れば「最前線では互いに弾薬も切れて白兵戦に突入し、敵味方入り乱れて血だるまになって銃剣で戦っている。そのような凄惨な状況も知らないで、後方の丘の上に陣取り、悠々と戦況を見ている。それではいくら戦況の報告があっても、緊迫感が伝わらないために、戦局を見誤るだろう」と言う人もいます。

後方にいればいいのか、前線に行けばいいのか。私も真剣に考えました。

どちらも真理だと思います。後ろにいて全軍を見渡して指揮を執るのも真理、最前線で兵と苦楽を共にし、死線をさまよいながら部下を叱咤激励するのも真理。ただし、どちらかに極端に偏《かたよ》ってはならないということだけはわかりました。

しかしそれでも、リーダーは前線に出て、兵と苦楽を共にするべきではないか。そう強く思ったのは、日露戦争の乃木希典《のぎまれすけ》大将と大山巌《いわお》元帥の話を聞いたときのことでした。

されどリーダーは先頭を切る勇気を持て

日露戦争のとき、ロシアの軍港であった旅順《りよじゅん》港の後方にそびえる二百三高地を巡って、日本軍とロシア軍による壮絶な争奪戦がありました。二百三高地を占領し、そこに大砲を持ち込んで旅順の軍港を砲撃すればこの戦争に勝てるというので、時の大将乃木は日本の陸軍を率いて、二百三高地の攻略を図ります。

しかし、すでにそこにはロシア軍が陣地を構え、機関銃がずらりと並んでいました。三《さん》八《ぱち》式歩兵銃を担いだ日本兵が攻め上がってくると、ロシア軍は機関銃を撃ちまくり、辺りは死屍累々《ししるいるい》としています。日本軍はただ「突撃！　突撃！」と策もなく連日攻め寄せていく。二百三高地が日本兵の血で染まっていくのに、それでも乃木大将はばかの一つ覚えみたいに「突撃！　突撃！」と繰り返す。当時日本ではたいへんな非難がわき起こり、「乃木を降ろせ」とまで言われていました。

二百三高地は絶対に攻め落とさなければならない要所でした。東郷平八郎率いる日本艦隊を攻めんがため、ロシアのバルチック艦隊が接近してくる。敵が旅順の軍港に入港してくれば、日本はたいへんなことになる。なんとしても旅順港を押さえなければならない。その日本の戦略に従い、乃木大将は懸命に前線で戦っていたわけです。

その乃木大将を後ろから動かしていたのが、当時の満州軍総司令官大山巌です。大山元帥は二百三高地から遠く離れたところに陣を取り、はるか彼方《かなた》にドーン、ドーンという砲声を聞いていました。

前線の乃木大将は、日に日に戦力が消耗していく中で必死に戦っています。そんな状況下で、大山元帥はある朝起きたときに、鹿児島弁で副官にこう言ったそうです。

「今日はどこでいっさがあんどかいな（今日はどこで戦闘が行われているのかな）」

大山がそれだけの豪胆な人物だったから日露戦争に勝てたのだというようにも言われていますが、私はそれを聞いてあきれました。大山巌と言えばわが鹿児島の大偉人ですけれども、こんな人が指揮官であってはならないと思いました。

中国風に言えば、彼は大人《たいじん》です。大将はドンと構え、小さなことに動じてはなりません。ドンと構えているからこそ部下が信頼して働くのであって、リーダーのくせに右往左往して落ち着かないような肝っ玉の小さい人物では話にならない。もっと豪胆であるべきだ。それが中国で言う「英雄」なのです。

しかし私は、このエピソードを聞いた瞬間、「後ろにいては駄目だ。自分はとにかく前へ行って、みんなと一緒に苦労しよう」と思ったのです。それ以来、私はこの率先垂範を旨としてやってきました。

確かに、後ろにいて全体を見渡すことも必要かもしれません。しかし、後々それを言い訳に使う人間が必ず出てくるはずです。つまり、「私は楽をしているのではない。全体を見るために後ろにいるのだ」と主張するわけですが、それは自分が苦労したくない、楽をしたいものだから言うのです。前線から逃げて後ろで遊んでいるだけなのに、「全体を見ているのだ」とうそをつく。そのような人には、私はこう言いたい。

「おまえは何を言っているのだ。仮にもリーダーなら、前に出てきて働いてみろ。おまえも行って注文を取ってこい。注文も取れないような男が、人に『注文を取れ』と言うな」と。

しかし、ずっと前線にいては戦局を見誤る恐れがあるのも事実です。ですから、前線で兵を叱咤激励し、みんなと一緒に苦労をしては、後方に取って返して全体を見渡すようにする、という具合に、臨機応変に前線と後方を行ったり来たりすることが必要になります。しかしそれでも一番大切なのは、やはり、社員の先頭を切って自分も仕事をし、苦労するという勇気です。

この率先垂範は社長だけの問題ではありません。営業を任せている課長や部長もそうでなければなりません。製造の課長でもそうです。人をあごで使って自分は偉そうにしているのではなく、率先垂範していくようなリーダーとならなければならないのです。

自らを追い込む

困難な状況に遭遇しても、決してそこから逃げてはいけません。追い込まれ、もがき苦しんでいる中で、「何としても」という切迫感があると、ふだん見過ごしていた現象にもハッと気づき、解決の糸口がみつけられるものです。

火事場の馬鹿力という言葉があるように、切羽詰まった状況の中で、真摯な態度でものごとにぶつかっていくことによって、人はふだんでは考えられないような力を発揮することができます。

人間はえてして易《やす》きに流れてしまいがちですが、常にこれ以上後にひけないという精神状態に自らを追い込んでいくことによって、自分でも驚くような成果を生み出すことができるのです。


このことは、不況時においては、特に心にとどめなければならないと思います。問題を解決していくにあたり、私は常に自らを追い込むよう心がけてきました。厳しい現実から逃避するのではなく、自分から問題に対し、真正面からぶつかっていくような気持ちで、困難の中に自分自身を追い込んでいったのです。

昔、研究中に、このようなことを体験したことがあります。

連日徹夜続きで実験をしていても、なかなかいい結果が出ませんでした。私は、苦しみ、もがきながら、自分をギリギリのところまで追い込み、昼夜を問わずなおも実験を続けました。

すると、切羽詰まった状況が続く中で、あるとき、フッと我に返ったような瞬間が訪れました。それまで続いていた緊張が緩み、パッと問題解決のヒントがひらめき、そのヒントをもとに実験をしてみるとうまくいった、このようなことがあったのです。

地方大学を出て京都の松風工業という会社に入り、そこでファインセラミックスの研究を始めることになったわけですが、私はその分野の専門知識をあらかじめ身につけていた、優秀な技術者というわけではありませんでした。もともと石油化学、特に合成樹脂といった有機の分野が好きで、それに焦点を絞って勉強してきましたし、また卒業論文も有機系のテーマでまとめるつもりでいました。それが、どこにも就職口が見つからず、やっと無機化学の窯業の世界で就職が決まったものですから、急遽《きゅうきょ》テーマを無機化学の分野に変え、泥縄式に卒業論文をまとめたわけです。もちろん、授業で無機化学の勉強もし、単位も取っていましたから、まったく無知だったというわけではありませんが、もともと私にとっては関心の薄い分野でした。

研究に打ち込んでいくうちに、やがて私は新しいセラミック材料の合成に成功します。それは、ＧＥ社の研究機関ですでに開発されていたものだと後で知りましたが、それからちょうど一年ほど遅れて、私もまったく別の手法を用いて完成させることができたのです。それが就職した会社の主力製品になり、また、私が京セラをつくった当初の主力製品にもなっていきました。

普通なら、地方大学出身で、しかも専門に勉強したわけでもない私が、そのような新しい材料の合成などできるはずがないのです。それでもできたのは、「なんとしてもこの研究をものにしなければ」と思って、自らを「狂」の世界とも言える状態にまで追い込んで研究に没頭した、その中で緊張がフッと緩んだ瞬間に開発のヒントを得た、このことにあると思うのです。

『京セラフィロソフィ手帳』の中に、「自らを限界にまで追い込んで必死にやっていると、やがて『神の啓示』がある」という表現があります。もちろんひらめくのは自分自身なのですけれども、それはあたかも、神様が苦しんでいる自分を哀れんで、ヒントを与えてくれたものだと喩《たと》えてもいいのではないかと私には思えるのです。ですから、私は社員にも

「神様が手を差し伸べたくなるほど、一途《いちず》にがんばるのだ。そうすればきっと、啓示がある」と言っています。

余裕の中で生まれるアイデアは単なる思いつきにすぎない

大学時代、卒業論文をまとめるにあたってお世話になった恩師の話を少しさせていただきます。

やっと就職が決まって、私は急遽、無機化学の先生に師事することになりました。その先生はたいへん人柄が良く、またお酒が大好きな方で、焼酎《しょうちゅう》がなくなると、代わりに実験室にあったアルコールをお湯で割って飲むという、たいへん愉快な先生でした。酔っ払えば、私ども学生連中をよく家に連れていってくれて、夜中にもかかわらず、奥さんに「焼酎を買ってきてくれ」と無理難題をふっかけては飲み明かすという、天真爛漫《てんしんらんまん》な人柄で、学生からもたいへん慕われていました。

卒業して何年かたったある日、私は久しぶりに母校を訪ねました。そのころの私は京セラで研究に精魂を傾け、また会社経営にも全力を注いでいました。先生と一杯飲みながら話をしているうちに、その雰囲気が伝わったのでしょう。先生から「稲盛さん、そんな調子では身体が持ちませんよ。人間、余裕がなければいいアイデアなど浮かばないものです。あなたは技術者なのだし、すばらしいアイデアを次から次へと出して開発していかなければならないのだから、そんなにギリギリまで思い詰めていてはいけません」と言われたのです。

ところが、私は先生に向かってこう言い返しました。

「先生、それは違います。すばらしいアイデア、ひらめきは、追い込まれて、ギリギリのところで研究をしているときにしか出てこないのです。余裕がなければいいアイデアは出ないと仰いますが、そういうアイデアは単なる『思いつき』であって、そんな思いつき程度では仕事はうまくいきません。ましてや最先端の研究など、できるわけはないのです」

失礼な言い方かもしれませんが、学術研究に携わっている先生方は、「命に代えても自分の研究を貫く」という切迫した思いを持たれることは少なかろうと思います。しかし、ノーベル賞をもらうようなすばらしい成果を残した研究者は、やはりギリギリのところまで自分を追い込んで研究をした人であるはずです。

ですから、私は、「本当にすばらしい成果を残そうと思えば、そんな甘いことでは駄目なのだ」と、先生に食ってかかったのです。そんな若いころの自分を思い出しました。

自らを追い込めば、不可能と思われることも可能になる

「自らを追い込む」ということで、もう一つお話しします。

追い込むということは、熱中するということです。他のすべてが見えなくなってしまって、ただ一つのことに没頭する、つまり、精神、意識が集中している状態です。

「火事場のばか力」という言葉があります。隣の家から火が出て、自分の家に火が燃え移らないうちに家財道具を運び出そうと、か弱いご婦人が大きなタンスをひと竿《さお》担ぎ出してしまう。火が消えた後、何とか自分の家は焼けずに残ったので、タンスを家に戻そうとするのですが、今度は押しても引いてもびくともしない。どうして自分がそんな重いものを担ぎ上げることができたのか、不思議に思うわけです。

先ほど、「神の啓示」という精神的な話をしましたけれども、精神を集中させると、肉体的、物理的な領域においても大きなエネルギーを生み出すということを、この「火事場のばか力」は証明しています。

また、このような例もあります。か弱い女性に催眠術をかけ、その手を組ませて、「あなたの手は鋼鉄のようになりました。何がぶら下がっても、決してあなたの組んだ手は外れません」という暗示をかける。そうすると、本当にその手は大男がぶら下がっても外れない。マジックの世界でも、そのような場面を目にすることがあるでしょう。

もし普通の状態で大人にぶら下がられたら立っていることもできないのに、催眠という形で精神が集中した瞬間は、ものすごい力を発揮する。それは催眠術でも、「火事場のばか力」と言われるものでも同じ原理です。つまり、自らを追い込んでいくことによって、精神的なひらめきも得られると同時に、想像もつかないような物理的な力をも発揮することができるのです。

この「自分を追い込んで研究に熱中する、没頭する」ということには、さらにもう一つの意味があります。

精一杯自分を追い込んで「もうこれ以上はやれない」と思うようなところまでいくと、「自分は精一杯やった」という自負がありますから、「後は天命を待とう」という心境にたどり着けるのです。

不況下であれば、周りの会社がどんどん倒産していき、自分の会社の受注も減っていく。しかし、その中にあっても、自分は必死に精一杯仕事に打ち込んでいる。この「精一杯」が安心を生むのです。

私も、「自分は精一杯やった。後は天命を待とう。これでつぶれるならしようがない」と思えるまで、力を出し尽くしてきました。もし中途半端にやっていれば、いざ会社がつぶれるというときになって「あのときに、もうちょっとやっておけばよかった」と悔いを残すことになってしまいます。

これは非常に大切なことで、たいてい、みんな中途半端にやっているものですから、「手形が落ちない」「金策のめどが立たない」「もうつぶれそうだ」「ああ、あのときにやっておけばよかった」という気苦労や後悔をする羽目になるのです。そして、心労から健康を損ねてしまったり、最悪の場合、命まで失うようなことになるわけです。

一生懸命に力を出し尽くし、「ここまでやったのだから」と達観して、後は天命を待つ。つまり、安心立命の境地に至るまで、自分を追い込むのです。

●土俵の真ん中で相撲《すもう》をとる

「土俵の真ん中で相撲をとる」とは、常に土俵の真ん中を土俵際だと思って、一歩も引けないという気持ちで仕事にあたるということです。

納期というものを例にとると、お客様の納期に合わせて製品を完成させると考えるのではなく、納期の何日も前に完成日を設定し、これを土俵際と考えて、渾身《こんしん》の力をふり絞ってその期日を守ろうとすることです。そうすれば、万一予期しないトラブルが発生しても、まだ土俵際までには余裕があるため、十分な対応が可能となり、お客様に迷惑をおかけすることはありません。

このように私たちは、常に安全弁をおきながら、確実に仕事を進めていく必要があります。

この項目は、『A PASSION FOR SUCCESS』（日本語版＝『成功への情熱』／ＰＨＰ研究所）という私の著書にも出てきます。この本はアメリカのマグロウヒル社から出版されたものですが、以前、この項目に関することでたいへんうれしい思いをしたことがあります。

モトローラでセルラー電話の端末機をつくっている部門の若い事業部長が「Wrestle in the Center of the Ring.（土俵の真ん中で相撲をとる）をわが事業部のモットーにしています」と言ったものですから、私はたいへん驚き、同時にまた、非常にうれしく思いました。

このことに気がついたのは、私が事業を始めて間もないころでした。中小零細企業の経営者は、売掛金の回収が遅れたり、手形決済の期日が迫っていたりと、常に金策に追われています。夜中に友人のところに走っていっては、「何とか五十万円、都合をつけてもらえないだろうか。どうしても明日中にその金額を用意しなければ、手形が落ちなくなって倒産してしまう」と頼み込む。あるいは銀行に走って、何とか金を貸してもらおうと頭を下げる。しかしながら、なかなか貸してもらえず、期限が迫る中、青息吐息で走り回っている。そのような経営者を皆さんも見かけたことがあると思います。そして、一生懸命金策に走り回って何とか手形を落とすと、そこで満足してしまって、何か大きな仕事をしたような気になっているわけです。

しかしながら、手形は落ちて当然であって、その経営者はいいことをしたわけでもプラスになるようなことをしたわけでもありません。それなのに、あたかも自分はいっぱしの事業家であるかのような顔をする。私はそのような人を見ると、次のように思ったものです。

「手形の落ちる日は前から決まっているし、それ以前にお金の準備をしなければならないことくらいわかるはずだ。なのに、どうしてギリギリになってから走りだすのだろう」

そういう人に限って、「人から借りられるはずだったのが、その人の都合がつかなくなった」などと、必ず言い訳をします。しかし、私はこれはおかしいと思います。金策だけではありません。納期の問題でも同じことです。

私は、相撲を例に引いて、よく次のように言ったものです。

「ジリジリと土俵際まで追いつめられた力士が、苦し紛れにうっちゃったりする。あそこでうっちゃるくらいの力があるなら、なぜ土俵の真ん中でその力を出さないのだ。土俵際まで行くから、足が先に出たとか出なかったとか言われて、判定でもめることになるのだ。土俵際に追い込まれてようやく全力を出すのではなく、真ん中にいる間に大技をかけなさい」

「土俵の真ん中で相撲をとる」ということは、「余裕のあるときに全力でことに当たる」ということです。業績がどんどん悪くなってきて、このまま本業だけでいったのではどうにもならない、何か手を打たなければと思っても、そのときには資金も費《つい》えて、体力もなくなっていますから、手を打とうにも打てないわけです。他の事業に手を出すのなら、体力のあるときにやる。順調にいっている間は安心して何もせず、悪くなってからようやく手を打とうとするから、条件も悪くなってしまうのです。

　大技をかけようと思うなら絶好調のときにかける、これが「土俵の真ん中で相撲をとる」という意味なのです。

前倒しの試験勉強で常に満点を目指す

私は子供のころはガキ大将で、あまり勉強をしませんでした。小学校に入った当初は両親もびっくりするくらい成績が良くて、「うちの子は大したもんだ」と喜んでいたらしいのですが、だんだん学校にも慣れ、友達も増えてくると、勉強をしなくなってしまったのです。昔は甲乙丙丁で成績を評価しましたが、小学校を卒業するころには、甲は一つもなくて全部乙、今で言うオール3という成績になっていました。それでも、鹿児島一中という、県下でも一流の中学校に行きたいと思っていたので、先生から「甲が一つもないような者が受かるわけがない」と言われても、「どうしても行きたい」と言い張って受験をしました。案の定、結果は不合格。内申書にも「非常に素行が悪い」と書いてありましたから、受からないのは当たり前です。

結局地元の中学校に入りましたが、やっぱり遊んでばかりいて、一年、二年のころなど、派手なけんかをよくしたものでした。全校生徒が観覧席で見ているかのような衆人環視の中での大立ち回りも経験するなど、毎日けんかに明け暮れていましたから、勉強はほとんどしていません。

そして、新制高校の一年を迎えたころ、友達が学校の帰り道で本を読んでいました。どんな本を読んでいるのだろうとのぞいてみると、それは『蛍雪時代』という本で、何やら難しいことが書いてありました。

「マンガかと思ったら、ずいぶん難しい本を読んでいるな。これは何の本だ」

と聞けば、

「おまえは何も知らないのだな。これは大学を受ける学生が読む本だ。おれは大学を受けようと思っている」

と答えるのです。

私は高校を出たら地元の銀行にでも勤めようと思っていたものですから、それを聞いてびっくりしました。そして慌てて、

「すまないが、その本を貸してくれ」

と頼んだのです。

「いや、これは今月号だから貸せない」

と断られましたが、なおも私が、

「古い号でもいいから」

とせがむと、「それなら」とバックナンバーを貸してくれました。

帰って読んでみたら、もう目からウロコが落ちるような思いでした。

ちょうど進路について考え始める時期だったのかもしれません。それまではけんかが強いとか、野球がうまいといったことが私の価値基準だったのですが、このとき以来、成績の悪いことを恥ずかしいと思うようになりました。

そして、勉強し始めたのは高校二年生の半ばくらいからでした。それまではほとんど勉強をしていませんから、もう一度中学一年生から、物理、化学、数学などを勉強し直して受験に備えました。優秀な頭脳を持っていたわけではありませんから、努力でカバーする以外になかったのです。

そのかいがあってか、幸い大学に入ることができました。

普通、みんな大学受験までは勉強をして、大学に入った後は遊ぶようになると言いますけれども、私の場合には、遊ぶお金がなかったこともありますが、知識に飢えていたため、大学の四年間は、本当に熱心に勉強しました。下駄履きで学校に行って勉強し、帰りに県立図書館に寄って夜遅くまで勉強をしたものです。それまであまり勉強していなかったので、自分は周りの学生たちからたいへん遅れているという意識があり、まさに「ガリ勉」と言われるくらい、私は勉強に明け暮れました。

試験の季節になると、物理であればここからここまでの範囲でいつ試験をする、と事前に案内があります。ですから、その内容を試験日までに復習し、どこから問題が出されても解答できるように準備をしておけば、試験でいい点数が取れるはずです。私の場合、試験日の一、二週間前には、どこから出題されても満点が取れるくらいに勉強し、当日に備えていました。

皆さんも記憶にあると思いますが、だいたい試験勉強というものは思いどおりにいかないものです。「映画を見に行こう」と誘われれば、友達付き合いも要るからと思って見に行ったり、家でも兄弟がちょっかいを出してくるものだから遊んでしまったり、とにかくいろいろなことに邪魔をされて、勉強しなければと思いながらもギリギリまで何もできずにきてしまうわけです。

「時間がなかったので、三分の二くらいしか復習できなかった。もっと勉強しておけばよかったな。やっていない範囲から出題されなければいいが」と思って試験を受けると、案の定そこが出ていて「しまった」とほぞをかむ、そんな経験が、勉強しようとした人なら必ずあるはずです。私も、高校で勉強を始めた当初、同じ失敗を何回も経験しました。

このようなことを私は非常に嫌うわけです。後で悔しい思いをするくらいなら、前もってやっておけばいいのです。

試験はいついつだから、その日までに勉強しておけば大丈夫だと思ってギリギリのスケジュールを組んでいると、必ず何かトラブルが起こって、思惑どおりにいかなくなります。

「スケジュールを前倒しして、余裕を持っておけば、たとえ問題が起ころうとも試験日までには全部終えることができるはずだ」

そう考えて、私は大学時代、試験勉強に臨むときは、遅くとも試験の一週間くらい前には勉強を終えているようにスケジュールを立てていました。

私は子供のころ結核を患ったことがあるものですから、風邪をひくと肺炎に似た症状が出て、高熱に苦しみました。試験前にも風邪をひいて熱を出し、寝込んでしまったことが何度かあります。熱が下がらないまま試験を受けましたが、それでも事前に勉強を終えていたため、だいたい百点を取っていました。

このように、何が起こっても大丈夫だと言えるくらいの余裕を持つ、つまり、「土俵の真ん中で相撲をとる」よう心がけねばなりません。私は学生時代からこのことを肝に銘じてきたものですから、ギリギリになって手形が落ちる落ちないと言ってはかけずり回っている経営者を見るにつけ、「これでは駄目だ。この経営者では会社をつぶしてしまう」と思ったものです。

ガリ勉に人間性の一端を教えてくれた友

以前、大学の同窓会が京都で行われたときのことです。鹿児島大学工学部は、化学、電気、機械、建築の四科で構成されていましたが、工学部全体でも同級生は六、七十人と少なかったので、たいへん仲が良く、学科が違ってもみんなでよく集まっていました。皆が「どうしても京都に行きたい」と言うので、京都で同窓会をすることになったのです。

その中に、私と同じ化学科を出て商社に入り、その後ずっとエレクトロニクス関連の仕事に就いている友人がいます。その人と酒を飲んでいて、思い出したことがありました。

彼は私よりも一歳上でしたが、落第したために私と同級になったくらいの遊び人で、学校にも来ないでパチンコばかりしていたようです。当時の私は、パチンコなんてしたことがありません。そんなガリ勉だった私を見かねて、彼がパチンコに誘ってくれたことがあったのです。

「稲盛君、パチンコをしたことがあるかい」

「ない」

「それなら、連れていってやろう」

彼は、鹿児島で一番の繁華街にあるパチンコ屋に私を連れていきました。そして、確か百円だったか二百円だったかの遊び金を、「おまえもやれ」と言って私に渡してくれたのです。当時はまだ、玉を一つ一つ入れて手動で打っていたころです。

正直なところ、私は本当は行きたくありませんでした。毎日図書館で勉強をしているようなガリ勉でしたから、遊び人である彼を「こんなふうにだらしないから勉強もできないし、落第もするのだ」と、若干見下していました。ところが、誘われて断りきれず、ついていく羽目になってしまったのです。

早く帰って勉強したいと思いながら打っていると、あれよあれよと負けていく。片や友人のほうは調子が良くて、箱が玉でいっぱいになっています。しばらく見ていましたが、うるさいし雰囲気も悪いので、「負けたからもう帰る」と言って、その日は帰りました。

ところが、何日かするとまた「パチンコに行こう」と彼が誘ってきたのです。嫌だと思いながらも一緒に行くと、また負ける。そしてまた彼の肩をたたいて、先に帰っていく。確かそれも三度目になったころ、私がまた「先に帰る」と言うと、彼が「稲盛君、ちょっと待ってよ。もうちょっとで終わるから」と言って、私を引き止めたのです。

そのとき、もう一人私より背の高い「鉄五郎」というあだ名の遊び人もいて、その男も負けて、ボーッと立っていました。ろくに勉強もしない「鉄五郎」と並んで立っているわけですから、私は嫌な顔をしていただろうと思います。

ようやく換金が終わったので、一緒にパチンコ屋を出ると、彼は隣にある大きな食堂につかつかと入っていくのです。大きいとはいっても一九四〇年代後半のことですから掘っ立て小屋みたいなものでしたが、そこには「ビックリうどん」という、うどん玉が二つ入った名物メニューがあって、当時はなかなかのごちそうでした。彼はそれを鉄五郎と私にごちそうしてくれたのです。

そのとき、自分で勝ち取ったものを独占するのではなく、それを他人にもおすそ分けするという彼の行為に、私はガツンと頭を殴られたような衝撃を受けました。毎日学校と図書館しか行き来していない同級生を誘い、自分のお金を出して社会見聞をさせ、つまらなそうにしている私に、自分がパチンコで勝ったお金でごちそうまでしてくれる。今まで軽蔑さえしていた人間が、見る見る大きな人物に見えてきたのです。

それに比べて自分は、「おまえも楽しめ」とお金までもらって遊ばせてもらっているのに、それを楽しもうとせず、負けた途端にさっさと帰る。なんと自分は器が小さいのかと、人間ができていないことをつくづく思い知らされました。

その後大学四年生のとき、宮崎県の日南にあるパルプ工場に、彼と一カ月ほど実習に行ったことがありました。研究でわからないことがあると私が彼に教えたりしていましたが、社会の中での人間的な付き合い、遊び方については、そのとき彼から教わりました。彼はたいへん大人びていて、社会人とも対等にお付き合いができたので、私は彼の後ろをオドオドしながらついて歩いては、「なるほど。こういうときにはこういう挨拶をするのか」などと学ばせてもらったものです。

そんな思い出話を同窓会の席で彼としていたら、「そんなこと、あったかな」と言っていましたが、「こんにち私はさまざまな場で『人間とはいかにあるべきか』ということを説いているけれども、あのときあなたから教わったことも、血となり肉となってそこに生かされているのです」

と言ったら、彼も喜んでくれていました。

脱線しましたけれども、「土俵の真ん中で相撲をとる」というのは、このようにもともとガリ勉で、勉強ばかりしていた私が考えていたことです。このことは、人生におけるあらゆる場面で実践しなければならない大切なことだと思います。

●本音でぶつかれ

責任をもって仕事をやり遂げていくためには、仕事に関係している人々が、お互いに気づいた欠点や問題点を遠慮なく指摘しあうことが必要です。

ものごとを「なあなあ」で済まさずに、絶えず「何が正しいか」に基づいて本音で真剣に議論していかなければなりません。欠点や問題に気づいていながら、嫌われるのを恐れるあまり、それらを指摘せずに和を保とうとするのは大きな間違いです。

ときには口角泡を飛ばしてでも、勇気をもってお互いの考えをぶつけ合っていくことが大切です。こうした中から、本当の意味でお互いの信頼関係も生まれ、より良い仕事ができるようになるのです。


問題を解決していこうと思えば、本当は「あなたのやり方のここが問題だと思います。こうすべきでしょう」とズバズバ本音で議論しなければならないのに、そういう言い方を上司にすれば、角が立つ上に後々問題になると思って、皆言わないわけです。同僚に対しても、ストレートなものの言い方をして人間関係が壊れてしまっては困ると、どうしても建前で話をしてしまう。このように穏便に物事を進めるやり方は、処世術の一つとも言われています。

しかし企業においては、建前や常識論でいい仕事ができるわけがありません。本音でぶつかり、本音で指摘し合うことが必要なのです。

しかしながら、現実にはそうやって本音でぶつからず、建前で仕事を進めている人が大半です。今までやってきたとおりにやっていればいいではないか、あえて革新的な手法を取り、ことを荒立てる必要はない、これが建前で仕事をしている人の言い分です。

大企業の中にも、付き合い上手でオベンチャラを言い、建前のきれい事を並べて平穏無事にしていれば出世できる、というところもあるようです。しかし、中小企業では毎日毎日が修羅場ですから、建前論で済ませられる仕事なんてあるわけがない。その中で、会社を伸ばしていこうと思えば、本音をぶつけ合わなければできません。とはいうものの、これはなかなかやれるものではないと思います。

例えば、「『京セラフィロソフィ』の根幹にあるものは『人間として何が正しいのか』ということであり、それを貫いていくことが大切だ」と私が言うと、みんなも「わかった」とは言ってくれます。しかし、だからといって本音でぶつかるかというと、やっぱりみんな周囲に気を遣い、こんなことを言ったらたいへんなことになるかもしれないと二の足を踏んでしまうのです。

また、社内で不正とまでは言わないにしても、少しおかしいのではないかと思われるような問題が起きる。そのことに気がついても、上司に「あの社員の素行がおかしい」と言えば、告げ口になってしまうわけです。「あいつはいい恰好をしようとして告げ口した」と周りから思われてはたいへんだと考え、おかしいとは思いながらも見て見ぬふりをしてしまう。そのために、問題がこじれて相当大きくならない限り、トップにまで伝わってこないのです。

もう一つ例を挙げましょう。人格もすばらしく有能な上司が、あまりにも仕事に熱中し過ぎて身体を壊してしまい、会社をちょくちょく休むようになったとします。本当ならば、休まれている間は仕事が滞るわけですから、その副官として仕えている部下としては、状況を会社に報告し、善処しなければならないはずです。しかし、そのことを報告すれば、上司は任を解かれてしまうかもしれない、それでは身体を壊してまで事業を立派に育ててきた上司がかわいそうだ、そのような人情論で、部下は事実を隠してしまう。ところが、それが後々その事業部にとって、非常に大きな問題となるケースもあるわけです。

そのようなことがないように、本音でぶつかるのです。口角泡を飛ばしてでも、真実をさらけ出して議論し合うことが必要です。

ただし、本音丸出しで議論をするにしても、ルールがあります。まず、相手の欠点をあげつらったり、足を引っ張り合うようなことでは当然いけません。たとえそれが事実であっても、そのような言動は御法度《ごはっと》です。必ず「みんなのためによかれ」ということに立脚した本音でなければならず、建設的でポジティブな議論でなければなりません。そのような議論であれば、必ずと言っていいくらい創造的な結論にたどり着けるはずです。

●私心のない判断を行う

何かを決めようとするときに、少しでも私心が入れば判断はくもり、その結果は間違った方向へいってしまいます。

人はとかく、自分の利益となる方に偏った考え方をしてしまいがちです。みんなが互いに相手への思いやりを忘れ、「私」というものを真っ先に出していくと、周囲の協力も得られず、仕事がスムーズに進んでいきません。また、そうした考え方は集団のモラルを低下させ、活動能力を鈍らせることにもなります。

私たちは日常の仕事にあたって、自分さえよければという利己心を抑え、人間として正しいか、私心をさしはさんでいないかと、常に自問自答しながらものごとを判断していかなければなりません。

端的に言うと、「自分というものを無にして物事を考える」、もっと極端に言えば、「自分を犠牲にして物事を考える」ということ、これが私の言う「私心のない判断を行う」という意味です。

私が第二電電をつくる際、毎晩寝る前に「動機善なりや、私心なかりしか」と繰り返し唱え、自分を厳しく問い詰めていった、その原点がここにあります。自分に都合のいい判断をせず、客観的に正しい判断をする。それが物事を成功させていくためには、たいへん重要なことなのです。

ところが、ものを考えるときには必ずと言っていいくらい、私心、自分というものが入ってきてしまいます。それはなぜかと言うと、人間には自分を守ろうとする本能があるからです。

物事を考える場合、「さあ、今から考えましょう」と言って考えだす人はいないでしょう。普通、何かが起これればそこで直感的に判断を下しているものです。その場合、人は本能という領域で判断を行っています。この本能は、自分のことだけを考えていますから、どうしても自分に都合のいい判断にならざるを得ないわけです。

そうではなく、物事を判断するときには、自分のことはいったん措《お》いて考えるようにしなければなりません。もちろん、経営者であれば、自分の会社の利益を一番に考えるのは当然です。しかし、判断をするときには、自分の会社のことはいったん措いて考えてみるのです。

今まで、損をしたくない一心で自分に都合のいいようにばかり考え、相手の思惑と絡まり合って解けなかったような問題が、自分というものを除いて考えたときに、相手も喜び、自分も喜ぶという最良の解決法がスッと見つかることがあります。皆さんもぜひ、物事を判断するときには、私心のない判断を心がけてください。

私心のない判断をするといっても、具体的にはどうすればいいのか。そのテクニックを教えましょう。何かが起こった瞬間、「どうしようか」と考えますが、結論を出す前に、「ちょっと待て」と一度深呼吸をしてみるのです。そして、「そういえば、稲盛さんが『自分を無視して考えてみなさい』と言っていたな」と思い出し、問題を第三者の立場で考えてみる。そうすれば、必ず最良の解が見つかるはずです。

トップに立つ者が私心に満たされ、間違った判断をすれば、会社の将来に大きな禍根を残すことになります。それだけに、このことは特に大切です。

●バランスのとれた人間性を備える

バランスのとれた人間とは、何事に対しても常に「なぜ」という疑問をもち、これを論理的に徹底して追求し、解明していく合理的な姿勢と、誰からも親しまれる円満な人間性をあわせもった人のことをいいます。

いくら分析力に優れ合理的な行動を貫くスマートさを備えていても、それだけでは、まわりの人々の協力を得ることはできないでしょうし、逆にみんなからいい人だといわれるだけでは、仕事を確実に進めていくことはできません。

私たちがすばらしい仕事をしていくためには、科学者としての合理性とともに、「この人のためなら」と思わせるような人徳を兼ね備えていなければなりません。

これは、科学的な合理性と豊かな人間性を併せ持ち、かつ、そのどちらにも偏らないバランスが必要であるという意味です。

私自身、化学が専門で、セラミックスの研究開発に携わっていた人間ですから、どうしても科学的、合理的に物事を考える癖がついています。そのため、元来私は非常に理屈っぽく、科学的、合理的に物事を進めようとします。ところが、先ほども言いましたように、学生時代ガリ勉だった私に、友人が遊びを通じて人間のあるべき姿の一端を垣間見せてくれました。そこで教わったのは、科学的、合理的な考え方もしなければならないが、一方で、豊かな人間性を持つことも必要だということでした。そして、その両方を併せ持つことが、経営者にとっては必要だとわかったのです。

昔、営業の連中が外回りから帰ってきて私にその日の報告をする中で、「いや、この件は難しいのです。私にもわけがわかりません」などと理屈にならない説明をする者がいると、私はこっぴどく叱ったものでした。

私は形而上学的な、精神的な領域の話をよくします。そのくせ、会社経営、営業活動、または研究開発において、不可思議な発言は一切許しません。わけのわからないことがあっては困るわけで、企業活動のあらゆる問題は、すべて理屈で証明できるはずなのです。また、証明できるようでなければ話になりません。そこへ「わけのわからない」ことを持ち込んでくるとは、とんでもない話です。ですから、昔は会議の席などで、「ばかなことを言うな！　全部科学的に割り切れるはずだ」と、よく怒鳴ったものでした。

そのようにして科学的に考えるタイプの人間は、とことん理屈で割り切ろうとします。「死後の世界とか、仏の世界とか、そんなわけのわからない話が信じられますか。私は説明がつかないものは信じません」というわけです。

私の場合は、会社で仕事をし、また研究をする世界ではとことん合理主義であり、絶対に不可思議なことは許さない。ところが、一歩会社を離れれば、その対極にある仏の世界など、精神的な領域をも信じられる。

問題になるのは、そのように対極にある二つの人間性がバランスを失っている場合です。仏の世界に没頭し、形而上学的、宗教的なものに傾斜すると、それを経営の場にも持ち込む人がいます。極端な博愛主義で指導をするコンサルタントもいるようですが、これはとんでもない話です。私は経営論においても「利他」の重要性を説いていますが、これにはちゃんと合理性があるからお話しししているのです。

ビジネスの世界では、徹底した合理主義者、しかし、それ以外ではロマンチストであり、形而上学的なことも考えられる人間でなければいけません。この両面のバランスが取れていなければ、一流の経営者にはなれないのです。

●知識より体得を重視する

「知っている」ということと「できる」ということはまったく別です。

たとえば、セラミックを焼成するときの収縮率の予測一つをとってみても、この事実はよくわかります。文献などで得た知識に基づいて、同じ条件で焼成を行ったつもりでも、実際に得られる結果はその都度違ってくるということがよくあります。本の上での知識や理屈と実際に起こる現象とは違うのです。経験に裏打ちされた、つまり体得したことによってしか本物を得ることはできません。

このことは営業部門であれ、管理部門であれまったく同じで、こうしたベースがあってこそ、はじめて知識や理論が生きてくるのです。


「知識より体得を重視する」とは、人から教わったり、本から得た知識よりも、自らの身体で得たものを重視するという意味です。

このことを、「研究」を例にとって説明してみます。

例えば、何種類かのセラミック原料をある比率で混ぜ、均一に混ざるよう攪拌《かくはん》し、成形して高温の炉で焼くとします。しかし、本や文献に書いてあるとおりの原料を使い、書いてあるとおりの比率で混ぜ、形をつくり、書いてあるとおりの温度で焼いても、そのとおりのものはできません。

それは、粉体を混ぜる場合、どこまで混ぜるのかによって、でき上がるものも違ってくるからなのです。気体の場合は気体の分子の大きさまで、液体も液体の分子の大きさまで均一に混ざります。しかし、固体の場合は、混ぜるといっても不完全な混ざり方になってしまいます。本や文献には、「この成分をこの比率で混ぜなさい」とは書いてありますが、どこまで混ぜるかについては書いてありません。

また、成形の際にも、圧力をかけて粉を固めるわけですが、その密度、つまり、粉末がどのくらい固く締まっているかによっても、焼き上がったときの性質は変わってきます。これについても、本には「形をつくって」とありますが、どのくらい圧力をかけて形をつくればいいのかということは載っていない。ただ粉を混ぜて形をつくるだけでは、自分が期待するような物性のものはできないのです。

焼成についても同じです。「何度で焼けばいい」と書いてあるからといって、いきなりその温度の炉に製品を入れれば、割れて粉々になってしまいます。最初は低い温度で、それから徐々に上げていく。しかし、何度ずつ、どの程度のスピードで上げていけばいいのかということは、本には書いていないわけです。自分で考え、経験し、進めていかなければなりません。

学校で高度な教育を受けてきた人なら、本に書いてあることくらい全部知っています。ですから、「このセラミックスはこういう成分の原料を混ぜて成形し、何度で焼けばできる」と言うことはできるでしょう。しかしながら、今言ったように「知っている」ということと、「できる」ということは別なのです。

経営者の方々も、自分の専門ではない新しい分野に手を広げようとすれば、専門家を雇ったりすると思います。ただし、その専門家の言うことも、知識として言っている場合と、実体験を通じて言っている場合と、分けて聞かなければなりません。それは、セラミックスをつくったこともない、理屈しか知らない人間に、セラミックスを応用した製品をつくれるはずがないのと同じことです。つまり、「知っている」ことと「できる」ことを同一視してはならないわけです。

また、マーケティングでも、大学でマーケティングを学んだ者が現在の流通理論を滔々《とうとう》と述べ、「社長、この問題はこうすればいいのです」と言う。こちらはそんな勉強などしていませんから、なるほどと感心するのですが、「じゃあ、あなたがやってみなさい」と言うと、売ったこともないし、頭の下げ方も知らない。そんな男が売りに行っても売れるわけがありません。

みんな頭でっかちになっていますから、理屈を知っているだけで、あたかもできるかの如く思い込んでいる。しかし、それは錯覚にすぎないのです。そういう人間には実践を通じて、理論を裏打ちさせることが必要です。「おまえがそうすれば売れると言うなら、売ってみなさい。そしてそれを証明してみろ」と言って、実践させるのです。そうやって自分で体得させれば、理論もありますから、まさに「鬼に金棒」となります。

これはコンサルタントから経営ノウハウを教わる場合にも言えることです。指導を受けるのであれば、その人にまず実績があるかどうかを見る。実績のないコンサルタントでは意味がありません。ここにおられる経営者の皆さんは、実践しているだけに、ただの理屈屋よりはるかに偉いのです。理屈ばかりこね回すようなコンサルタントにお金を払い、教えてもらうことくらいばからしいことはありません。

話を聞くなら、実績のある人を選びなさい。きれい事ばかり口にする人ではなく、実際にやったことのある人、自分の身体でわかっている人の話を聞くのなら、それはいいことだと思います。

●常に創造的な仕事をする

与えられた仕事を生涯の仕事として一生懸命行うことは大切ですが、ただそれだけでよいということではありません。一生懸命取り組みながらも、常にこれでいいのか、ということを毎日毎日考え、反省し、そして改善、改良していくことが大切です。決して昨日と同じことを漫然と繰り返していてはいけません。

毎日の仕事の中で、「これでいいのか」ということを常に考え、同時に「なぜ」という疑問をもち、昨日よりは今日、今日よりは明日と、与えられた仕事に対し、改善、

改良を考え続けることが創造的な仕事へとつながっていきます。こうしたことの繰り返しによってすばらしい進歩が遂げられるのです。

これは、私が京セラをつくってから今日までやってきた姿勢を表しています。

中小企業の経営者の場合、父親の仕事を継がれた人もいれば、自分で新たに事業を始められた人もいるでしょう。いずれにしても、そういう人は、目覚ましい発展を遂げた大企業を見て、「うちもあのようになりたいものだ。そのためには、これから伸びると言われている情報通信にも取り組んでみたい。しかし、そうは言っても、そのような技術は持っていないし、人材も資金もない。だからしょせん、無理な話なのかな」と思うようなことがあるはずです。

つまり、新しいことに取り組みたいのはやまやまだけれども、条件がそろわないために、いつまでも中小企業でとどまっているしかないと考えるわけです。

大学を出て焼き物の会社に入った私がそこで身につけたセラミックスの技術をベースに、京セラという会社をつくっていただいたわけですが、創業当初は技術レベルも低く、当然ながら企業規模も大きなものではありませんでした。しかし、創業して四十年の一九九九年には、連結売上で七千億円以上の会社になり、また、一九八四年に始めた第二電電の一兆二千億円を合わせると、約二兆円という売上を誇る企業グループに成長しました。

では、もともと私にそのような創造性が備わっていたのかというと、そうではありません。こんにちわれわれが手がけている事業で、私自身技術的にもよくわかっている分野は限られており、ほとんどは社員の技術力、また、努力の結果なのです。

技術系の出身であるせいか、ここにもありますように、「同じことを繰り返す」というのは私の性に合いません。そのために、「昨日よりは今日、今日よりは明日、明日よりは明後日」と、毎日工夫を積み重ねていく努力を怠らぬように常に心がけてきました。科学する心といいますが、「なぜこうなるのだろう」「もっといい方法はないだろうか」と、あらゆることに疑問を投げかけ、また、自分で考え工夫をし、社員にも次のように訴え続けてきました。

「掃除一つを取っても、今日はこっちから掃いてみよう、明日はあっちから掃いてみよう、また、モップを使ってもっときれいにしてみようなどと、いろいろやり方を考えることができるはずだ。来る日も来る日もただ同じことを繰り返すのではなく、どうすればもっと効率よく、また効果的に掃除ができるだろうかと考えて、あらゆる工夫を凝らすべきだ。常にそういう意識で仕事に取り組むことが大切なのだ」

私自身、そのようにしてずっと創意工夫を続け、今振り返ってみると、社会に出てからこんにちまで、同じ道、つまり、「通い慣れた道」を歩いたことはなかったように感じています。また、一度も後ろを振り返ることなく、ずっと前を向いて歩き続けてきたとも思っています。今歩いているこの道も、私にとってはまったくの新しい道であり、前を見据えて歩き続けているのです。

松下幸之助さんも、そうやっていつも新しいことを試みながら道を歩いてこられた方でした。幸之助さんは、小学校を途中でやめて大阪に丁稚奉公に出られ、やがて松下電器産業という大会社をつくっていかれました。学歴もない幸之助さんが、なぜあのような世界的なエレクトロニクス・メーカーをつくり上げることができたのか。優秀な部下がいて、その人にすべてを任せていたわけではありません。技術についても相当高いレベルの内容まで理解され、自ら部下を叱咤激励してこられたのです。

幸之助さんは「私は学がおまへんさかい」という言葉を、枕詞《まくらことば》のように使っておられました。そして、常に謙虚な気持ちで、周りの人から知恵をもらおうという姿勢をお持ちでした。つまり、「耳学問」によって少しずつ知恵をつけていっては、それをベースに創造的なことを考えていかれたのです。

この姿勢こそが、学校も満足に出ておられないにもかかわらず、世界に冠たる大松下グループをつくり上げていった源なのです。博士号を持った優秀な技術者の言葉より、耳学問で得た知識に基づいた幸之助さんの発言のほうが重みがあります。それは、幸之助さんが自らの創意工夫によって、日々創造を図ってこられたからです。

今日よりは明日、明日よりは明後日と、常に工夫を凝らしていく、たとえわずかであっても改良改善を続ける、この姿勢こそが「創造的な仕事をする」ということなのです。

先ほどの掃除の例で言えば、さらに工夫を続けるような人なら「モップよりも効率がよくて、きれいにできるものはないだろうか」と考え始め、次のように言い出すかもしれません。「社長、新しい掃除機を買っていただけませんか。モップやホウキでやるよりずっと効率がいいので、私一人でも掃除ができると思います。そうすれば、一時的には高い掃除機を買ったように思うでしょうが、一年先を考えれば、人件費などの経費を削減できますから、かえってコストは低くなるはずです」

また、これが高じると「社員を雇って、ビルの清掃事業を手がけてみたいので、独立させていただけませんか」と、会社を起こすことにもつながっていきます。今までやってきたさまざまな工夫を通じて掃除のノウハウを知っていますから、ビルメンテナンスの事業を始めることも難しいことではないはずです。

創意工夫による一日一日の変化はわずかなものですが、三年も続けると、「掃除担当が立派なビル清掃会社を経営できるようになるなんて、どうしたことだろう」と皆が不思議に思うくらい、大きな変化を引き起こすはずです。

中小企業の経営者の方々にお目にかかると、「京セラには高度な技術があるからうらやましい。どこでそのような技術を身につけられたのか。ぜひ、その技術をうちの会社にも教えていただきたい」と言われます。会社を発展させる画期的な技術というものは、どこかでもらってくることができると思っているわけです。

しかし、そうではありません。よほどお金に余裕のある会社なら、何十億円もかけて技術を買うことはできるでしょう。しかし、そのようなやり方で成長発展を続ける企業はそう多くはありません。たいていの場合、毎日の工夫を重ねることによって、すばらしい技術を身につけていったのです。つまり、「こんなことで本当に会社を立派にできるのだろうか」と思えるほどの小さな努力を、時間をかけて続けていくことによって、何年か先には企業の中に技術が蓄積されていくのです。

ボタ山を宝の山へと変えていった創意工夫

私は京セラの社員に、「全員で毎日創意工夫をしていこう。学歴や専門知識ではなくて、その創意工夫こそが、会社を発展させていくための原動力になる」と言い続けてきました。その中で、よく次のような例を引いて話をしたものです。

アメリカに、３Ｍという会社があります。接着テープ、またはビデオテープなどのブランドで、業績も良い世界的な化学メーカーです。

この３Ｍの創業者はなかなかのやり手で、まだ会社が中小企業だったころからかなりのお金を持っていたそうです。その創業者がさらに会社を大きくしたいと思っているとき、ちょうど友人から「鉱山を買わないか」という話が持ち込まれてきました。質の良い鉱石が出るというので、彼はその鉱山を高いお金を出して買うことにしました。

しかし、実際には、採掘後のクズ石でできたボタ山でしかなかったのです。念のためにボタ山の鉱石を専門家に調べてもらっても、「まったく価値がない」と言われ、せっかくためた大金を投じたのに、友人にだまされたことに気がつくわけです。ところが、そこからがやはり非凡な人は違います。

ボタ山のクズ石は、ほとんどが石英を主成分としていました。その石英のクズ石の山を見て、彼は「何とかしてこの石を使ってみよう」と考えたのです。

その石をふるいにかけ、細かい粒と粗い粒とに分けて、接着剤を塗った紙の上にこぼしてみました。乾燥させると、接着剤が固まって紙に石の粒がくっつきます。それを使って鍋の底をこすってみると、見る見るうちにきれいになったのです。特に細かいほうの粒をくっつけた紙で磨くと、金属が美しく光る。「これは面白い」と商品化することにしました。いわゆる「サンドペーパー（紙やすり）」の誕生です。

ところが、安物の紙を使っていましたから、少し磨けばすぐにボロボロになってしまいます。そこで専門家のところへ相談に行くと、「それならば、耐久性のあるこの紙を使うべきでしょう。接着剤も、このようなものを使うといい」と教えられ、改良改善を試みたのです。

原料も決まり、次には機械を買って、粉砕、ふるい分け、そして接着剤を塗った紙への貼りつけまでできるようになって、ようやく「サンドペーパー」の量産にめどがつきました。原料の小石を砕いて粒の大きさをふるい分け、粗いものから細かいものまで、彼はさまざまな種類のサンドペーパーをつくって売り出しました。それが大当たりして、飛ぶように売れたのです。

そのうち、「もっと品質のいいものをつくりたい」と思った彼は、あれこれと工夫するようになります。接着剤が弱いと、石の粒が剝離してしまってうまく磨けない。かといって、接着力があまりに強くても具合が悪い。一番いいのは、磨きながら石の粒が程良くはがれ落ちて、常に新しい粒が表面に来ているというものです。そのためにはどの接着剤が理想的かということで、彼はまた大学の先生など専門家のところへ行って、接着剤の研究を依頼しました。その一方で、紙のほうも、業者に頼りきっていては駄目だと、自分で理想の台紙をつくり始めたのです。

また、接着剤について知識を身につけたものですから、「サンドペーパーだけではなく、接着テープのようなものもつくってみよう。どこにでも貼りつけられるテープがあればきっと便利だろう」と思い、現在われわれが使っているような接着テープもつくり始めました。その後、さらに用途を広げ、単に紙を貼り合わせるのに使うのではなく、電気コードを巻いたりするのにも非常に便利だというので絶縁テープをつくると、これもまた爆発的に売れる。さらにその次には、医療用のテープまでつくって売り出すようになりました。

やがてエレクトロニクスの発展につれ、テープレコーダーなどの記録媒体として、録音用テープが登場します。この録音用テープは、樹脂製のテープの表面に接着剤を塗り、その上に酸化鉄の粉を塗ったものです。3Mの創始者は、「粉を均一にテープに塗ることなら、私の専門だ」と名乗りを上げ、磁気テープの製造にも参入しました。このように、彼は次から次へと自らの技術を応用して多角化を進めていったわけです。

友達にだまされ、廃坑になった鉱山をつかまされたと知ったとき、おそらく彼はガックりとその場に倒れたことでしょう。しかし、そのときに手につかんだ石を見て、何とか利用しようと思った。これをきっかけに、彼は次から次へと工夫を繰り返し、創造的な仕事を行い、こんにちの3Mという大会社をつくってきたのです。

大発展を遂げた企業のほとんどは、このような経緯をたどっているはずです。決して、初めから特別な技術があったわけではないのです。

創造的な仕事を通じて中小企業が大企業へと発展していく

なぜ私がこれほど一生懸命にこのような話をしているのかといいますと、経営者の工夫次第で会社はいくらでも変わっていくのだということを理解していただきたいからなのです。「京セラは特別なのだ」と思う人もいるかもしれませんが、そうではありません。誰にでもできることなのです。

京セラは、創業当時、ブラウン管の絶縁材料である「U字ケルシマ」をつくって、松下電子工業(現・パナソニック)に納めていました。当時、松下電子工業はオランダのフィリップス社から技術導入をしてブラウン管の製造を始めており、それに私が開発したU字ケルシマが使用されたのです。

続いて、「カソードチューブ」と呼ばれる部品も開発しました。テレビの仕組みは、電子銃から電子が飛び出して、それがブラウン管に塗られた蛍光体に当たって発光し、映像を描くわけです。その電子を出すためには、カソード（陰極）を加熱する必要があります。最近のテレビは待機モードで常に予熱をしていますから、スイッチを入れるとすぐに映像が出てきますが、昔はスイッチを入れてもしばらくは映りませんでした。これは、カソードが加熱されて電子が飛び出すまでに時間がかかるからなのです。

カソードを加熱させるためには高圧電流を流しますから、絶縁しなければたいへん危険です。そこで、非常に薄くて、高い絶縁性を持つカソードチューブという製品をつくり、これも松下電子工業に納めていました。

U字ケルシマとカソードチューブ、これらはブラウン管をつくるキーパーツであり、この両製品が京セラ発展の礎を築いたのです。

特定の会社に納めていた単一製品が大量に売れて利益が出るようになると、当然、顧客の開拓やその技術の応用を考え始めるものです。私も、「ブラウン管は今後とも伸びていくだろうから、今つくっている絶縁部品を、東芝さんや日立さんにも売っていきたい。そうすれば会社はもっと大きくなる」と考えました。

また、ブラウン管は真空管の一種ですから、真空管に使う特殊絶縁材料として「ラジオなどの真空管にも使えるはずだ」と私が考えたのも、当然の成り行きです。

もし、京セラが「単品生産でも利益が出ているから」と言って、そのまま松下電子工業向けのブラウン管用部品の生産に安住していたら、今ごろはどうなっていたでしょうか。

その後しばらくして、真空管はすべてトランジスタに代わり、市場から姿を消していきました。ブラウン管のほうは残りましたが、技術革新により、絶縁用部品を使う代わりに、直接絶縁材料をコーティングすることによって絶縁するという、簡単でコストも安く済む方法が開発されたために、最初の製品のU字ケルシマも、苦心惨憺《さんたん》してつくったカソードチューブも必要なくなってしまいました。一つ間違えれば今ごろは、「あのときは良かったな」と当時を振り返りながら、何か他の業種に転換をしなければならない事態に追い込まれていたかもしれません。

ところが私は、さらに注文を増やそうと、あらゆる可能性を追求していきました。真空管の次は、「セラミックスの応用が可能なのは、何もエレクトロニクスの分野に限らない」と、他の分野への展開を考えたのです。セラミックスは、高温に強く、ダイヤモンドに次ぐ硬度を持ち、また摩耗しにくいという特性があります。それならば、摩耗の激しいところにセラミックスを使えばいいのではないかと思いつき、どこかに摩耗しない部品を探している会社はないかとかけずり回りました。

当時、繊維業界では、ナイロンのような化繊が登場したころです。ナイロンは非常に強く、その製造工程ではものすごいスピードで糸が走っていきますから、糸が走る部分に使われている金属がたちまち摩耗してしまって、使いものにならなくなるという問題がありました。そこで私は、金属の代わりにセラミックスの部品を使うとこの問題は解決できるだろうと考え、開発に着手しました。こうして、繊維機械にもセラミック部品が多数使われるようになったのです。その勢いで、「他にもセラミックスを応用できるところはないか」と、私はなおも探し回りました。

やがて、アメリカの市場を開拓しているうちにトランジスタに出合い、トランジスタのヘッダーをセラミックスでつくらせてもらうようになります。非常に高度な技術を要求されましたが、何とか京セラはそれを成功させました。そして真空管がなくなるころには、全世界のトランジスタのヘッダーを京セラが生産するまでになっていたのです。また、間もなくそのトランジスタもＩＣへ置き換わっていきますが、そのときには、京セラはセラミックＩＣパッケージを開発しています。

もともと専門の知識があったわけではありません。また、トランジスタの時代が来て、真空管が姿を消すなど、そのような技術変遷を予見していたわけでも何でもないのです。ただ現状に満足することなく、あらゆることに工夫を重ね、新しい分野へ果敢に挑戦していったという姿勢が、今日の京セラをつくってきたのです。

つまり、「常に創造的な仕事をする」ことが、中小企業から中堅企業へ、また、中堅企業から大企業へと脱皮していくにあたり、最も基本的な手段となるのです。

3　正しい判断をする

●利他の心を判断基準にする

私たちの心には「自分だけがよければいい」と考える利己の心と、「自分を犠牲にしても他の人を助けよう」とする利他の心があります。利己の心で判断すると、自分のことしか考えていないので、誰の協力も得られません。自分中心ですから視野も狭くなり、間違った判断をしてしまいます。

一方、利他の心で判断すると「人によかれ」という心ですから、まわりの人みんなが協力してくれます。また視野も広くなるので、正しい判断ができるのです。

より良い仕事をしていくためには、自分だけのことを考えて判断するのではなく、まわりの人のことを考え、思いやりに満ちた「利他の心」に立って判断をすべきです。

部下から相談を持ちかけられたり、仕事についてあれこれと指示を下さなければならなかったり、経営者はさまざまなことを判断していかなければなりません。われわれは日々直感的に判断をしがちですが、トレーニングされていない人間が直感的に判断を下す場合、たいてい「本能」の部分で物事を考えています。

本能とは、われわれの心を形成している基本的な部分で、自らの肉体を守ることを最優先する心です。自分自身にとって有利になるように行動しようとする、あるいは考えようとする心で、私がよくお話ししている、人によかれと思う「利他の心」の対極に来るものです。肉体を持った自分自身を守るために神様が与えてくれたものですから、それがいいか悪いかという問題を超えて、われわれに備わっているものです。

つまり、人間というものは、考えるときに、自分にとってそれは都合がいいことなのか悪いことなのか、自分の会社がそれでもうかるかもうからないかというふうに、自分を中心に据えて物事を判断しがちであるということです。普通、経営者の多くは、このように本能で判断を行っていることと思います。

ところが、このような判断だと、自分自身にとっては都合がいいかもしれませんが、その周囲の人にとっては迷惑なことになるかもしれません。

極端な例を挙げれば、相手が何も知らないのをいいことに、あるものを相場よりも高い値段で売りつけようとする人がいます。相手はただ世間相場を知らないだけであって、その値段で買えば必ず損をするだろうということが売り手には見えているのに、それでも、「本人が買うと言っているのだから、いいではないか」と売ってしまう。

本能だけで物事を考えた場合、このように周辺の人に損をさせ、後々大きな問題を引き起こしてしまう恐れがあります。逆に利他の心で判断をすると相手のことを第一に考えるわけですから、「自分はもうかるかもしれないが、相手は後で必ず困ることになるだろう」と思いとどまり、相手に「こんなに高い値段で買ってはいけません。私がリーズナブルな値段でお売りします」と言うに違いありません。これは一見損をしたように思えますけれども、後で必ず双方にとって良い結果をもたらすことになるはずです。

「相手のためになることなのかどうか」を考えて判断を下す

『京セラフィロソフィ手帳』の中で私は、「自分自身を犠牲にしてでも、相手のためになることをしようと思う心、それが利他の心だ」と言っていますが、この利他の心は、何も経営だけに当てはまることではなく、国を治める場合でも、または教育を行う場でも、あらゆる局面で大切な判断基準となります。

そうは言っても、利他の心で判断することは、本来は悟りを開いた聖者、聖人にしかできないことです。つまり、「利他の心」の究極の境地とは、「悟りの境地」なのです。ですから、私自身にしても、「利他の心で判断をしなさい」と皆さんに言ってはいるものの、まだまだ中途半端なレベルでしかないわけです。

高いレベルの判断基準を持っていると、あらゆることがよく見えると言います。悟りを開いたすばらしい人に相談をすると、「それはやってもいい」「いや、それはやめておきなさい」と、簡単に結論を下されますが、そのような人にはあらゆることが見えているわけです。

残念なことに、「自分だけ良ければいい」という本能だけに満たされた凡人がちまたにはうごめいています。そして、勝った負けた、取った取られた、もうかった損をしたと、血みどろの戦いに明け暮れています。そんな中でも、利他の心を持った人が世間を見ると、一段高いところからものを見るようなものですので、すべてが見渡せるのです。正しい判断をしたつもりで仕事をしている凡人たちが、少し行けばつまずくことになるということが、その人にはわかってしまうのです。

喩えれば、利他の心を持った人が、その先には「溝」があるから、そっちへ行っては駄目だと思っても、自分は正しい道を歩いていると思い込んでいる当の本人には、その「溝」が見えていません。「あっちのデコボコ道よりは歩きやすそうだ」と思って、溝の上に足を踏み入れ、結局ドボンとはまってしまう。欲だらけの心には、見えるものも見えないわけです。

しかし、先ほども言いましたように、「利他の心で判断せよ」と言われても、修行をしていないわれわれ凡人には簡単には理解できませんし、実行することはさらに難しいわけです。私の話を聞いても、すぐにまた自分がもうかるかもうからないかということで物事を考えるようになるだろうと思います。そうならないようにするにはどうすればいいか、その方法をお教えしましょう。

例えば、あるものを買うか買わないか、売るか売らないか、また、人から頼まれたことを引き受けるかどうかと考えたとき、瞬間的にその答えが出てきたとします。しかし、それは本能から出てきた思いですから、その思いにとらわれる前に、ちょっと一呼吸入れるのです。最初に出てきた思いをいったん横に置いて、「ちょっと待て。稲盛さんが利他の心で判断しろと言っていたように、自分がもうかるかもうからないかということではなく、相手にとってそれがいいことか悪いことかで考えてみよう」と、結論を出す前にワンクッション置くわけです。そして、自分にとってもいいことであり、また、相手も喜んでくれると確信したときに初めて判断を下すようにするのです。そうしないと、どうしても自分に都合のいいように判断してしまって、相手に不利益を与えてしまいかねません。思考のプロセスの中にそのような回路を入れておくことは、たいへん大事なことだと思います。たとえ悟りを開いていないわれわれ凡人でも、そういう習慣をつけさえすれば、すばらしい判断ができるようになるはずです。

もう少し、「利他の心」についてお話ししてみます。利他とは、他の人に喜んでもらう、他者を助けるということです。お釈迦様がその前世で、今にも飢えて死にそうな虎の親子に自分の身を投じて食べさせたというお話がありますが、利他の最たる行為とは、このように自分の身を犠牲にしてでも他を助けるということであると仏教では説いています。

私が利他とはそのようなものだという話をすると、「何をきれい事を言っている。おまえだって商売人ではないか。一〇パーセント以上の利益率でなければもうかっているうちには入らないなどと言って利益を追求していながら、一方では人を助けよとは矛盾も甚だしい。人を助けながら経営をやっていたら、一〇パーセントもの利益など出るわけがない」と言う人がいます。

実際に、先ほど利他の心の究極とは、自分の命を犠牲にして相手を助けることだと言いましたが、それでは命がいくつあっても足りませんから一生のうちに何度もできるわけもなく、この究極の「利他」を規範とすることはできません。しかし、「利他」にはまた別のとらえ方もあるのです。

誰もが皆この現世に生まれ出てきて、一回しかない貴重な人生を必死で生きています。だからこそ、この世では森羅万象あらゆるものが共生し、共存していかなければなりません。自分も生き、相手も生かす。つまり、地球にある生きとし生けるもの、すべてのものが一緒に生きていけるようにすること、それが利他なのです。そういう意味で、決して矛盾していないはずです。

大善の功徳と小善の罪

ここで大切なことは、相手にとって何が本当にいいことなのかということを考える必要がある、ということです。

例えば、つぶれかかっている会社から「実は今お金がない。掛け売りをしてもらえないか」と言われたり、「手形で売ってくれ」と頼まれたとします。調べてみると、その会社は来月くらいには倒産するだろうとうわさされていて、手形は落ちそうにない。それでも相手は「何とか売ってくれ」と頼んでくる。その場合、売るべきなのか、それとも断るべきなのか。

「利他の心で判断するならば、この場合、当然売ってあげるべきなのだろう。しかし、そうすると売掛金がこげついて、うちの会社が困ることになる。いったい、どうすればいいのか。利他の心と事業経営は、矛盾するのではないだろうか」と迷ってしまう人も多いと思います。

そういうとき、私は「大善と小善」ということを考えます。例えば、自分の子供をかわいがるあまり、甘やかし放題に育てる。その一瞬一瞬は子供も喜んでくれるのですが、結果として、わがまま勝手に育ち、とんでもない人間になってしまい、不幸な運命をたどる。このように、目先のことしか考えずに相手に施そうとする善行を「小善」と言います。そのときはいいように見えても、後々悪い結果を招くことになる。「小善は大悪に似たり」と言いますが、つまらない善をなすことは、かえって悪をなすことになるのです。

以前、『五体不満足』（乙武洋匡《ひろただ》／講談社）という本がベストセラーになりました。私も少し読ませていただきましたけれども、生まれながらにして身体が不自由である著者が、本当にアッケラカンとして、明るく人生を生きておられます。普通なら、「何の罪もないのに、なぜ私がこんな不幸な目に遭わなければならないのか」と、両親や社会を恨みながら人生を過ごすはずです。ところが、生を享けて以来ずっと明るさを失わず、自分の身体が不自由であることをちっとも恨みに思うことなく、本当に生き生きとしている。他人から見ればどんなに不幸かと思うようなことでも、それを不幸だと受け止めず、物事をすべて明るく考えている。そのために、すばらしい人生を送っておられます。

親にとって、子供がかわいいのは当然です。しかし、かわいいからといってただ甘やかせばいいというのではありません。『五体不満足』の著者を育ててこられたご両親は、子供が両手両足がなくていくら苦しんでいようとも、それを温かく見守りながら、やがて子供が自活できるように、すべてのことを自分一人でやらせました。周囲の人の目には、それは鬼かと思うような残酷な仕打ちに映ったかもしれません。しかし、そのおかげで、子供は一人のすばらしい人間として成長しました。つまり、これが大善です。

「大善は非情に似たり」とも言うことがあります。まだ年端もいかない、しかも手も足もない子供に、なぜそのような冷たい仕打ちをするのか、血も涙もないと一見思われる行為の中にこそ、すばらしい人間を育てていくという大善があるのです。

この前も、発展途上国を支援するODA（政府開発援助）の広告に、「私たちは貧しい国の人たちに魚を与えるということはしません。ただし、魚を捕る方法を教えます」というような表現が載っていました。ただ魚を恵むだけでは、食べてしまえば何も残らない。相手にもらい癖をつけてしまうだけです。今食べるものを与えるというのではなく、どうすれば食べていけるかという方法を教える。お腹《なか》が空《す》いて困ることがあっても、川に入り、海に入り、教わったやり方で魚を捕ればいい。方法さえ身につければ、後は自分たちで生きていけるはずだという考え方です。これが「大善」です。

魚を恵む、お金を恵むというのは小善でしかなく、結局は自活できない人たちを育てることになります。そのような意味で、最近では慈善事業も、本当に相手を助けるということはどういうことかを考えるようになっています。「利他」を考える場合、皆さんにはこの「大善と小善」ということの意味を、十分理解していただきたいと思います。

利他の心で見ればもうけ話の裏側まで見通せる

バブル崩壊後、金融機関を中心に、多くの企業が経営難に陥りました。そのような企業のほとんどは、バブルのときに土地を買えばもうかる、株を買えばもうかるといったもうけ話に乗せられて投資を行ったところです。「うちの会社はそういう話には引っかかりませんでした」と言われる方もあるかもしれませんけれども、それはたまたまお金がなかっただけなのかもしれません。もしお金があったなら、とっくの昔にうまいもうけ話に引っかかって、今ごろは会社をつぶしている人もあろうかと思います。

私のところにも、そのようなもうけ話を持ち込んできた人が何人もいました。しかし、私は「そんなうまい話があるわけがない。あったとしても、何かがおかしいはずだ。額に汗することなく金が手に入るくらいなら、皆働くのがばからしくなり、世の中がおかしくなる。よしんばうまくいって一時的にもうかったとしても、きっとその後の私の人生は、めちゃくちゃになってしまうだろう」と考え、すべて断ってきたのです。どれほど「こんなにもうかるのですよ」と示されても、それは何かがおかしいはずだ、そんなやり方で社会がうまくいくはずはないと私は信じていました。

先ほども述べたように、利他の心で物事を考えるようになると、周りの人がうまい話にまんまと引っかかっていく状況がよく見えるようになります。我利我利亡者が、自分だけもうけようと思って走り回っているのが、はっきりとわかるわけです。

一人で勝手に走り出し、自分から柱にぶつかってはコブをつくる。そこにばんそうこうを貼りながら、また別の方向に向かって走り出す。「あっちに行ったらコケるぞ」と思いながら見ていると、案の定、石につまずいてズッコケる。そして、全部自分が勝手にやったことなのに、「そこに柱があるのが悪い」「道端の石ころが悪い」と他のせいにして、自分はちっとも悪くないと思っている。「私はこんなに努力をしているのに、うまくいかない。いったい、この世の中はどうなっているのか」と文句を言う。しかし、それは全部欲にかられた自分がやったことであって、そのような考え方がうまくいかない源なのです。

利他の心で見れば、それがよくわかります。人が持ち込んでくるいかがわしい話も、裏側まで全部見えてきます。そのためにも、利他の心を持つということはたいへん大事なことなのです。

皆さんは、先ほど私が述べたように、自分だけ良ければいいという考え方で商売を行うのではなく、周囲の人たちにとってそれはどうなのか、取引をする相手にとってそれはどうなのかというところまで考え、そして、「みんなにとってそれはいいことなのだ」という結論に達したときに商売を成立させるよう心がけてください。

●大胆さと細心さをあわせもつ

大胆さと細心さは相矛盾するものですが、この両極端をあわせもつことによって初めて完全な仕事ができます。

この両極端をあわせもつということは、「中庸《ちゅうよう》」をいうのではありません。ちょうど綾《あや》を織りなしている糸のような状態を言います。縦糸が大胆さなら横糸は細心さというように、相反するものが交互に出てきます。大胆さによって仕事をダイナミックに進めることができると同時に、細心さによって失敗を防ぐことができるのです。

大胆さと細心さを最初からあわせもつのは難しいことですが、仕事を通じていろいろな場面で常に心がけることによって、この両極端を兼ね備えることができるようになるのです。

経営者が物事を判断していく場合、ときには大胆に決断しなければなりませんし、または石橋をたたいても渡らないというくらい、細心かつ小心翼々として判断しなければならないときもあります。つまり、「大胆さと細心さをあわせもつ」ことが必要になるわけです。「大胆さ」と「細心さ」を綾織りのように織りなしていく。常に大胆であってもいけません し、いつも細心であってもいけません。また、その真ん中であれというものでもない。経営者、トップというものは、恐ろしいほどの大胆さと、じれったくなるほどの細心さ、その両極端を兼ね備えていなければならないのです。

この「両極端」とは、資本金以上の投資を決める大胆さとか、わずかな額の投資でも逡《しゅん》巡《じゅん》し、考えに考えた後で結局行わないというような細心さとかではありません。ものすごく情が深く、優しい人間性を持っていながら、ときにはズバッと社員の首を切れるという冷酷さ、非情さということもあります。あるいは、たいへんな理論家で、合理主義一点張りに見えて、一方では人間的、感情的な一面も持っているということもあるでしょう。つまり、大胆さと細心さ、温情と冷酷、合理性と人間性、それぞれ両極端の性質が、一人の人間の中に綾を織りなすように存在しているわけです。

そして、大胆でなければならないときに大胆さを出す、細心でなければならないときに細心さを出すという具合に、それぞれの性質を状況に応じてうまく機能させる能力がなければなりません。

皆さんにも、温情的な一面と、冷酷な一面とがあるはずです。日ごろ従業員を大事に思っていながらも、一方で、怠け者でいい加減な社員に首を言い渡したりすることがあるでしょう。そして、「いつも従業員を大事にすると言っているのに、その社員を急に首にするなど、なんと自分とはわけのわからない人間なのか」と思うかもしれません。

経営をやっていれば、このように両極端の性質が交互に出てくるものですから、「自分は二重人格ではないだろうか」と悩むこともあると思います。しかし、そうでなければ経営というものはできません。

経営者が「うちの社長は人がいい」と社員から言われているような会社は、たいてい経営がうまくいっていないものです。いつもお人よしの経営者では、事業がうまくいくはずがないからです。もちろん、「うちの社長くらい冷酷で厳しい人間はいない」という会社もいけません。人がよ過ぎても駄目、悪過ぎても駄目。一人の人間が、その両方を併せ持っていなければならないのです。

このことは、一見、矛盾しています。しかし、その矛盾を矛盾と思わせない人が天才なのです。経営者でも政治家でも、すばらしい仕事を成し遂げた人の伝記などを読むと、矛盾したものを持っていた人が多いことがわかります。

それと比べるわけではありませんが、私自身も矛盾したものを持っています。「この前あれほど大胆だった自分と今こうしてビビっている自分と、どっちが本当の自分なのだろう」と悩んだことが何回もありました。日ごろは非常に優しい、部下思いの私であったのに、あるとき「泣いて馬謖《ばしょく》を斬る」自分がいた。そのくらいの失敗で部下を首にしなくてもいいではないかと思う私と、いや、小さなことかもしれないが、これをこのまま放っておいたのでは組織全体が死んでしまうと断罪する非情な私、どちらが本当の私なのだろう、と思ったものです。悩んでもなかなか結論が出ず、自分自身をしだいに信用できなくなってくる。このような悩みを社員に言えば、経営者としての信用を失いますから、悶々《もんもん》と一人で悩んでいました。

そのときに米国の作家、F・S・フィッツジェラルドの言葉に触れたわけです。それは、次のようなものでした。

「第一級の知性とは、両極端の考え方を同時に併せ持ち、かつ、それらを正常に機能させることのできる人間である」

大胆であるべきときに大胆であり、細心であるべきときに細心でなければならないのです。つまり、両極端を正常に機能させなければならないのです。この言葉を知った私は、「ああ、正反対の性質を持っていても、それは矛盾ではないのだ」と安心しました。

両極端の能力を要求される中小企業経営者

今、私は、大胆さと細心さ、温情と冷酷、合理性と人間性の両極端を併せ持ち、かつそれを場面に応じて使い分ける能力が必要だと言いました。これがいかに難しいことか、少しお話ししてみようと思います。

例えば、本田技研が成功したのは、スパナ一本、ハンマー一挺《ちょう》で、すばらしいエンジンやオートバイをつくることができた本田宗一郎さんというものづくりの天才と、会社を経営するという面で、経理に明るく金勘定のできる藤沢武夫さんという名番頭の二人がそろっていたからです。

また同様に、松下電器は、あの松下幸之助さんと、これも名番頭と言われた高橋荒太郎さんの組み合わせがあり、ソニーの場合、技術者である井深大さんと、営業手腕に長《た》けた盛田昭夫さんのコンビがあったから、それぞれ発展したと言われています。つまり、両極端の性質を一人の人間が持つことは難しいので、自分の不足を補う名参謀、名番頭が必要になるわけです。

ところが中小企業には、この例は当てはまりません。人材不足の中小企業で、そのような恰好の補佐役が簡単に見つかるはずがないからです。

ですから、中小企業では、トップである皆さんが相矛盾する両極端の能力を兼ね備え、かつ正常に機能させていかなければなりません。中小企業の経営者で大した才能があるわけでもないのに、そのような高いレベルの能力を要求される。しかし、泣いてでもそれをやらなければならないのです。私自身も、それができるようにこれまでがんばってきたつもりです。

この項目で述べられていることはトップとして非常に大事なことですので、ぜひ理解していただきたいと思います。

●有意注意で判断力を磨く

目的をもって真剣に意識を集中させることを有意注意といいます。

私たちはどんなときでも、どんな環境でも、どんなささいなことであっても気を込めて取り組まなければなりません。最初は非常に難しいことのように見えますが、日頃、意識的にこれを続けていると、この有意注意が習慣になってきます。そうなれば、あらゆる状況下で気を込めて現象を見つめるという基本ができていますから、何か問題が起きても、すぐにその核心をつかみ、解決ができるようになります。

ものごとをただ漫然とやるのではなく、私たちは、日常どんなささいなことにでも真剣に注意を向ける習慣を身につけなければなりません。

この「有意注意」とは、「意をもって意を注ぐ」、あるいは「意識して注意を向ける」ということです。これに対応するのは「無意注意」であり、例えば、どこかで音がしたので反射的にフッと振り返るというような意識の使い方を言います。そのような気の注ぎ方ではなく、自分から能動的に一生懸命意識を集中させる、これが「有意注意」という言葉の意味するところです。

世間には、二、三人というわずかな従業員で経営している会社もあれば、何万人という規模の会社まで、さまざまな規模の企業があります。大会社にとってはささいな出来事でも、中小企業にしてみれば会社の命運を変えてしまいかねないほどのインパクトがある場合もあるわけです。

それなのに、「これくらいなら大したことはない」と、あまり深く考えずに聞き流してしまう経営者がいます。実際、経営者の方々を見ていますと、そのように、小さな事象を蔑《ないがし》ろにしている人がたいへん多いように思います。

京セラという会社をつくっていただき、取締役技術部長として経営に携わることになった私は、「すばらしい経営者、またはリーダーは、正しい判断が瞬時にできなければならない。さもなくば、将来、会社の規模が大きくなっても、何万人という従業員の生活を支えることなどできないはずだ」と考えていました。また、「どうすればそのような判断ができるのだろう」とも思っていました。

「生まれつき鋭い感覚や優れた能力を持っていなければ、そのようなことはできないのだろうか。そうであるなら、私みたいに、それほど優れているとも思えない人間は、どんなに努力しても正しい判断はできないかもしれない」。そう悩みながらも私は、自分にできることは何かと考え、「どんなに簡単に思えることでも、真剣に考え、正しい判断ができるように努力しよう」と決め、それ以来、どんなにささいなことでも真剣に考えるように心がけてきました。今でも、その姿勢は変わっていません。

私が私淑している中村天風さんは、インドのヨガを極められた、日本において、最もすばらしい聖人、あるいは賢人と言われている方です。その中村天風さんも、「有意注意の人生でなければ意味がない」と説いておられ、「研ぎ澄まされた鋭い感覚で迅速な判断をするためには、どんなにささいだと思えるようなことでも、常に真剣に考える習慣をつけていなければならない」と言われています。

ところが一般の経営者は、たいして重要ではない問題に対しては、「こんなものでいいだろう」と簡単に済ませてしまったり、極端な場合は「君に任せる」と言って、部下に判断を委《ゆだ》ねたりしています。

日ごろからこんな調子では、いざ鎌倉と、会社の浮沈に関わるような大問題が発生したときに、的確な判断が下せるわけがありません。そのときになって「さあ真剣に考えよう」と思っても、そのような習慣が身についていないものですから、どうしても浅く薄っぺらな考えしか出てこないのです。

一方、どんなにささいなことでも、ど真剣に考えるような人は、感覚が研ぎ澄まされていますから、いつでも迅速に、的確な判断が下せるようになっています。ですから、問題を聞いた瞬間に「あ、それはこうすればいい」とわかるのです。それは、過去に同じような経験をしたから、特に考えなくてもわかる、ということではなく、ものすごい速さで思考が回り、最良の策を考えつくことができるからなのです。

それは頭の良し悪しに関係なく、どんなにささいなことでも真剣に考える習慣によって可能となることです。最初のうちは頭の回転も遅く、あれこれと迷いながら考えていても、それを十年、二十年と繰り返しているうちに、すばらしい冴《さ》えを発揮できるようになってきます。そうなるために、私は「有意注意で判断力を磨け」とお話ししているのです。

時間がなくても意識を集中して考える

私は日ごろたいへん忙しいものですから、「相談に乗ってほしい」と急に言われても、なかなかその時間を取ることができません。極端な場合、会社の幹部が「三十分程度でもいいから話がしたい」と言ってきても、一カ月、場合によっては二カ月くらい先でなければ、その時間が取れないのです。そのくらい私のスケジュールは厳しくて、十分間ある人と話をし、また違う人と会って十分話をする、という具合に、分刻みになっています。

そのような過密スケジュールの場合、今話していた内容がそのまま頭の中に残ったままだと、次の人と会って話をするときになかなか頭を切り替えられず、効率が良くありません。ですから、私は、次の人と会う前に、今話していた内容を頭の中から全部消してしまうようにしています。そして次の話を真剣に聞き、結論を出してはまた頭の中を真っ白にし、次の人に会う、というような、離れ業《わざ》にも等しいことを毎日行っています。

そんなことを朝から夕方までやっていれば、もうクタクタになってしまいます。運動をしているわけでもないのに、考えているだけで疲れ果ててしまうのです。それくらい、「考える」ということはたいへんなエネルギーを消耗するわけです。

さて、私とほんの少しでいいから話をしたいと思っている会社の幹部の中には、例えば、たまに会社の廊下でばったり会えばこれ幸いと私をつかまえて、「この前の件ですが」と切り出す者もいます。こちらもなかなか会えないとわかっていますので、フムフムと聞いている。しかし、自分の注意は他のほうに向いているわけですから、これは「有意注意」ではないわけです。

そのようなときは、だいたいいい加減な応答をしているものです。それが往々にして、後でたいへんな問題を引き起こすことになります。本人は「何月何日、名誉会長に相談したところ、『承諾いただきました』と言うのですが、私には全然記憶がない。「そんなばかな、私は聞いていない」と言っても、「相談したとき、よろしいと言われましたよ」と返される。よく聞いてみると、会社の廊下で話をしました、と言うわけです。

自分でも若いころから「有意注意でなければならない」と言ってきたくせに、ついつい部下がかわいそうになって、廊下ですれ違いざまにでも、話を聞いてあげようとした。そのために、かえってたいへんな失敗を招く。そのようなこともありました。

そんなことが何回もあったので、あるときから、私は廊下で簡単に相談に乗るということを一切やめました。そして、「相談事なら、私の部屋でも、事務所の隅っこでもいいから、とにかく集中できるところで聞こう」と言っています。

つまり、話を聞くときは、すべての意識を集中させなければならない。何かのついでにちょっと話を聞いて軽く判断を下す、ということは、決してしてはならないのです。

これは、会社の規模に関係なく経営者にとって必要な姿勢です。今からでも遅くはありませんから、この「有意注意」を習慣づけるということを心がけるようにしてください。そうすれば、判断力は必ず研ぎ澄まされてくるはずです。

特に、皆さんのような経営者の場合は、十人であろうと、百人であろうと、全従業員、ならびに会社の命運がかかっているわけですから、たとえ細かいことであっても、集中して深く考え、判断を下すという習慣を、ぜひ身につけていただきたいと思います。

●フェアプレイ精神を貫く

京セラは、「フェアプレイ精神」に則《のつと》って正々堂々とビジネスを行っています。したがって、儲けるためには何をしてもよいとか、少しくらいのルール違反や数字のごまかしは許される、という考え方を最も嫌います。

スポーツの世界でも、反則やルール違反のないゲームからさわやかな感動を受けるのは、フェアプレイ精神に基づいているからです。誰であっても、矛盾や不正に気づいたら正々堂々と指摘をすべきです。

私たちの職場が常にさわやかで活気あふれたものであるためには、一人一人がフェアなプレイヤーであるとともに、厳しい審判の目をもつことが必要です。


「京セラフィロソフィ」とは、「人間として何が正しいのか」ということを突き詰めていったものです。つまり、「人間として正しいことを正しく遂行する」ということを根本にした精神なのです。この「京セラフィロソフィ」の中に「フェアプレイ精神を貫く」という項目があるわけですが、私は、「京セラフィロソフィ」自体がフェアプレイ精神を貫くということを言っているのだと、常々説いてきました。私の言う「フェアプレイ」とは、「公正」という意味です。つまり、「公正さを尊ぶ」ということ、「正しいことを正しく貫く」ということを企業の規律の中心に置くべきだ、と私はずっと説き続けてきました。不正なことは、一切してはならない。これはトップの社長から従業員まで、全員が徹底しなければならないことなのです。

大事なことは、この「フェアプレイ精神」を社内に深く定着させるということです。「正々堂々と正しいことを貫こう」と言われたときは、「そのとおりだ」とみんな思いますが、少し時間がたてば、だんだんその気持ちも薄らいでくるものです。そして、ちょっともうけ話などを持ち込まれると「まあ、少しくらいは」と心がふらついてしまうわけです。

以前、ある証券会社の幹部の方とこのような話をしたことがありました。皆さんもご承知のとおり、過去に、証券会社が損失補填を行ったことが発覚し、大きな問題になりました。「必ずもうかります」と言って株を買ってもらったけれど、バブル崩壊のあおりを受けてお客が損をする羽目に陥った。その損失分を、後で証券会社が補填したということで、たいへんな社会問題になったわけです。

まだその記憶も生々しいころでしたが、また証券業界で不正が行われている、というのです。最近国債が値を下げ、それに対して証券会社が、「前の債券で損を出した分を調整した値段で新しい債券を売る」ということを行っているというのです。つまり、相場どおりではない、操作した価格で取引をするという不正が行われているらしいと言われています。

前回、損失補塡の問題で大騒ぎしたにもかかわらず、同じことがまた繰り返されている。今回は株式ではなく債券をめぐる不正ですが、構造は変わりません。そのような不正行為を行っている証券会社は「客に損をさせない」ということで取引が増えて、どんどん発展していく。それを見た他の証券会社も、「あの会社だけうまくいっているのは面白くない。自分のところもやろう」と言って、それに倣《なら》おうとする。

大した努力もせずに、わずかな知恵を働かせるだけでお客様が喜んでくれて、注文も増えるし、会社はどんどん発展する。それだけに結局一社が始めれば、他の証券会社も追随することになるわけです。

これは金額の多寡《たか》という問題ではありません。「ルールを犯してはならない」という、基本的なことが守られていない、ということが問題なのです。「ルール違反」というのは、「少し」とか、「ちょっと」とか、「わずか」犯したくらいなら罪は軽いというようなものではないのです。どんな小さなことでも不正はしてはならない、それがルールというものです。

今言ったような話をしても、そのときには皆「なるほどな」と思いますが、いつの間にかそれぞれ勝手な判断をするようになって、道を踏み外すということがよく起こります。だからこそ、公正さを尊ぶ精神を企業の規律の中心に置き、「うちの会社はこういうやり方でいきます」と、社内外に明確に示す必要があるのです。同時に、「こういうことはしてはいけない」というルールも具体的に挙げて、その規律に付け加えなければなりません。

そして、大事なことは、『京セラフィロソフィ手帳』の中にもありますように、誰であろうと会社の中の矛盾や不正に気づいたら、正々堂々と指摘すべきだ、ということです。会社の中に問題があれば、たとえ新入社員であっても、「このようなことが会社の中で行われていますが、これは間違いではないでしょうか」と、堂々と言えるような雰囲気をつくることが重要なのです。間違いを指摘すれば、後で上司から怒られたり、ひどい目に遭うかもしれない、そう思ってみんなが見て見ぬふりをしているようではどうしようもありません。

つまり、立場の上下にかかわらず、全社員が厳しい審判の目を持って会社の中を見ている、そういう雰囲気が必要なのです。

建設的な提言ができる企業風土をつくる

会社というのは人間の集合体ですから、人の悪口を言うのはあまりいいことではないとわかっていても、自分の正当性を主張するために、また、自分がいい恰好をしたいがために、上司の悪口を言って足を引っ張ろうとする人間もいるわけです。ときには、不正も何もしていないのに、根も葉もないうわさをばらまいて人を陥れようとするとんでもない人間も出てきます。世間には善良な人ばかりというわけではなく、なかにはそのような悪質な人間もいるのです。

だからこそ、人のことを悪く言って、かえって「自分の人格が疑われてはたいへんだ」

と考えるような雰囲気が、われわれの社会にはどうしてもあるわけです。そのために、社内で不正に気がついても、なかなかそれを指摘できないのです。

そうやって誰も言い出さないのをいいことに、社内のあちこちで不正がはびこるようになる。一つ不正が許されると、それを見た人間が「あれでもいいのか」と思って真似をする。こうして、会社のモラルは急激に悪化していくのです。

不正というものは、周辺や下の人間にはよく見えますが、だいたい上にバレないようにやっていますから、トップの人間には見えないものです。そのために、上のほうが気がつくころにはかなり腐敗が進んでいる、というケースがよくあります。

そうならないためにも、下の人間が不正を指摘するということを許す、つまり、矛盾や不正に気がついたら、誰でも正々堂々と指摘できるのだというルールを、社内につくっておかなければなりません。さもなくば、「不正はよくない」とどんなにきれい事を言っていても、それが常時守られるという保証はないのです。

では、そうした指摘が真っ当なものなのか、それとも単に人を陥れるための悪口にすぎないのかを見極める方法はあるのでしょうか。

それには、例えば下っ端の人間が上司の不正を指摘している場合、それがただ単に個人的な非難や中傷にすぎないものなのか、それとも、一社員として建設的な意見を述べているのかを見ればいいのです。

つまり、「あの部長はけしからん」とただ誹謗《ひぼう》するのではなく、「何々さんはこういうことをやっておられますが、あれはわが社にとって問題なのではないでしょうか。ぜひ、正していただきたいと思います」と、建設的な提言として発言しているのであれば、それは聞き入れるべきだ、ということです。

今述べてきたことを繰り返しますと、会社の中に、誰でも不正を指摘できる雰囲気をつくることがまず一つ。その場合も、会社や上司の悪口をただ並べるといった、単なる非難や中傷にとどまるような発言はさせない、これが二つ目。本当に不正や矛盾があったときに、建設的な観点でそれを指摘しているのであれば、どんなに末端の人間が言おうとその意見は歓迎すべきであり、上司もそれに対しては聞く耳を持つ、これが三つ目です。このような雰囲気を、ぜひ会社の中につくっていただきたいと思います。

●公私のけじめを大切にする

仕事をしていく上では、公私のけじめをはっきりつけなければなりません。

プライベートなことを勤務時間中に持ち込んだり、仕事上の立場を利用して取引先の接待を受けたりすることは厳につつしまなければなりません。勤務時間中の私用電話の受発信を禁止したり、仕事を通じてのいただきものを個人のものとせず、みんなで分けあっているのもそのためです。これは、ささいな公私混同でもモラルの低下を引き起こし、ついには会社全体を毒することになってしまうからです。

私たちは、公私のけじめをきちんとつけ、日常のちょっとした心の緩みに対しても、自らを厳しく律していかなければなりません。


私は、会社をつくった当時から、このことを厳しく言い続けてきました。

極端なことかもしれませんが、一つの例として、勤務時間中の私用電話は、受発信とも禁止しています。会社にプライベートな電話がかかってくることも、また、プライベートなことに会社の電話を使うことも一切許していません。

会社では、先ほどお話しした「有意注意」で、皆真剣に仕事をしているわけです。そんなときに、プライベートなことで友人から電話がかかってきたからと、簡単にそれを取り次いで「次の日曜日に遊ぼう」などと話をしている。そんなことでは仕事にならないわけです。勤務時間中は、必死に、真剣に仕事をしてもらわなければ困る。そう思っていますので、公私のけじめをつけるということについては非常に厳しくとらえています。

また、私が「公私の区別をつけろ」と厳しく言っている背景には、もう一つの理由があります。それは、「一事が万事」と言うように、一つ許せば際限なく公私混同が起こる恐れがある、ということです。

例えば、仕事上の「役得」ということがあります。職務上の自分の立場を利用して個人的にうまい汁を吸う。具体的には、会社で大口の発注を行う立場にある人間が、注文欲しさに何とか取り入ろうとする売り手側から、盆暮れの贈り物を個人的に受け取ったりすることなどがそれに当たります。売り手の人間にとって、発注者にいい印象を持ってもらおうと思うのは当たり前のことですから、このようなことはそう珍しくはないわけです。

そうすると発注者は、「自分はそういう立場にあるのだし、まあ菓子折りの一つや果物一ケースくらいいいだろう」と思って、ついつい受け取ってしまう。ところが、最初は五百円や千円の菓子折り一つだったのが、だんだん高価な贈り物を受け取るようになっていく。そして、一度そういう役得を経験してしまうと、それが習い性として身についていって、人間がしだいに卑しくなるのです。つまり、卑なる人間、卑しい人間が、会社の中で育ってしまう。

人間の中で一番レベルが低いのは、「卑しい人間」だと私は思います。作家の城山三郎さんに、『粗にして野だが卑ではない』(文藝春秋)という作品があります。つまり、礼儀作法を知らない「野人」であっても、「卑しい人間」であってはならないということです。人間として一番低俗であるこの「卑しい人間」を育てるようなことをしてはいけません。そのためには、厳格過ぎるくらいに、公私の区別をはっきりさせる必要があるのです。

それ故に私は、盆暮れに贈られてくる仕事を通じてのいただきものは、会社全体でまとめて、後で全社員で分けるようにしました。そして、一切個人として受け取ることのないよう、社員に強く言い聞かせてきたのです。

本来なら全部断るべきなのでしょうが、それでは角が立ち過ぎるという場合もあります。それならば、会社として頂戴し、全社員で分けるようにすればいいと考えたのです。堅過ぎると思われるかもしれませんが、そうすることによって、私は会社のモラルを守ってきました。

会社の経営に携わって五十年以上になりますが、そういうルールはどれほど厳しくしてもし過ぎることはないと実感しています。人間というものは、自分の欲望を満足させるためには、仕事上の立場さえ利用しかねないものだと、これまで世界中で仕事をするうちにわかってきました。

身内の恥をさらすことになりますけれども、アメリカにあるわれわれのグループ会社で、このことが問題になったことがありました。

アメリカで京セラ製品を販売する場合、販売してくれる業者と代理店契約をまず結びます。業者にとってみれば、京セラの製品を売る権利がもらえれば、当然自分のところのビジネスを大きくすることができるわけですから、ぜひとも契約を結びたいと思うわけです。

あるとき、とある営業部長が「どこと代理店契約を結ぶかは、営業部長である私が決める。うちの製品の販売権が欲しいのであれば、これだけのリベートを私に渡しなさい」というようなことを言って、実際に業者からリベートをもらっていた、という事実が発覚したのです。私は、即座にその営業部長を首にしました。

どんなにささいなことであっても、役職を通じてうまい汁を吸おうとする行為を許してはなりません。日ごろから小さな不正を黙認していれば、事はどんどん大きくなっていって、さらに罪を深くしてしまうことになります。そのような罪をつくらせてはいけませんし、そもそも従業員を卑しい人間に育てていくようなことがあってはならないのです。

会社の立場を利用して個人的に利益を得るということは、仲間に対する「背任行為」です。心をベースとした経営を目指し、社員同士の結び付きを大切にする京セラでは、この「公私のけじめ」ということを、非常に大事に考えてきたのです。

社用車の使用にもけじめが必要

大きな会社になってくれば、役員を専用車で送り迎えするようになります。私の場合も社用車が送り迎えをしてくれていますし、社長、副社長、専務についても、会社の車で送り迎えをしています。

役員が会社で仕事をしている間は、車も運転手さんも会社にいて待機していますから、その間何か社用で必要が生じた場合、仕事を頼むこともあります。

以前、このようなことがありました。ある官庁出身の役員が定時になって帰ろうと思い、外に出てみると、車がない。「役員はきっと遅くまで仕事をするだろう」と思った総務の人間が、他の用件でその車を使ってもらっていたのです。その役員が「帰ろうと思ったのに、おれの車がないじゃないか。誰が乗っていったのだ」と言うと、「営業部長が使っています」という答えが返ってくる。それを聞いた役員は、「営業部長ごときがおれの車を使った」と、ものすごい剣幕で怒鳴り出したのです。総務部長はたいへん慌てていましたが、報告を受けた私は、その役員にこう言いました。

「役員だから車がついているのではないのだ。役員ともなれば、四六時中有意注意で、真剣に物事を考えなければならない。そんな中で、朝晩の通勤時に、タクシーを拾おうかとか、電車に乗ろうかとか、余計なことに気を遣わせるより、その間も仕事のことを考えることができるように、行き帰りくらいは会社で運転手をつけてあげようということで、車を用意しているのだ。定時で帰ると言って仕事もしないような男に、それも、営業部長がたまたま車を使ったくらいで激怒するような、その程度の男に、車をつけているわけではない」

そのように私は諄々《じゅんじゅん》と言い聞かせたのです。

社用車の目的とは何なのか。

世間では、「専務だから」あるいは「副社長だから」当然の権利だ、という解釈なのだろうと思います。しかし、そうではないのです。本来は、「この人はこの会社にとって重要な人物で、出退勤時であろうと仕事のことを真剣に考えてもらうために車を出している」ということなのです。

一般に、サラリーマン経営者の場合は、会社の車がつき始めると、送り迎えの車がついたということがもうステータスになるわけです。たいへん名誉なことだと本人も喜ぶし、また奥さんも喜びます。そして、たまには奥さんもプライベートでその車を使ったりするようになります。これも一種の役得だと考えているわけです。

京セラでは、最初は運転手どころか、私が自分で、しかもスクーターを運転していました。しばらくして、そのスクーターが昇格し、スバル３６０になりましたが、それでもやっぱり私が運転して、走り回っていたのです。

ところが物事を考えながらの運転でしたから、危険極まりない。そこで、「これはどうしても運転手さんが要る」と、運送会社にいた人物を運転手に雇いました。しかし、いくら何でもスバル３６０で送り迎えするというのはどうかと、その運転手さんが怒るわけです。

「何で怒っているんだ」と聞いたら、「国道を走っていると、トラックが幅寄せしてくる。小さいからといって、ばかにしている」と言う。ばかにして幅寄せしてくるものだから、路肩から落っこちそうになる。振り切ろうとしてスピードを上げれば、すぐに追っかけてくる。「こんなに怖い思いをするのはもうたくさんだ。私はもう辞めたい」とまで言うものですから、私がなだめて、結局、その運転手を横に乗せて、自分で運転する羽目になりました。

そのスバル３６０より大きな車はぜいたくだから買わない、と言っていたのですが、だんだんそうもいかなくなって、次にコロナを買いました。それはミッションが悪くて、しょっちゅうギアがかんではエンジンストップするような車でした。それでも運転手さんには満足してもらえて、やっと運転してくれるようになりました。

私は、常々家内に「会社の車で送り迎えしてもらっているのは、私が社長という要職にあって、仕事に集中していなければならないからだ。おまえは専業主婦で、会社とは何の関係もないのだから、会社の車には一切乗ってはならない」と言ってありました。家内も「それは当然です」と言って、乗ろうとはしませんでした。

ある日、会社もかなり大きくなってからのことですけれども、朝、私が出勤するときに、家内もちょうど所用で出かける、ということがありました。家からわずか五百メートルくらい行ったところの最寄りの駅まで行くと言うのです。

「ちょうど今から出かけるし、途中だからおまえも乗っていけ」と私が言うと、昔からの約束だったものですから、「それはできない」と断るわけです。それでも私は「そんなこと言わずに、どうせそこまで行くのだから乗ればいい」と言ったのですが、「いや、私は歩きます」と言って決して乗ろうとしません。あまりにもそれがかたくななので、私もそれ以上は言いませんでした。

どうせ行きがけにちょっと降ろす程度ですから、「乗せてもらいます」と素直に受けてもいいじゃないか、と思いましたが、今思えば、やっぱりけじめが必要なのです。

普通、中小企業でもオーナー経営者の場合、一〇〇パーセント自分の会社と言ってもいいわけですから、ついつい会社のものと自分のものの区別がつかなくなってしまいます。住居と社屋が同じであったり、奥さんが従業員に食事を出したり、一緒になって働くのであればなおさら、ついつい会社の車くらい使ったっていいではないか、ということになってきます。

奥さんが会計を担当していたり、社員として従事していたりするのであれば、それはまだ許されるでしょう。ところが、会社も大きくなってきて、店頭上場でもしようかという規模になってくると、奥さんが昔と同じ感覚で会社の車を乗り回したりするのは、周りからすると非常にルーズに見え、みっともないものです。この意味からも、「公私のけじめを大切にする」ということはたいへん大事なことなのです。

4 新しいことを成し遂げる

潜在意識にまで透徹する強い持続した願望をもつ

高い目標を達成するには、まず「こうありたい」という強い、持続した願望をもつことが必要です。

新製品を開発する、お客様から注文をいただく、生産の歩留りや直行率を向上させるなど、どんな課題であっても、まず「何としてもやり遂げたい」という思いを心に強烈に描くのです。

純粋で強い願望を、寝ても覚めても、繰り返し繰り返し考え抜くことによって、それは潜在意識にまでしみ通っていくのです。このような状態になったときには、日頃頭で考えている自分とは別に、寝ているときでも潜在意識が働いて強烈な力を発揮し、その願望を実現する方向へと向かわせてくれるのです。

私がここで強調したいことは、「強く持続した願望を持つ」ということであり、言い換えれば、それは、「私は人生をこう生きたい」「私は会社をこうしたい」ということを、強く、継続して思い続けるということです。そうすることによって、初めて潜在意識にまで願望を透徹させることができるのです。

では、「潜在意識」というのは何か。私はこれを次のように説明しています。

普段われわれが使っているのは、顕在意識というものです。皆さんも、自動車の運転を習い始めたころは、右手でハンドルを持って、左足でクラッチを踏んで、左手でギアチェンジをして、というふうに教わったと思います。

ひと通り教わって、「はい、もう一度やってみなさい」と言われても、もう手と足がバラバラになってしまって、指導員に怒られる。会社の社長をやっているくらいだから少しは賢いかと思っていたのに、教習所の若い指導員に小ばかにされ、腹も立つ。ですが、どうにも思いどおりにいかない。このような経験が、皆さんにもあると思います。それは顕在意識を使って運転をしているからです。

それでも、教習所で指導員に文句を言われながらも練習を繰り返していると、そのうちにだんだん上達していきます。やがて、免許を取って、しばらく車に乗っているうちに、ここでブレーキやアクセルはどう踏もうか、などといちいち考えることはなくなります。危なくなると勝手にブレーキを踏んでいますし、狭い道で対向車とすれ違うときもみごとにすり抜けていくという、軽業みたいなことを毎日平然と行うようになるわけです。

それは、道の幅が何メートル何センチだから、この車が通ればあと何センチ残る、というような計算をしながら行っているわけではありません。ときには、頭の中は会社のことで一杯で、心ここにあらずで運転し、ハッと気がついたときには、すでに何百メートルも走っていたということもあるでしょう。これは、顕在意識を使わず、潜在意識で運転をしているからなのです。

また、製造現場でもこんなことがあります。製造ラインに新たに配属されると、熟練するまでは、この部品をこっちへ持ってきて、こうしてネジを回して、というように、顕在意識で作業を覚えようとします。

ですから、高校を卒業してすぐに組立工場で働き出した工員の中には、組立の仕事を始めてひと月ぐらいの間は、「肩が凝る」「目が疲れる」と言って辞めていく者がいます。ところが、三カ月くらい過ぎると、急に楽になってくる。最初のうちは顕在意識で「こうしなければならない。ああしなければならない」と考えながら作業をしていますから、ものすごく疲れるわけです。だんだん熟練してきますと、先ほどの運転の例と同じで、勝手に手が動きますから、疲れもしないし、肩も凝らなくなる。

また、大工が鉋をかける、鋸《のこぎり》を挽《ひ》くという作業をするにしても、最初見習いで入って鍛えられている間は顕在意識で技術を覚えようとしますから、たいへん疲れるわけです。しかし、慣れてくればこれも楽になってきます。

人間がオギャーと生まれてから死ぬまでの間に考えたり、思ったり、経験したりすることは、すべてこの潜在意識に蓄積されると言います。また、その潜在意識は、今私たちが使っている顕在意識の何十倍もの容量があるとも言われています。

生命の危機に瀕《ひん》したり、死線をさまよっているときに、過去の記憶がすべてよみがえるという話を聞いたことがあるでしょう。例えば、山登りの途中で足を滑らせ、何百メートルも下へ転落する、その間に、今までの思い出が一挙に思い浮かぶという話です。わずか数秒の間に、人生で経験してきたことの大半が走馬灯のように思い出される、このような体験をした方の話は、そう珍しいものではないようです。

顕在意識では思い出せなかった子供のころのことでも、一瞬の間に映画のように脳裏に映し出される。それはまさに、生命の危機に瀕して、潜在意識に蓄積されていた知識、意識が瞬時によみがえってきたからなのです。

潜在意識がひらめきを呼び込む

このような潜在意識を日常的に使えるようにするには、強く持続して意識し、覚え込ませるようにしなければなりません。つまり、繰り返し繰り返し行って、潜在意識に浸透させていくのです。

ビジネスでも、この潜在意識を使えば、すばらしい成果を挙げることが可能になります。例えば、自分の会社をもっと良くしたいと、毎日いろいろなことを考える。その思いが潜在意識に入っていくと、思いもかけない瞬間に、パッとひらめくことがあるのです。

発明王エジソンも、天才とは、一パーセントのひらめきと、九九パーセントの汗である、という主旨のことを言っています。それは、毎日一生懸命に実験を繰り返して考え続けているものですから、潜在意識に透徹して、ある瞬間にパッとひらめくわけです。

つまり、仕事のことや経営のことで、四六時中「有意注意」で、ど真剣に考えていると、思いもかけない場面で潜在意識が働いて、すばらしい着想が得られるのです。そのようなひらめきは核心を突いていて、今まさに自分が遭遇している問題を一気に解決してくれるものがほとんどです。

私は、若いころから、夜中にパッと目が覚め、何かを思いつくことがあります。もう一度眠りに就く前に、頭に思い浮かんだことを枕元のメモ帳に書き留め、朝、会社に行ってそのひらめきをすぐに実行に移す、そういうことがよくありました。

さらに、次のようなケースもあります。自分が今手がけている仕事だけではどうも先行きが不安だから、多角化をしたい、技術レベルを上げたい。そうは言っても、自分には経験もなければ、学問もない、ましてや技術もない。だけど、そうしなければ会社の将来はないかもしれない。このように、日々真剣に悩んでいるとしましょう。

すると、ある会合や学校の同窓会などで一杯やっている中で、思いもかけない出会いがあったりするものです。例えば、次のような具合にです。

「今、あなたはどんな仕事をしているのですか？」

「こんな技術を扱っていて、こういう仕事に携わっています」

それはまさに、自分が手がけてみたいと思っている仕事です。そこで、

「もう少し詳しく聞かせてくれませんか」

と言って話を聞いていくうちに、

「私がこういうことをやりたいと言っても、今の会社ではなかなかやらせてもらえない」

と、相手がこぼす。そこで、ここぞとばかり、「うちの会社はまだ小さいけれども、うちに来てくれれば、その技術を生かすことができるはずだ」と言うわけです。

このようなことは単なる偶然のようにも思えますが、実は潜在意識がそうさせているのではないかと私は思うのです。

経営者は、オールマイティでなければならないということはありません。私は京セラという会社を経営してきましたが、私がすべての事業を手がけたわけでは当然ありません。

私が「それをやり遂げたい」という思いを強く抱き、自らの潜在意識に働きかけた、そし

て、その思いに呼応するかのように、私のもとにそれぞれの分野の専門家が集まって協力してくれた、だからこそ、ここまでやってこられたのです。潜在意識を駆使するほど強い願望を抱かなければ、うってつけの人材が前を通っても、気がつかずに見過ごしてしまっていたでしょう。

この「潜在意識にまで透徹する強い持続した願望をもつ」ということは、真剣に繰り返し考え続けることさえ心がければ、誰にでもできることなのです。

強く持続した願望は実現する

大卒の社員などは頭でっかちですから、理屈が通らないとなかなか納得しません。ですから、いかに持続した強い願望というものが必要か、ということを説明するときも、このように理屈をこね回して話をしてきました。

しかし、世界中の成功者の多くが口にすることは、この「心に思ったとおりになる」ということなのです。成功ストーリーを読めば、ほとんどがこのことに帰結しています。

また、宗教でも、例えば仏教の場合、「あなたの周辺に起こることは、全部あなたの心のままなのだ」と説いています。そして、「もし今あなたが不幸な境遇にあり、会社の経営もうまくいかないとすれば、それはすべてあなたの想念、あなたの思いがそうさせているのだ」と戒めるのです。

つまり、強く持続した思いが実現するということは、普遍的な真理なのです。潜在意識を使う使わないはそのプロセスの一つでしかなく、「どうしてもこうありたい」と願えば、それは必ず実現するのです。

その真理を、多くの人は信じてはいないようです。そのために、成功者を見て、「そんなに簡単にできるのなら」とチョロッと真似をしては失敗している。持続した強い願望が必要なのですから、三日程度考えたくらいでは当然うまくいきません。では一年ならどうか。一年でも話にならないかもしれません。一年かけて実現する人もいれば、しない人もいるでしょう。それは時間の問題ではなく、思いの強さの問題だろうと思います。

1＋1＝2というように明確な定義がないものですから、「持続した願望は実現する」と言っても、なかなか信じてもらえません。しかし、成功を収めた人なら、このことにうなずくはずです。逆説的に言えば、成功できないのは、このことを信じようとしないからなのです。信じられないから、強い願望を抱くこともせず、目標も実現しないのです。

私は、「たとえどんなに苦しい状況にあっても、自分の人生や会社の将来を絶対に悲観的に見てはならない」とよく言います。今はつらくて苦しいけれども、私の人生はきっとバラ色で、明るく開けていくはずだ、うちの会社はこれから発展するのだ、と信じるべきなのです。

健康の問題でもそうです。病気を患って将来を悲観してばかりいたのでは、治るものも治りません。人間、どうせいつかは死ぬのですから、くよくよ先のことを心配するのではなく、「自分はきっと治る」と言い聞かせ、まずは明るい将来を信じるのです。それでもし間違って死んでしまったとしても、しようがない。人生とは本来、そういうものです。

中村天風さんが、この「持続した願望は実現する」ということを次のように端的に表現されています。私も京セラのスローガンにしたり、また、盛和塾の例会で紹介したこともありました。

「新しき計画の成就はただ不屈不撓《ふとう》の一心にあり。さらばひたむきにただ想え、気高く、強く、一筋に」

皆さんも会社の経営計画などを立てる際は、「会社をこういうふうに立派にしたい」と考えると思いますが、「その成就はただ不屈不撓の一心にあり」、つまり、どんな困難が立ちはだかっていようとも、自分は一心不乱に努力をするのだという心構えが必要なのです。その姿勢が、この「さらばひたむきにただ想え、気高く、強く、一筋に」という言葉に表現されています。

どんな艱難《かんなん》辛苦が待ち受けていようともくじけない、岩をも通すような一念でやり遂げてみせる、そのように純粋に思い続けることが成功の秘訣《ひけつ》なのです。

人間の無限の可能性を追求する

仕事において新しいことを成し遂げられる人は、自分の可能性を信じることのできる人です。現在の能力をもって「できる、できない」を判断してしまっては、新しいことや困難なことなどできるはずはありません。人間の能力は、努力し続けることによって無限に拡《ひろ》がるのです。

何かをしようとするとき、まず「人間の能力は無限である」ということを信じ、「何としても成し遂げたい」という強い願望で努力を続けることです。ゼロからスタートした京セラが世界のトップメーカーになったのは、まさにこのことの証明です。

常に自分自身のもつ無限の可能性を信じ、勇気をもって挑戦するという姿勢が大切です。


このことは、「人間の無限の能力を信じる」と言い換えることもできるでしょう。冒頭に「人間は誰でも無限の能力を持っています」という表現を入れてもいいかもしれません。

多くの人は、自分はそれほど優秀だとは思っていないはずです。例えば、小学校のころから何度も忘れ物をしたし、試験でヤマが外れて零点を取ったことさえあった、だから、無限に近い能力が自分にあるなんて、とても信じられない、このように思うことでしょう。

それでもなお、私は「無限の能力があると信じなさい」と皆さんに言います。

自分はできる人間ではないと思っていたくせに、私がそう言ったからといって、急に

「自分には無限の能力がある」と信じ込むような人間は、言ってみればよほどのオッチョコチョイでいい加減な人間です。しかし、その「いい加減な人間になれ」と、私はあえて言っているわけです。

「能力」というのは、頭の良し悪しだけを言うのではなく、身体的な能力などもすべて含んでいます。つまり、「社会で生活するためのあらゆる能力」を指すわけです。例えば、実社会では、健康であることも能力の一つと言えます。「私は大病をしたことはありませんし、風邪もめったにひきません。いたって健康です」と言えるような人は、病気がちな人に比べれば、「能力が高い」と言ってもいいわけです。

「能力は無限である」と言うと疑わしく聞こえるようなら、「能力は進歩する」と言い換えてもいいでしょう。健康ということをとっても、毎日朝晩に運動をすればしだいに身体は丈夫になっていきますし、学力も勉強すればどんどん向上していきます。つまり、能力は進歩するのです。能力が進歩しないのは磨かないからであって、今からでも磨く努力をすればいい。

「自分には無限の能力がある。それを伸ばせなかったのは、自分が今までその能力を向上させるように努力してこなかったからだ。だから、今から努力しよう」

このように考えることが大事だと思います。

新しいことを成し遂げるには、この「人間の無限の可能性を追求する」または「人間の無限の能力を信じる」ということを実践する。つまり、能力を磨いて向上させ、進歩させていくために地味な努力を積み重ねていくという、この一点しかありません。『京セラフィロソフィ手帳』にも、「地味な努力を積み重ねる」という項目がありますが、毎日毎日地味な努力を積み重ねていくことで、能力を無限に進歩させていくのです。

また、同時に「常に創造的な仕事をする」ことも大切です。この言葉も、『京セラフィロソフィ手帳』の項目にあります。「今日よりは明日、明日よりは明後日と、常に創意工夫をしなさい」と私は常々言っていますが、大きな仕事を成し遂げるためにも、また、自分の能力を磨くためにも、このことは非常に大事です。

まずは、「自分は無限の能力を秘めている」と信じ、能力を磨き上げていくために、毎日地味な努力を積み重ね、創意工夫を続けていくのです。

「自分の無限の能力を信じる」ということは、具体的に言うと次のようなことです。

例えば、不況の最中、経営者である自分が、部下の営業部長に「注文が少ない。もっとがんばって注文を取ってこい」とハッパをかけたとします。そうすると、営業部長からは、注文を取ることがいかに難しいか、現在の市場環境がいかに厳しいかということから始まり、いろいろな言い訳が返ってきます。「うちだけではなく、同業他社も苦しんでいる。それほど今の状況は苦しいのです」と、「できない」理由を並べたてるわけです。それを聞いていると、「こんなに厳しい経済環境にあっては、注文を取ることはやはり難しいのだろうか、自分の言っていることは無理な話なのかもしれない」と、つい矛先が鈍ってしまうものです。

それは、営業活動に限ったことではありません。例えば、次のようなケースもあるでしょう。

「今の業種だけで、今後も会社の経営はうまくいくのだろうか。だんだん時代も変わっていくし、父の跡を継いだこの事業をこのまま踏襲していっても、どうもジリ貧になっていきそうで心配だ。昨今新聞・雑誌に書かれているような革新的な事業にも、できれば取り組んでみたい。しかし、そうは言っても、自分には能力もないし、技術も、資金もない。

しょせん、無理な話なのだ」

このように、できない条件を山ほど挙げて、簡単にあきらめてしまう。これではいけません。人間には無限の可能性があるのですから、「やりようによっては、何とかなるのではないか」、このように思うところから、可能性を追求していかなければならないのです。

そう言ったところで、確かに簡単にできるものではありません。それでも、「これは難しいから、うちにはできないだろう」と安易に結論づけてしまうことだけはやめるべきです。「何とかやれるのではないか」と無理やりにでも考えていただきたい。そうすれば、次は「やってみよう」と、地味な努力を始めるようになるものです。尺取り虫が木の枝を這っていくようなものだと思われるかもしれませんが、進歩というものは、そういうことから始まっていくものなのです。

それが、この「人間の無限の可能性を追求する」という項目で、私が言いたいことです。

「京セラフィロソフィ」が今日の成功の源泉

私は、大学では有機化学を専攻していました。石油化学の分野に興味があって、その方面の勉強ばかりしていたのです。セラミックスは無機化学の中でも結晶鉱物学という範《はん》疇《ちゅう》に入りますが、私は、その焼き物の分野を特に嫌っていました。「あんなものは化学のうちに入らない」とさえ考えていたほどです。それほど有機化学志向だった男が、就職口が見つからなかったものだから、たまたま焼き物の世界に入る羽目になったのです。ですから、私はもともとセラミックスについて専門的に勉強した、優秀な技術者だったわけではありません。そんな私が、専門外の分野であっても、地味な努力を一生懸命に続けてきたわけです。

もし私が「有機化学の知識が生かせたなら会社でも頭角を現すことができるかもしれないが、あまり勉強もしていなかったセラミックスの研究を任されたのでは、どんなにがんばっても花は咲かないだろう」と考え、努力することを怠っていたら、おそらく今日の私はないでしょう。たまたま不得手な分野ではあったけれども、必死に勉強し、努力することで、自分の能力を向上させよう、磨こうと、私は心がけてきました。過去に身につけた知識や実績にこだわらず、「何とかしよう」「どうにかしなければ」という思いをきっかけとしてひたむきに努力を続けていくうちに、やがて研究がうまくいくようになり、会社の中でも頭角を現すようになったのです。

セラミックスの研究に没頭し始めた私は、だんだん経験と知識を身につけていきます。何年もたつと、「世界のどの専門家にもひけをとらない」という自信さえ生まれ、さらに研究に励むようになりました。やがて私は、そのセラミックスとはまったく関係のない電気通信事業に乗り出していくという、まさに無謀と言ってもいいような挑戦を行うのです。

通信分野では、明治以来、ＮＴＴという巨大企業が市場を独占していました。そのＮＴＴの研究所では、たくさんの専門研究員が、膨大な研究費を使って研究している。そんな巨大企業に一介のセラミックス・メーカーの経営者が勝負を挑もうというのですから、「そんなことできるはずがない」と誰もが思ったのも無理のない話です。他の企業は、最初は「やってみようか」と考えてはみたものの、結局「やはり、できるはずがない」と、みんなあきらめてしまいました。

自分の無限の能力を信じていなければ、私の挑戦はまさにドン・キホーテです。「あいつはばかじゃないのか。自殺するようなものだ」と言う人もありましたが、私にしてみれば、「努力をすれば必ず道が開けるはずだ」と信じてやったことであり、ただのやぶれかぶれで言い出したことではなかったのです。

そのときに私がよりどころとしたのが、「京セラフィロソフィ」でした。「自分には『京セラフィロソフィ』がある」、そのことで、可能性を信じることができたのです。

評論家やジャーナリストの中には、次のように的外れなことを言う人もいました。

「京セラがこれだけ発展し、立派になったのは、たまたま時流に乗ったからだ」

ファインセラミックス時代の到来に合わせて、たまたま私がそれを扱っただけのことだ、つまり、時代の流れに乗ったから京セラは成功したのだ、というのが、評論家たちの意見だったわけです。

しかし私は、ファインセラミックスの時代をつくったのは自分だと思っています。アメリカを中心に、世界中のセラミック関連、あるいは材料科学関連の分野で、私はいくつも賞をいただいています。論文を出しているわけでもありませんし、国際的な学会に頻繁に顔を出しているわけでもない私が、学会で最高の賞をもらう。それは、二十世紀後半に、稲盛和夫という男がこの世に現れたことで、ファインセラミックスという分野が脚光を浴びるようになった、そして、若い研究者たちもこぞって研究するようになって、ファインセラミックスの可能性が広がり、新材料として熱い注目を集めるようになった、このような理由で評価されているのだと思います。

例えば、自動車のエンジンにセラミック部品を使うなど、初めは誰にも考えが及ばなかったことです。それを、私が開発してみようと言い出し、事実成功させた。その結果、さまざまなところから最高の賞をいただくようになったわけです。

このことから、私がファインセラミックス・ブームをつくったと言ってもいいと思うのですが、ある人は、ファインセラミックス・ブームが先にあって、そこに私がうまく乗ったから成功したのだ、と言うわけです。これについて、私は社内で次のように言ったことがありました。

「みんな何もわかっていない。われわれがブームをつくってきた。しかも、ファインセラミックスについてわれわれに最初から立派な技術があったわけではない。あったのは、フィロソフィだけだった。このフィロソフィこそが、すべての源泉なのだ」

つまり、心がすべての根源であり、種子であって、そこから木が育っていくように、あらゆることが生じていったのです。会社をつくった当時、つたないながらも「京セラフィロソフィ」というものをつくり上げ、それをよりどころにしてやってきた、そのことが、ファインセラミックスの技術を花開かせ、京セラに成功をもたらしたのだ、と私は信じています。

第二電電の創業にあたっても、私はこの「京セラフィロソフィ」を唯一の武器として携え、敢然と立ち向かっていきました。そのとき、京セラの幹部たちに、こう言ったことを覚えています。

「私には電気通信の知識も技術も何もない。そんな男が電気通信事業で采配を振って成功するなら、『京セラフィロソフィ』が正しかったことの証明になるだろう。だから、やってみたいのだ」

本当にこの「京セラフィロソフィ」だけで、そんな大きなことを成し遂げられるのか。第二電電は、まさに、「心がどれほど大切なものか」を証明するための、私の人生の後半をかけたチャレンジだったのです。

この第二電電の創業は、私が五十歳を少し過ぎたころのことでした。決して若いとは言えない年齢ですが、これは、人間の無限の可能性を追求する、あるいは、人間の無限の能力を信じればできないことはない、ということの証明になると、私は信じています。

常に創造的な仕事をし、少しずつでも地味な努力を積み重ねていくことが、自分の能力を磨き、向上させる、と先ほどお話ししました。それができるのは、やはり意欲的な人です。うまくいかないかもしれない、などと悲観的なことばかり考える人ではなく、自分から進んで明るく物事を考えて実行していくタイプの人なのです。言葉を換えれば、ただ親から引き継いだ事業をだらだらと続ける事業家ではなくて、常に好奇心を持って新しいことを考え、楽しみながら実行する人、そういうタイプだと思います。

第二電電を始めるときも、悲壮感を募らせるのではなく、「自分には『京セラフィロソフィ』がある。その『京セラフィロソフィ』に従って努力を続ければ、必ず道は開ける」と楽天的に考えるようにしていました。悲壮感だけではやはりくじけてしまいますから、明るく楽天的な部分がなくてはなりません。これも、「人間の無限の可能性を追求する」

ということの一面なのです。

●チャレンジ精神をもつ

人はえてして変化を好まず、現状を守ろうとしがちです。しかし新しいことや困難なことにチャレンジせず、現状に甘んじることは、すでに退歩が始まっていることを意味します。

チャレンジというのは高い目標を設定し、現状を否定しながら常に新しいものを創り出していくことです。チャレンジという言葉は勇ましく非常にこころよい響きをもつ言葉ですが、これには裏づけが必要です。困難に立ち向かう勇気とどんな苦労も厭わない忍耐、努力が必要なのです。

自分たちにはとてもできないと言われた難しいものをつくるというチャレンジの連続が、京セラを若々しく魅力ある会社にしてきたのです。

「チャレンジ」「挑戦」という言葉をわれわれはよく口にしますが、この挑戦とは、「戦いを挑む」ということです。「何々にチャレンジしよう」と言えば恰好良く聞こえます。しかし、それは、格闘技にも似た闘争心を伴う戦いであることを意味します。また、チャレンジをするためには、いかなる困難にも立ち向かう勇気、そして、どんな苦労をも厭わない忍耐と努力が必要なのです。

逆に言えば、勇気に欠ける人、忍耐力に乏しい人、努力を怠る人、そういう人に「チャレンジ」という言葉を軽々しく使ってもらっては困る、というわけです。そこでは常に裏づけ、あるいは前提が必要になるのです。

軽々しく挑戦すれば、とんでもない大失敗を招いてしまいかねませんから、どんな障壁にぶち当たろうとも、それを乗り越えて努力を続けていくというタイプの人でない限り、チャレンジをしてはならないと私は思います。

そのために、経営者は勇気を持っていなければいけませんし、人一倍の忍耐力も要る、そして、誰よりも努力家でなければいけないということを、肝に銘じてください。

今、チャレンジとは「闘争」みたいなものだと言いましたけれども、もう一つ、バーバリズム（野蛮主義）と表現することもできると思います。野性的で、少し野蛮なところがあるから挑戦をする。そういう意味では、文明人や教養人は、あまり挑戦をしないものなのかもしれません。

文明の興亡を見ても、いわゆる野蛮人が文明人を席巻《せっけん》した例がいくつもあります。例えば、ローマ帝国が滅びたのは、一つに好戦的なゲルマン人が侵攻してきたからだという説もありますし、かつては蒙古民族の元《げん》が、ヨーロッパまで国土を広げていったこともありました。文明人と野蛮人が対立した場合、文化レベルから言えば、知識も豊富な文明人が勝つだろうと思いますが、実はそうではありません。より強い闘争心を持っているがために、野蛮人が勝つことが多いわけです。

つまり、新しいことを成し遂げるには、「何があってもこれをやり遂げるのだ」という、野蛮人にも似た貪欲さ、闘争心が必要なのです。さもなくば、「チャレンジ」という言葉を口にしたところで、ただむなしく響くだけです。

開拓者であれ

京セラの歴史は人のやらないこと、人の通らない道を自ら進んで切りひらいてきた歴史です。誰も手がけたことのない新しい分野を開拓していくのは容易ではなく、海図や羅針盤もない状況で大海原を航海するようなものです。頼りになるのは自分たちだけです。

開拓するということはたいへんな苦労が伴いますが、反面これをやり遂げたときの喜びは何ものにも代えがたいものがあります。このような未踏の分野の開拓によって、すばらしい事業展開ができるのです。

どんなに会社が大きくなっても、私たちは未来に夢を描き、強烈な思いを抱く開拓者としての生き方をとり続けなければなりません。

私は、ここにあるように、真っ暗闇の中を海図も持たずに航海するようなつもりで、会社経営を行ってきました。また、会社経営にとどまらず、実社会を生きる上でも、私は常に新しい道を歩いてきたと思っています。

大学を出て、いい就職口が見つからず、結局好きでもない焼き物を扱う会社に就職した。そこで研究を行うにしても、もともとその業界に詳しかったわけでもなければ、示唆を与えてくれる専門家が近くにいたわけでもなかったため、結局、不安にかられながら、手探りで一歩ずつ歩いてきたわけです。その様子を、私はこう喩えています。

「自分は、道とも思えない田んぼのあぜ道のようなぬかるみを歩いてきた。足を滑らせては田んぼに足を踏み入れたり、突然目の前に現れるカエルやヘビに驚いたりしながらも、一歩ずつ歩いていく。ふと横を見ると、舗装された、いい道路があって、そこを車や人が通っている。その道を歩けば、ずっと楽に行けるだろう」

「舗装されたいい道」とは、専門家が教えてくれる道、あるいはみんなが通っていく道を指しています。

「でも、自分はその道を歩こうとは思わない。みんな靴を履いて立派な舗装道路を歩いているけれども、自分は靴など履いておらず、裸足で歩いている。夏の暑い日など、裸足では焼けたアスファルトの上を歩くことはできない。ならば、あぜ道のほうがいい。それに、自分は研究者だから、何か新しいことを開発しなければならないが、人が大勢歩いているような道には、もう何も残っていないはずだ。それよりは、泥田のあぜ道のほうが、ヘビやカエルなどに出会い、新しい発見もあって、面白いだろう。足が泥まみれになるかもしれないけれども、自分はこの道を歩いていこう」

このように考えたのは、大学を出て二、三年たったころのことだと思います。このようなイメージを頭に描き、「おそらく自分は一生、道なき道を歩いていくのだろう。また、そうすべきなのだ」と考えていました。そのようなあぜ道に、道路標識のようなものは当然ありませんから、まさに、海図も羅針盤もない状態で航海していくようなものだったのです。

「京セラフィロソフィ」を唯一無二の羅針盤として歩む

「泥田のあぜ道を滑りながらドロンコになって歩いていくと、やがて小川にぶつかった。でも、川の深さがどのくらいあるのかわからないから、もしかするとおぼれてしまうかもしれない。その小川を前に、右に曲がろうか、左に曲がろうか、それとも小川を突っ切っていこうかと迷う」

そのようにして、判断を強いられていたわけです。

一度誰かが通った道であれば、道路標識もあるでしょう。しかし、誰も歩いたことがない道には、そんなものはありません。状況を見ながら、自分で考え、自分で判断しなければならないわけです。

技術者の場合も、開発で行き詰まるとどうしようかと迷います。そこで専門家などにアドバイスを求めれば、「こうしなさい」と教わることはできるでしょう。しかし、そのとおりにするということは、すでに誰かが通った道を自分も歩いていくということです。それでは面白くないと思えば、教えを乞《こ》うことなく、自分で考えなければなりません。そのときに、私には自分の心の羅針盤として、「京セラフィロソフィ」があったわけです。

「研究開発には『京セラフィロソフィ』など関係ない」と思われるかもしれませんが、「京セラフィロソフィ」とは、万般に通じる羅針盤となる考え方なのです。

私はよく、「人間として何が正しいのか、それを追求することが『京セラフィロソフィ』

の原点だ」と言っています。つまり、何が人間にとって「善」なのか、あるいは、何が本当の「利他」なのか、ということは、たとえ技術開発の場合でも考えなければならないことなのです。

例えば、「楽だから」という観点から研究テーマを選ぶ、それは利己で判断をしているわけです。そうではなく、「この研究は社会やみんなのためになる」と考えられるなら、いかに難しいテーマであっても敢然と挑戦する。そのように善か悪か、または、利己か利他か、という基準で、私は経営においても、研究開発においても判断を行ってきました。今まで、それで間違いはなかったと思っています。

心を静め、純粋にして、自分の進むべき方向を自分自身で考える。確かにたいへん厳しい生き方かもしれませんが、それを習慣にすれば、鋭い感覚が身につき、勘が冴えるようになって、正しい判断ができるようになるのです。

研ぎ澄まされ、洗練された、この勘が身についたからこそ、私は海図も羅針盤もない状態でも人生を歩いてこられたのだと思います。

●もうダメだというときが仕事のはじまり

ものごとを成し遂げていくもとは、才能や能力というより、その人のもっている熱意や情熱、さらには執念です。すっぽんのように食らいついたら離れないというものでなければなりません。もうダメだ、というときが本当の仕事のはじまりなのです。

強い熱意や情熱があれば、寝ても覚めても四六時中そのことを考え続けることができます。それによって、願望は潜在意識へ浸透していき、自分でも気づかないうちに、その願望を実現する方向へと身体が動いていって、成功へと導かれるのです。

すばらしい仕事を成し遂げるには、燃えるような熱意、情熱をもって最後まであきらめずに粘り抜くことが必要です。

私は若いころ、ある企業で二百名程度の研究者を前に、研究開発の進め方について講演したことがあります。その企業は高度な技術を持っていて、会場には博士号を持った研究者が大勢いました。

講演が終わったとき、会場から、「京セラの研究開発の成功率はどのくらいですか？」という質問がありました。私は、「京セラでは、研究したものはすべてうまくいっています」と答えました。

すると、「そんなことがあるのですか。技術レベルが高いと言われるわが社でさえ四、五〇パーセントの成功率なのに、京セラでは全部成功するなんて、そんなばかなことはないでしょう」と言うものですから、私はこう言い返しました。

「いや、京セラは成功するまでやりますから」

それを聞くやいなや、みんなが笑い出したのです。

京セラには「もうダメだというときが仕事のはじまり」という考え方がありますから、「あきらめる」ということがほとんどありません。研究を始めたら、成功するまでやり抜くのです。もちろん、実際には一〇〇パーセント成功させたわけではありません。京セラの研究開発テーマの中でも途中でやめたものが二つ、三つはありますし、事業でも、とことんまでやって、やっぱりこれは駄目だと撤退したものもあります。しかし、「もうダメだというときが仕事のはじまり」ということが私の根本的な信条ですから、研究開発でも事業経営でも、とことんやり抜くようにしています。

経営に余裕があるからこそ粘ることができる

経営においても、普通ならあきらめてしまうものを粘って成功させるという戦法が、どうしても必要になります。ところが、大半の大企業は粘れない。それは、だいたいにおいて資金が続かないからなのです。成功するまで続けられるのは、それだけの金銭的余裕があるからです。つまり、「もうダメだというときが仕事のはじまり」ということは、そもそも余裕のある経営をやっていなければ言えないことなのです。

「京セラフィロソフィ」の中に常に「土俵の真ん中で相撲をとる」という項目がありますが、そのように土俵の真ん中であれば、まだ俵に足が掛かるまで余裕があります。だからこそ続けられるわけです。

ところが、一般的には「もうダメだというとき」は、本当に駄目なのです。俵に足が掛かってしまっていますから、「まだがんばります!」と言ったところで、もはや後がありません。しかし、余裕のある経営を心がけてきた京セラにとっては、「もうダメだというとき」とは、まだ本当に駄目にはなっていない状態なのです。

例えば今、親から引き継いだ本業と、自分で始めた新規事業の二つを手がけているとします。その新しい事業が赤字を出している、あるいは、数年やってみたけれどもなかなか花が咲かない、そのため「もうやめようか」と思うことがあるとしても、本業で十分利益が出ているうちは、まだ粘れるだけの余裕があるからがんばれるのです。

しかし、会社の創業など、新しいことを始めるときには、このことがすべて当てはまるわけではありません。実際に、京セラ創業時のことを思い返してみますと、決して余裕があったわけではなかったのです。

七人の仲間と京セラをつくった当初の目的は「稲盛和夫の技術を世間に問う」でした。私が前の会社に勤めていたとき、会社の上層部に私の研究に反対する人がいたり、また、学会などでも学閥があって、地方大学を出た、しかも倒産寸前の会社で研究している人間の論文など軽くあしらわれてしまって、どんなにすばらしい技術開発をしてもなかなか評価してもらえないという事情がありました。そこで、新しくつくる京セラという会社の目的は、「稲盛和夫の技術を世間に問う」ということにしよう、と皆が言ってくれたのです。

そのとき、仲間たちはこうも言ってくれました。

「もし会社がうまくいかなかったときは、力仕事に行って日銭を稼ぎながらでも、稲盛さんに研究を続けてもらおう。そして何年かのちには、稲盛さんが研究した成果を引っさげて、その技術を世に問うのだ」

つまり、「もうダメだ」という状態で会社が始まったわけです。

従業員が一人欠け、二人欠けし、金策も尽きるというように、事業がうまくいかなくなると、すぐに「もうダメだ」と言ってやめてしまう経営者がいます。「車もサラ金に取られてしまって、残ったのは借金とわずかな従業員だけ。もうあきらめた」と言っているのを聞くにつけ、私は「自動車がないなら、自転車があるだろう。さらにそのお金もないなら、町の中に、捨てられた自転車などいくらでもある。その自転車でやればいいじゃないか」と思うのです。

つまり、うまくいかない人は自ら限界をつくってしまっているわけです。車がなければ商売ができない、百万円の資金がなければ駄目だ、このような限界をつくっているからできないのです。たとえ無一文でもがんばればできる、私はそう思うわけです。

私は先ほど余裕がなければ駄目だと言いましたが、余裕がなくても、裸一貫まではがんばることができるわけです。

「いくら借金取りでも命までは取らない。まだ五体が残っているじゃないか」と踏ん張ることができるはずです。もちろん、本来は余裕がなければいけません。しかし、裸一貫でも努力を続ける、それだけの根性、度胸は必要です。

信念を貫く

仕事をしていく過程には、さまざまな障害がありますが、これをどう乗り越えていくかによって結果は大きく違ってきます。

何か新しいことをしようとすると、反対意見やいろいろな障害が出てくるものです。そのようなことがあると、すぐに諦めてしまう人がいますが、すばらしい仕事をした人は、すべてこれらの壁を、高い理想に裏打ちされた信念でもってつき崩していった人たちです。そうした人たちは、これらの障害を試練として真正面から受け止め、自らの信念を高く掲げて進んでいったのです。

信念を貫くにはたいへんな勇気が必要ですが、これがなければ革新的で創造的な仕事はできません。

われわれ事業経営者について、「しょせんは利益を追求している卑しい連中ではないか」と言わんばかりに、軽蔑を込めた発言を受けることがあります。経営者が守銭奴のごとく、ただ単にお金をもうけたいがために事業をしているとするなら、私もそう思います。

例えば、金もうけをしたい、もっとぜいたくをしたい、というように、経営者が個人の都合だけで事業をやっているとしましょう。すると、ちょっと問題に突き当たると、「これを乗り越えればもっと利益が出るかもしれないが、自分が受けるダメージも大きいはずだ。それくらいなら、利益は少し減るけれども、この問題を避けて通るほうがずっと賢明だ」と考えて、後者を選んでしまうでしょう。それは、事業経営における判断基準を、自分にとって都合がいいかどうかという損得勘定に置いているからです。このような判断では、相手に不利益を与えたり、ときには自ら非合法なことにも手を染めかねません。これでは、文化人から軽蔑の眼差《まなざ》しで見られるのも仕方のないことです。

ところが、ある信念に基づいて企業経営をやっている人はそうではありません。私は皆さんに社是や経営理念の必要性について説いていますが、例えば京セラのように、「人間として正しいことを貫き、その結果、事業を繁栄させ、従業員を幸せにし、同時に、社会にも貢献する」という理念を持ち、その理念が信念にまで高まっているなら、易きに流れるということはないはずです。

人間とは面白いもので、どんな困難に遭遇しようとも、信念さえあれば、自分を励まし、くじけずにやっていくことができます。大事なことは、「その信念があるか」ということなのです。

信念に近いものに「信仰」という言葉があります。江戸時代、隠れキリシタンを見つけるため、イエスやマリアの絵、あるいは十字架像を踏ませた、いわゆる「踏み絵」がありました。そして、迫害を受けることがわかっていながら、絵を踏まずに、自らの信仰・信念に殉じた人が何人もいました。つまり、人間に大いなる勇気を与えるものが、信念なのです。それを守り抜くためには命も惜しまない、というものが信仰であるというわけです。

また、薩摩《さつま》や長州出身の志士たちが、明治維新という革命を起こしましたが、そのときにも、やはり信念が必要でした。維新を成功させた後は、旧大名・武士などを抑えて、自分たちで国造りを始めていかなければなりません。そのため、新政府の人間は、権力を剝奪された旧支配階級の人たちから恨まれる可能性がありました。

「明治維新とは、詰まるところ私利私欲のための戦争ではないか。結局下級武士が旧支配階級を倒し、天下を取っただけのことだ」と言われれば、たちまち結束力を失い、戦いに勝つことなどできなくなります。そこで、「万世一系、千年も続く天皇家がわれわれにはついている」という大義名分を押し立て、錦の御旗を掲げ、それを信念としたわけです。

大義名分があれば命すらもかけられる

戦時中、私は中学生でしたが、「アメリカはでたらめな国だ。自由主義だと言って男も女もチャラチャラしている。それに比べて日本は、男は毅然《きぜん》とし、女は貞淑だ。アメリカは資本主義で利己的な国だが、日本は天皇制のもと、国民は皆たいへん礼儀正しい」などと教えられていました。

ところが、そのアメリカが戦争では強い。戦後、硫黄島や沖縄の戦線などで、アメリカ側が撮った実写フィルムを見ると、どの兵士も、雨あられと飛び交う砲弾の中を身体を張って突撃していく。われわれは、勇敢に戦うのは日本人だけであって、アメリカ人なんかちょっと脅したらすぐ逃げていく、と教わっていました。だから、竹槍《たけやり》でも十分戦えると思っていた。ところが、実際は、アメリカ兵はたいへん勇敢に戦っていたのです。

日本と比べればでたらめだと思っていたあの国が、なぜあんなに強かったのか。そのことを、私はたいへん疑問に思っていました。

あるとき、そのことをアメリカ人に聞いてみたのです。あれだけさまざまな人種がいて、英語を満足に話せない者さえいる。言うなれば、アメリカの軍隊は、お互いに言葉も通じない寄せ集め集団だったわけです。それを一つに結集させたものは、いったい何だったのか、それを聞いたのです。

すると、「このアメリカほど自由な国はない。英語が話せなくても、肌の色が違っても住むことができる。このすばらしい自由を失ってもいいのか、という大義名分があった」と言うわけです。

日本がファシズム体制下にあった時代に、アメリカでは「人民の、人民による、人民のための国家、この国が日本やドイツに踏みにじられたら、この自由と民主主義は失われてしまう。われわれの国、アメリカを守るために、さあ銃を取ろう」と叫ばれていた。それに呼応し、皆が、「この国のために！」と武器を取って勇敢に戦ったというのです。

すばらしい大義名分です。そのような信念があって初めて、雨あられと降り注ぐ弾の中を、命をかけて戦う闘志が生まれてくるのでしょう。

もはや戦争を例に引く時代ではありませんが、この厳しい経済環境の中で中小企業を引っ張っていかなければならない経営者は、まさに命をかけて戦わなければなりません。そして、たった一つしかない命をかけられるかどうかは、死んでも構わないというほどのすばらしい信念があるか、ということにかかっているのです。

皆さんの中には、「親の事業を継いだだけで、別に信念があったわけではない」と思っておられる方もあるかもしれません。しかし、単に自分の都合を考えるだけなら、いつでも事業をやめることはできると考えるようになって、従業員を路頭に迷わせかねません。多くの従業員のことを考えるなら、ぜひ、「自分にはこういう目的がある。それを貫くために、自分は命をかけて戦うのだ」という大義名分、信念を持つようにしていただきたいと思います。

リーダーほど真の勇気が必要な仕事はない

従業員が十人や二十人という中小企業でも、社員の生活を守っていかなければならないという意味で、経営者の責任は重大です。また、経済が停滞し、雇用不安が続く時代ともなれば、従業員の生活を守るだけでも社会的にたいへん貢献をしていることになります。

さらに経営者は、自分や従業員たちを脅かすような存在、例えば暴力団などが脅しにやってきたら、たとえけんかなど一度もしたことがないインテリであろうと、勇気を奮い起こし、立ち向かっていかなければなりません。泣き虫で、イジメられたらすぐに泣き出すようなおとなしい子供だった人でも、親の事業を継いで従業員を守る立場に立った瞬間から、度胸を決めなくてはならないのです。もちろん、怖いでしょうが、「逃げていては従業員たちを路頭に迷わせてしまう」と思えば、暴力団にも負けない勇気がわいてくる。その凄《すさ》まじい気迫に押されて、相手も手が出せない、これが「真の勇気」なのです。

つまり、真の勇気とは、大義名分や信念を持った人間でなければ出せないのです。打算や損得勘定で生きている人に出せるものではありません。

先ほど、私が技術もないのに電気通信事業に乗り出した話をしましたが、実際に第二電電の事業を始めたときには、問題が山積みになって私を待ち受けていました。それにくじけることなくやってこられたのも、「信念を貫く」というその一点だったのです。信念とは何か、それは、「NTT独占の中で、日本国民は高い通信料金を払わされている。世界的に見ても、こんなに高い通信料金は先進国では日本くらいのものだ。だから、自分が電気通信事業に乗り出して、日本の通信料金を安くしよう。国民のために自分はこの事業をやるのだ」という大義名分です。これがあったから、いくらNTTや財界から横槍が入ろうとも、「こんなことに負けるものか」と、踏ん張ることができたのです。

単なる事業欲や名誉欲で電気通信事業に手を出していれば、圧力をかけられたら真正面からぶつからずに身をかわし、妥協を繰り返していたことでしょう。しかし、私には、通信料金を安くして国民の負担を軽くしたいという信念がありました。だからこそ、勇気を奮い起こし、真正面から問題にぶつかっていくことができたのです。

先に、経営者には勇気、忍耐、努力が必要だと言いましたが、なかでも「勇気」は非常に重要です。この勇気は、「健全な精神は健全な肉体に宿る」と言われるように、ある意味で肉体の強さに比例します。子供のころけんかが強かったという人間でもなければ、誰だって戦うのは怖い。口げんかにしてもそうですが、ましてや取っ組み合いのけんかともなれば、よほど腕力に自信がない限り、やはり怖いものです。

しかし、「自分は体が頑健というわけではないから」などと言って尻ごみしているようでは、経営者、あるいはリーダーというものは務まりません。たとえ、か弱い非力な肉体しか持っていなくても、またけんかの経験もなく、年中泣かされてばかりいたとしても、とにかく信念を持って腹を決めてしまうことです。たとえ暴力団が相手でも、「自分の家族と従業員を守るためなら、私は命を捨てても構わない」という気概で立ち向かっていく。怖いかもしれませんが、信念に裏打ちされた度胸を持って対峙《たいじ》するのです。そのためにも、立派な経営理念をつくり上げ、それを信念にまで高めていくことが何よりも大切です。

サミュエル・ウルマンの詩「青春」より

ここに、サミュエル・ウルマンが書いた「青春」という詩があります。この詩の中に、今日お話しした内容がすべて入っていますので、紹介させていただきます。

「青春」

青春とは人生の或る期間を言うのではなく心の様相を言うのだ。

優れた創造力、逞《たくま》しき意志、燃ゆる情熱、怯懦《きょうだ》を退ける勇猛心、安易を振り捨てる冒険心、こういう様相を青春と言うのだ。

年を重ねただけで人は老いない。理想を失う時に初めて老いがくる。
歳月は皮膚のしわを増すが情熱を失う時に精神はしぼむ。

苦悶や、狐疑や、不安、恐怖、失望、こういうものこそあたかも長年月のごとく人を
老いさせ、精気ある魂をも芥《あくた》に帰せしめてしまう。

年は七十であろうと、十六であろうと、その胸中に抱き得るものは何か。
曰《いわ》く「驚異への愛慕心《あいぼしん》」空にきらめく星辰《せいしん》、その輝きにも似たる事物や思想に対する
欽仰《きんぎょう》、事に処する剛毅な挑戦、小児の如く求めて止まぬ探求心、人生への歓喜と興味。

人は信念と共に若く　疑惑と共に老ゆる。
人は自信と共に若く　恐怖と共に老ゆる。
希望ある限り若く　失望と共に老い朽ちる。

大地より、神より、人より、美と喜悦、勇気と壮大偉力との霊感を受ける限り人の若さは失われない。

これらの霊感が絶え、悲嘆の白雪が人の心の奥までも蔽《おお》いつくし、皮肉の厚氷がこれを固くとざすに至ればこの時にこそ人は全くに老いて神の憐《あわれ》みを乞うる他はなくなる。

原作　サミュエル・ウルマン
邦訳　岡田　義夫
協力　新青春の会

青春という期間は年齢で決まるものではない、心の様相で決まるのだ、とサミュエル・ウルマンも言っています。ぜひ、このことを忘れずに、仕事に励んでいただきたいと思います。

●楽観的に構想し、悲観的に計画し、楽観的に実行する

新しいことを成し遂げるには、まず「こうありたい」という夢と希望をもって、超楽観的に目標を設定することが何よりも大切です。

天は私たちに無限の可能性を与えているということを信じ、「必ずできる」と自らに言い聞かせ、自らを奮い立たせるのです。しかし、計画の段階では、「何としてもやり遂げなければならない」という強い意志をもって悲観的に構想を見つめなおし、起こりうるすべての問題を想定して対応策を慎重に考え尽くさなければなりません。

そうして実行段階においては、「必ずできる」という自信をもって、楽観的に明るく堂々と実行していくのです。


「京セラフィロソフィ」にも出てきますが、昨日よりは今日、今日よりは明日、と次から次へと新しいことを考えていく、つまり、常に創造的なことを考えるということが、私の習い性になっています。そのおかげで、私は新しい技術を次々と生み出してこられたのだ

と思いますし、京セラも今日のような大企業に成長してこられたのだと信じています。そのような私ですから、創業当時は、「次はこういう仕事をしてみたい」「こういう新製品を開発してみたい」「こういうマーケットに参入してみたい」などと、常に考えを巡らせていたものでした。

そして、若干難しいこと、今までやったこともないような斬新なアイデアが浮かんだりすると、幹部を集めては、「こんなことを思いついたのだが、どうだろうか」と、意見を聞いていました。そのような話をする幹部は、会社の中でも特に優秀な人間です。昔のことですから、そんなに優秀な社員がいたわけではありませんが、それでも幹部になるくらいですから、だいたいいい学校を出た比較的利発な人たちです。ところが、私が「実は、こんなことをしたいと考えているのだが」と情熱を込めて話をしても、彼らは必ずと言っていいくらい、冷ややかに聞いているわけです。

「また身の程知らずなことを。資金も技術もないのに、とんでもないことばかり言い出すのだから」というような顔で、私を見ている。それでも、私は一生懸命に、「いいと思わないか？」と、相手が「うん」とうなずくまで話し込んでいきます。

そこでおとなしく聞いているからわかってくれたのかなと思ったら、突然、「さっきから黙って聞いていましたが、仰っていることがいかに無謀なことか、社長はご存じないのではありませんか。それは法律で禁止されていますから、できないのです」と、言い出したりするわけです。

こっちは法律などろくに調べもせず、自分でやりたいと思ったことを言っているわけですから、そう言われると、もう愕然《がくぜん》となります。そこで結局、物事が進まなくなってしまう。そのようなことがよくありました。

最初、私は、頭のいい部下をブレーンとして側に置くということはいいことだと思っていましたが、あるとき「どうもおかしい」と気づき、それ以来、新しい仕事について話をするときには、そういう賢い人間を呼ばないことにしました。その代わり、ちょっとオッチョコチョイで、すぐに私の尻馬に乗って「社長、それはいいですな」と、わけもわからずにオベンチャラを言うタイプの人間を集めて話をするようになったのです。そのようなタイプの人間は、すぐにわかったふりをして、「それは面白い。やりましょう、やりましょう」と言ってくれますから、こちらにしてみれば、話をしていても気持ちがいいからです。

むちゃくちゃなことを言っているように聞こえるでしょうが、実際、物事を考え、成就させるには、そのように楽観的に考える、ということが大切なのです。ですから、構想を練るときは、とてつもなく楽観的に考えましょう、と私は言っているわけです。

私は、まだ若く生意気だったころ、とある大企業で約二百名の研究者を前に講演をしたことがあります。そのときに、

「賢い人間ばかりでは、革新的なことはできないでしょう。なぜなら、それがどのくらい難しいかということを頭で先に考えてしまって、結局取りかかることができないからです。どんなことでも、やってみないことにはそもそも成功などあり得ない。成功するにしても失敗するにしても、まずは着手しなければ何も始まらないのです。だから、新しいことを始めるには、賢い人間だけでは駄目なのです」と言って、顰《ひん》蹙《しゅく》を買ったことを覚えています。また、こうも言いました。

「できれば、三流大学出身で、運動ばかりしてあまり勉強しなかったお調子者タイプを集めて構想を練っていく、というのが一番いい」

これは、頭があまり良くなくても、明るければ「なるほど、いいですね」と相づちを打

ってくれるから、自分の励みになる、という意味で言ったわけです。

新しいことを成し遂げていくには、さまざまな困難が予想されることでしょう。けれども、それを「やれる」と思わなければ何も始まりません。そのためには、まずは難しいことを考えず、超楽観的にとらえることが大事なのです。

計画を立てるときは緻密、かつネガティブに

昔の京セラには、技術もなければ立派な設備もありませんでした。それなのに、お客様には「何でもできます」と大ぼらを吹き続けてきました。

「うちにはすばらしい技術があるのです。新しい真空管をつくるために必要な絶縁材料は、どんなものだってつくれます」

「立派なメーカーでもできなかったものを、本当にあんたの会社でできるのか」

「いや、そういうものこそ、うちの得意分野なのです」

もううそばっかり。設備も技術もないわけですから、つくれるわけがありません。それ

を「できる」と言って注文をもらってきては、先ほども言ったように、お調子者タイプを集めて話をするわけです。

要求されたものがどれほど難しいのか、セラミックスの専門家ですから一応わかります。そのために、最初はみんな、「こんなもの、できるわけがない」と怯《ひる》んでしまいます。それでは取りかかることはできませんから、まずは「できるだろう」と楽観的に考えていく必要があります。

そうは言っても、頭もあまり良くない、ただ楽観的で明るいだけの人間に任せっぱなしにするのは、危険この上ないことです。ですから、そのような者は、「やりましょう、やりましょう」と言って、まず雰囲気をつくってくれればそれでいいのです。本当に成功させていくためには、計画を細かく練る際に、ちょっとシニカルなところがあって、冷ややかにものを見るような人間と選手交代させなければなりません。

「こういうことをやると決めた」

と言うと、彼らは、

「それはあまりにも無謀です。うちにはこういう技術がありません、ああいう設備がありません」

と、次から次へとネガティブなことを言い出します。そのようなマイナスの要因を全部列挙させるのです。そして、それらの条件を全部、自分の頭にたたき込んでいきます。

「なるほど、こんな問題もあったのか。それは気がつかなかった」という具合に、その難しさを十分理解してから、あらためて計画を練っていくのです。

決めたら最後、楽観的に実行する

どこにどういう障害があり、どんな問題があるのかがわかったら、今度はまた楽観的な人間に選手交代させて、彼らにその計画を実行させます。途中で問題が発生したときに、「やっぱり駄目かもしれない」と悲観的になって、先に進めなくなっては困るからです。たとえ問題が起こっても、「そのような問題が起こることは、前からわかっていたじゃないか」と、あくまで楽観的に実行していかなければなりません。

つまり、構想を練るときは楽観的に、計画を練るときは悲観的に、そして、実行するときは、また楽観的に取り組むのです。あまり深く考えずに「やろう」と言い出す。そして、本当に大丈夫だろうか、金策は続くのか、今の営業スタッフで回りきれるのか、このような不安材料をすべて洗い出す。それらを考慮に入れた上で、「賽は投げられた」と腹をくくり、どんな困難が待ち受けようとも明るく楽観的に実行していく。たとえ楽観的な人でも、困難に出遭えば少しは怯みます。しかし、それでも一度やると決めたら、どんなに苦しい目に遭っても、それは承知の上だ、と自分の逃げ道をなくし、前向きに仕事を進めていくのです。このことは、新しいことを成すためには必要不可欠であり、ベンチャーを成功させるための絶対条件であると言ってもいいと思います。

大企業には真に創造的なことはできない、とよく言われます。資金力もあり、優秀な技術者もたくさんいるわけですから、新しいことをやろうと思えば、大企業のほうが断然有利なはずです。それなのにベンチャーを生み出せないのは、頭がいいだけの人間しかいないからなのです。そのような人間がいくら集まって議論をしたところで、それがどれほど難しいか、どれほど無謀なことかをまず考えてしまい、どうしたらそれができるのかということ、障害を克服するための方法を考えるところまでいかないので、結局「できない」という結論になってしまうわけです。つまり、大企業では、最初の構想を練るときに悲観的に考え、否定的な意見ばかりが先行するので、新しいことがなかなかできないのです。

楽観的な構想から始まったセルラー電話事業

第二電電の創業間もないころ、携帯電話の前身である自動車電話事業について新規参入を認める、という話が郵政省から上がってきました。

当時の自動車電話は、大きな送受信機がトランクに積んであり、受話器が車内に設置してあるというものでした。また、通話料金も非常に高く、大企業の重役でもない限り使えないサービスでした。

京セラはＩＣパッケージを全世界に供給していましたから、ＩＣの進歩を私はこの目で見て、次のように確信していました。「このままＩＣが進化していけば、大きな送受信機もやがて小さくなって、受話器に内蔵されるようになる。そうすれば普及が進み、何年か先には、必ず携帯電話の時代が来るはずだ」。そのため、自動車電話事業が解禁になると聞いて、いの一番に「第二電電がやる」と名乗りを上げたのです。その後、トヨタも、「自動車電話ならうちがやるべきだ」と手を挙げ、結局、二社が参入を希望しました。

私は、第二電電の役員会で、「必ず携帯電話の時代が来る。今この分野に参入するべきだ」と主張しました。ところが、第二電電の役員は、当時の社長以下、全員が私の意見に反対したのです。

「それはいかに無謀なことか。あのＮＴＴでさえも、またアメリカの通信会社であっても、まだ赤字を出し続けている事業ですよ」と言う。まさに、先ほどの話と同じく、ネガティブな意見ばかりが次々に出てきたのです。

確かに、当時、自動車電話事業は非常に難しいと言われていました。彼らは、私がそのことを知らなかったのをとらえて、「知らないからそのような無茶が言えるのだ」と言わんばかりの顔で、さらに続けるわけです。

「第二電電はスタートを切ったばかりです。長距離電話用の回線を敷くために、大阪―東京間にパラボラアンテナを設置する作業だって、まだ半分しか終わっていません。これで本当に開業できるのか不安です。まだ営業も始まっていない状況なのに、また新たに自動車電話をやろうだなんて、無謀もいいところです」

ところが、みんなが猛反対する中で、一人だけ、「いや、会長が言われるとおり、それは面白いと思います」と言った者がありました。いくぶん楽観的で、よくわけがわかっていないようではありましたが、「私は賛成です」と言う。

総スカンを食っているところに、一人でも援軍がいたわけですから、私もうれしくなって、「おまえはいいことを言ってくれる。みんなが反対してもいい。おれとおまえの二人でやろう」と言ったのです。

多数決でいけば、私の案は否決なのかもしれませんが、第二電電の携帯電話事業は、こうしてたった二人が「やろう」と言ったことから始まったのです。しかし、着手してからは、最初に手を挙げた楽観的な人間だけでは不安でしたので、反対した役員にも手伝ってもらい、一緒に事業を進めていきました。

このように、新しいことを成し遂げるまでにはさまざまなプロセスがあり、それに見合った人材を配していかなければならないのです。

5　困難に打ち勝つ

●真の勇気をもつ

仕事を正しく進めていくためには勇気が必要です。ふだん私たちは、周囲の人から嫌われまいとして、言うべきことをはっきり言わなかったり、正しいことを正しく貫けなかったりしてしまいがちです。

仕事を誤りなく進めていくためには、要所要所で正しい決断をしなければなりませんが、その決断の場面では、勇気というものが必要となります。しかし、そこでの勇気とは蛮勇、つまり粗野で豪傑と言われる人のもっている勇気とは違います。

真の勇気とは、自らの信念を貫きながらも、節度があり、怖さを知った人、つまりビビリをもった人が場数を踏むことによって身につけたものでなければなりません。


「真の勇気をもつ」ということは、次の項目である「闘争心を燃やす」ということと合わせて、経営者にとって非常に大事なことだと思います。

社長ともなれば、「こんな問題があります」「あんな問題があります」と、部下からさまざまな相談を持ちかけられます。そのときに、勇気がなければ、どうしても安易な解決法を選んでしまいます。

例えば、金策に走るにしても、「銀行から借りるのは難しいだろうから、金利は高いけれども、闇金融から借りよう」などと考える経営者がいます。困難なほうが正しいとわかっていながら、勇気に欠けるところがあるから、結局安易な道を選んでしまうのです。しかし、それでは後になって「あの場面では、安易な方法、つまり逃げの手を打つのではなく、あえて難しい方法を選ぶべきだった。あのとき自分に勇気がなかったがために、結局失敗してしまった」と必ず悔やむことになります。そのような失敗をしないためにも、経営者には理屈抜きに勇気が要るのです。

場数を踏むことで真の勇気をつくる

世間には、たまたま親の事業を引き継いだがために経営者になった、という人もいます。そのような経営者は、資質を認められてリーダーに選ばれたのではないわけですから、真の勇気の持ち主とは限りません。

しかし、企業を経営していくためには、「勇気」は不可欠です。そのことを、私は京セラという会社の経営に携わって、思い知らされました。

私は、小学校のころはガキ大将でしたし、また、学生時代に空手をやっていたこともあって、腕っ節にはある程度自信がありました。言うなれば、肉体的な強健さを持ち合わせていたため、精神的なタフさも兼ね備えることができたわけです。

ところが、腕に多少自信があるという人は、だいたい気が荒くて向こう気も強い。そのために、しなくてもいいけんかをし、強引に仕事を進めて、結局失敗するというケースが多いのです。経営者に必要なのは、そのような蛮勇ではなく「真の勇気」なのです。

それ故、経営者には「怖がり」という資質がどうしても必要となります。お金を借りるにしても、事業を展開するにしても、何をするにしても小心で、最初はビビってしまうようなタイプの人が、経験を積んでいくことによって、つまり、「場数を踏む」ことで度胸を身につけていく。そのような人こそが、真の勇気を持った人なのです。

そう考えていた私は、最初から度胸が据わっていてけんかっ早いという人はあまり登用せず、ビビり屋で怖がりだという人を選び、その人物に場数を踏ませながら、勇気を身につけさせてきました。経営者には、そのようにして身につけた真の勇気が必要なのです。

けんかの勝敗は勇気と度胸で決まる

昔、私はあることがきっかけで、「勇気をもたらすものは何か」ということを実感した覚えがあります。

会社ができて間もないころは、仕事がうまくいったりすると、「今日は一杯飲みに行こう」と、みんなでよく町に繰り出したものでした。

ある夏のこと、終業後になっても会社の幹部らが十数人残り、重要な仕事をしていました。ようやく終わって、いつものように、「さあ、飲みに行こう」と誰かが言い出すと、私が、「タクシーを呼んで、今から比叡山《ひえいざん》に登ろうじゃないか」と言い出したわけです。

当時はまだ会社も小さく、そんな豪快なことがよくできたものだと思いますが、よほど困難な仕事をやり遂げてうれしかったのでしょう。会社の費用でビールやつまみを買い込んで、四、五台のタクシーに分乗しました。そして、深夜にもかかわらず、頂上から京都の町に向かって、大声で「バンザーイ!」と叫ぶ。たったそれだけのために、タクシーで比叡山に登ったわけです。

気勢を上げた後も、勢いで「琵琶湖《びわこ》で泳ごう」という話になり、そのままタクシーで琵琶湖まで下りていきました。幹部の中に一人だけ自分の車を運転してきた者がおり、タクシーの後に続いていました。

そのとき、オートバイに乗った二十名ほどの暴走族らしき連中が、われわれのタクシーをからかいながら追い越そうとしたのですが、そのオートバイが、幹部の運転していた車と曲がり角のところで接触しそうになったので、頭に来た連中はわれわれを追いかけてきました。

琵琶湖畔にたどり着くと、彼らはわれわれを取り囲み、「さっき運転していたやつ、出てこい！」と言うわけです。こちらは、けんかなどしたことがないという人間が大半でした。

幹部が引っ張り出されて袋だたきに遭いそうになったそのとき、私はビール瓶を握り、他の幹部にもビール瓶を持たせて、「みんなで戦おう」と言いました。そして、私が先頭を切って「かかってくるなら来い！」と、飛び出していったのです。

ほとんどみんなけんかの経験がないため、構えもおっかなびっくりだったろうと思いますが、闇夜で向こうもよく見えなかったのでしょう。小一時間ほどにらみ合っていましたが、結局、われわれの気迫に押されて退散していきました。

「リーダーとして仲間を見殺しにするなんて、最低のことだ。けんかは腕力ではなく、度胸で勝負が決まる。逃げずに勇気を奮い起こせば、決して負けるはずはない」と、私はこの話をよく例に引いたものです。

使命感、責任感が度胸と勇気を奮い起こさせる

誰もが勇気を持っているわけではありませんから、脅されたりすれば肝をつぶして、ガタガタ震えてしまうこともあるでしょう。それでも、いざという場面では度胸を決めて戦わなければなりません。それは、社長であれば必ず負わなければならない「責任」なのです。女性の中にも、「私がここでがんばらなければ」と奮起して、その迫力で相手を怯ませてしまう人がいます。肉体的に頑健だというわけでもなければ、豪胆な気質を持っているわけでもありません。「自分は社長なのだ」という責任感があるからこそ、それができるのです。

「信念を貫く」という項目で述べたように、「従業員のために、また、自分を支えてくれる家族のために、命に代えてもこの会社を守っていくのだ」という凄まじい気迫、信念ほど、経営者を強くするものはありません。

江戸時代のキリシタンたちが「踏み絵」で見せたような、命を捨ててさえも守り抜くべき信仰、信念、決意、責任感、使命感、そういうものがあれば、人間には何ものにも屈し

ない勇気がわいてくるのです。

自分にはそれだけの力量があるとは思えないけれども、たまたま親の跡を継いで、会社の経営を任されることになった。こうなったら、親のつくったこの会社を、また、従業員たちを何が何でも守っていこう、そのような使命感を、皆さんは持っていただきたいと思います。さもなければ、つい易きに流れ、経営を誤り、社員を路頭に迷わしかねません。そうならないためにも、社長とはどうあらねばならないのか、ということを自問自答し、自分の心を定めておくことがたいへん大事だと思います。

闘争心を燃やす

仕事は真剣勝負の世界であり、その勝負には常に勝つという姿勢でのぞまなければなりません。

しかし、勝利を勝ち取ろうとすればするほど、さまざまなかたちの困難や圧力が襲いかかってきます。このようなとき、私たちはえてして、ひるんでしまったり、当初抱いていた信念を曲げてしまうような妥協をしがちです。こうした困難や圧力をはねのけていくエネルギーのもとはその人のもつ不屈の闘争心です。格闘技にも似た闘争心があらゆる壁を突き崩し、勝利へと導くのです。
どんなにつらく苦しくても、「絶対に負けない、必ずやり遂げてみせる」という激しい闘志を燃やさなければなりません。

経営者は集団のリーダーですから、まさに勇者でなければなりません。経営者ほど、ボクサーやレスラー、力士などに必要とされる闘争心が要求されるものはない、と私は思っています。

実際、勝ち気で負けん気が強く、闘争心があり、ボクシングやレスリングなどの格闘技が好きだという経営者が、男女を問わず非常に多いものです。しかし、なかには、格闘技の試合などを見ると目を覆ってしまい、「怖い」と言う、非常に心優しい経営者もおられます。私は、そういう人は経営者に向いていないと思います。

しかし、誤解してはなりません。闘争心といっても、「相手を打ち負かす闘争心」ではないのです。例えば路傍の草木を見ても、まるで競い合うようにして生きています。陽の光を少しでもたくさん浴びようと精一杯葉を伸ばし、一生懸命炭酸同化作用を行い、養分を蓄え、過酷な冬に耐えて、再び春を待つのです。雑草でさえも、すべてが一生懸命に、「生きよう、生きよう」と努めています。

そのような草は、隣に生えている草を打ち負かそうなどとは思っていません。ただ、自分が陽を浴びようとして、精一杯葉を伸ばしているだけなのです。周りの草も同様に、必死に生きようとしています。

自然界では、そのようにしてみんな一生懸命に生きています。そこでは、「もういい」とがんばることをあきらめたものは、滅んでいかざるを得ません。自然界というのは、もともとそのようにできているのです。つまり、「適者生存」が自然界のルールなのです。

よく、「自然界は弱肉強食の世界」と言われます。強い者が弱い者を食らって生き延びていく、激しい闘争の世界です。しかし、実際は、一生懸命に努力をした者、誰にも負けないような努力をした者が世の中に適応して生き残り、努力しなかった者は絶えていく、この適者生存こそが自然界の掟《おきて》なのです。ですから、私たちが持つべき闘争心とは、相手を倒すためのものではなくて、自分が精一杯に生きていくためのものでなければなりません。

自らの道は自ら切りひらく

私たちの将来は誰が保証してくれるものでもありません。たとえ今、会社の業績がすばらしいものであったとしても、現在の姿は過去の努力の結果であって、将来がどうなるかは誰にも予測できないのです。

将来にわたって、すばらしい会社にしていくためには、私たち一人一人が、それぞれの持ち場・立ち場で自分たちの果たすべき役割を精一杯やり遂げていくしかありません。

誰かがやってくれるだろうという考え方で人に頼ったり、人にしてもらうことを期待するのではなく、まず自分自身の果たすべき役割を認識し、自ら努力してやり遂げるという姿勢をもたなければなりません。

どんなに困っても誰も助けてくれない、自らの道は自ら切り開いていかなければならない――このようなことは、中小企業の経営をやっていれば誰しもわかっていることだと思います。いわば、「独立自尊の精神」というものが必要だというわけです。

このことは、皆さんのような経営者ではなく、皆さんの次に位置する幹部たちに特に必要なことだと思っています。いわば、「雇われ」の境遇の人たちにこそ、このことを自覚してもらわなければならないのです。

オーナーは、もともと独立自尊の精神を持っています。ところが、副社長、専務、常務、取締役、部長、課長などは、そうではありません。困難な局面を迎えても、詰まるところはサラリーマンですから、「社長が何とかしてくれるだろう」と考えるわけです。

うまくいっていない会社には、独立自尊の精神を持たない、つまり、自分の食い扶持《ぶち》も稼げないような、会社に依存した社員が大勢いるのではないかと思います。逆に、自分の食い扶持は自分で稼ぐ、それどころか、会社に上納金を納めてくれるというような社員が大勢いる会社は、必ずうまくいっているはずです。

京セラでは、「アメーバ経営」といって、組織を「アメーバ」と呼ばれる小さな単位に分け、それぞれのリーダーが責任を持って経営を行うという手法を取り入れています。アメーバ経営では、よくがんばったからといってボーナスを弾んだり、業績が悪いからと賃金をカットするようなことはしません。そういうことをしては、かえって社員の心がギスギスしてしまうからです。

ボーナスをたくさんもらえば、その人はもちろんがんばるでしょう。しかし、いつまでも好成績は続かないものです。もし成績が悪くなり、ボーナスや給与を減らされれば、膨れっ面をするに決まっています。また、いつも成績が悪い社員はひがみ、成績の良い社員を妬むようになってしまうでしょう。

そのように、人の心がささくれ立つようなことはしたくありませんから、成績の良かった人にも、あまり良くなかった人にも、ボーナスなどであまり大きな差をつけるようなことはしていないのです。

ところが、真面目に一生懸命にがんばっても一緒、がんばらなくても一緒、さらにはちょっとサボっていても一緒、となると、どうしても「サラリーマン」に堕する人が増えてきます。しかし、社員たちには、オーナー経営者と同じように、自らの道は自分で切り開くのだ、自分の食い扶持は自分で稼ぐのだ、いや、それ以上に稼いで会社に貢献するのだ、と思ってもらわなければならないのです。

そのために京セラでは、独立採算で運用されるアメーバごとに、一時間当りどのくらいの付加価値を生んだのかということを示す「時間当り採算制度」を採用しています。例えば、一時間当りの人件費を三千円としたときに、一時間五千円の付加価値を出したとすれば、差し引き二千円分は会社に貢献していることになります。そして、自分たちの給料分をはるかに超える価値を稼ぎ出し、会社に貢献してくれたアメーバは、皆から賞賛され、会社から表彰されます。

従業員に、オーナーや経営者と同じような気持ちを持ってもらうことは、非常に大切なことです。もし、全従業員が経営者と同じ意識を持つようになれば、これ以上強い会社はありません。そのために私は、従業員と対話を繰り返し、みんなの心を高めるよう、常に心血を注いできたつもりです。

●有言実行でことにあたる

世の中ではよく、「不言実行」が美徳とされますが、京セラでは「有言実行」を大切にしています。

まず自らが手を挙げて「これは自分がやります」と名乗りを上げ、自分が中心となってやることを周囲に宣言してしまうのです。そう宣言することで、まわりと自分の両方からプレッシャーをかけ、自分自身を奮い立たせるとともに、自らを追い込んでいくことによって、目標の達成がより確実となるのです。

朝礼やミーティングなど、あらゆる機会をとらえて進んで自分の考えをみんなの前で明らかにすることにより、その言葉で自らを励ますとともに、実行のエネルギーとするのです。

私の年代の人間は、若いころよく「不言実行」という言葉を耳にしました。大言壮語するより、黙って実行するのが立派な人間だと言われていたわけです。まさに「男は黙って実行する」ということが美徳でした。しかし、私は会社を始めてから、「どうもそうではない」と思うようになり、「有言実行」こそ立派なことではないかと考えるようになりました。

例えば、「今期の売上はこれだけにします、利益はこれだけ上げます」と社員に公言する。すると、自分の言った言葉が「言霊」となって、自分に返ってきます。その言葉は自分の中にこだまして、それを実行するためのエネルギーを生み出すのです。つまり、有言実行とは、言葉を実行のエネルギーに変換するという作業だと私は考えています。

もう一つあります。「私はこうしたい」と公言することは、自分自身に対する約束にもなるわけです。自分で売上をいくらにする、利益をどれだけ出す、という「約束」は、「まっとうしなければならない」という責任を伴います。この責任感で自分を縛り、物事を完遂させていく。あえて口に出すことによって、つまり、「言ってしまう」ことによって、「約束したのだから、おまえはもう逃げられない」と、自分に足かせをはめるわけです。これが、成功の秘訣だと私は考えています。

経営者の皆さんはもちろんのこと、会社の幹部にも「私は今月、これだけの注文を取る。

そして、これだけの利益を上げる」と公言させ、皆で有言実行を心がけねばなりません。朝礼やミーティングなどあらゆる機会をとらえては、自分の考えを進んでみんなの前で明らかにし、その言葉で自らを励ましながら実行していくのです。セレモニー（儀式）のようにも見えますけれども、実はその儀式に非常に重要な意味があるわけです。

幹部が経営者から「今月はこれだけやってください」と言われて、渋々「はい、わかりました」と受けた場合と、自分から進んで「こうしたい」と宣言した場合とでは、結果はまったく違うはずです。幹部も社員も自分から進んで目標を公言する、そのような光景が見られる企業は、雰囲気も明るく前向きであり、業績もすばらしいものであるはずです。

見えてくるまで考え抜く

私たちが仕事をしていく上では、その結果が見えてくるというような心理状態にまで達していなければなりません。

最初は夢や願望であったものが、真剣にこうして、ああしてと何度も何度も頭の中でシミュレーションを繰り返していると、ついには夢と現実との境がなくなり、まだやってもいないことまでもが、あたかもやれたかのように感じられ、次第にやれるという自信が生まれてきます。これが「見える」という状態です。

こうした「見える」状態になるまで深く考え抜いていかなければ、前例のない仕事や、創造的な仕事、いくつもの壁が立ちはだかっているような困難な仕事をやり遂げることはできません。


私は、研究に携わっていた若いころの経験から、このことは事業経営を進めていく上で、たいへん大事なことだと考えています。

研究を開始するにあたっては、まず、開発の過程を思い描きます。例えば、こういう原料を使い、こういう薬品を添加して、こういう装置を用いて、などとあらゆるプロセスを考えていきます。それを私は「シミュレーション」と言っているのですが、その際、頭の中で起こり得る問題をすべて考え尽くすのです。

会社が大きくなってからは、自分が直接研究に携わるわけにもいかなくなり、研究者たちに、「ある会社から、こういう仕様のものがつくれないかと言われている。すぐに研究を始めてくれ。それはこういうふうにすればできるはずだから、それをヒントにして、後は自分たちで考えてやってくれ」と研究を託すようになりました。しかし、そのまま人任せにして放っておくのではなく、私は自分でも頭の中でその研究テーマを常に考えていました。実際に実験はしていませんが、頭の中で実験を繰り返していたのです。

そうやって来る日も来る日も自分の頭の中でシミュレーションを繰り返していると、そのうちにあたかも実験が成功したかのように思えてきて、完成した製品の姿までもが頭の中に明確に浮かび上がってきます。これが「見える」という状態です。

自分で研究開発を手がけているわけでもないのに、頭の中で繰り返し繰り返しシミュレーションを行うことによって、完成品の姿が克明に見えてくる。それが、「見えてくるまで考える」ということなのですが、結果が「白黒」で見える程度ではまだ不十分であり、「カラー」でありありと見えてこなければ考え抜いたことにはなりません。そこまで徹底的に考え抜けば、研究開発にとどまらず、事業であっても、必ず成功するはずなのです。

フィロソフィは経営における宝の中の宝

私は、京セラという会社を創業してから今日まで、人がやったことのない、新しいことに挑戦してきました。一度通った道と言いますか、通い慣れた道は、歩いたことがありません。

そのため、用心深く、あらゆる可能性を考えるというのが、私の習い性になっています。例えば、少し行けば崖《がけ》が待ち受けているのではないだろうか、土手に突き当たるのではないだろうか、行く手を阻まれるのではなかろうか、などと考えながら歩いていく、つまりシミュレーションを繰り返しながら歩いていくという生き方をしています。特に新しい事業を展開するときは、全意識を集中させて考え抜き、その上で事に当たるようにしています。

第二電電を始めるときもそうでした。私はセラミックスの専門家ではあっても、電気通信についてはまったくの素人です。それでも、あえて電気通信事業に参入したのは、それで成功すれば、私の持っている経営哲学、フィロソフィが正しいことが証明される、と思ったからなのです。

「京セラフィロソフィ」の項目一つ一つは、まさに私の経営哲学のエッセンスです。専門的な経営学に精通し、経営者自身もすばらしい能力を持っていなければ事業はできないと言われていますが、私は経営の根本となるべき「経営哲学」が一番大事であり、それさえしっかりしていれば経営はうまくいくと密かに思っていました。

実際に、私は京セラという会社をつくり、「京セラフィロソフィ」をベースに経営を行ってきました。世間はそんな私をとらえて、「稲盛さんはセラミックスが時流に乗ったからうまくいったのだ」と評します。しかし、京セラの成功は、立派な経営哲学を築き上げ、それを実践してきた、そのことによるのです。

ですから、私は第二電電創業にあたって、次のように宣言しました。

「通信の専門家を採用し、その人たちに私のスタッフになってもらうけれども、私は第二電電を、自らの哲学、いわゆるフィロソフィで経営していくつもりだ。もしこれが成功すれば、いかに経営において、フィロソフィ、経営哲学が大事であるか、その証明になるだろう。逆に失敗すれば、哲学だけでは経営はできないということが証明されるはずだ」

こんにち、第二電電がすばらしい会社に成長していることを思いますと、やはり、フィロソフィは経営における宝の中の宝なのだということをあらためて強く思います。

上場時期まで「見えていた」第二電電創業

この第二電電の創業時にも、私は「見えてくるまで考え抜く」ということに徹しました。創業前は、「動機善なりや、私心なかりしか」と自問自答を繰り返しましたけれども、いよいよ踏み切ってからは、第二電電をどう運営していくか、来る日も来る日も真剣に考え抜きました。専門のスタッフの意見を聞きながら、自分でシミュレーションを繰り返していくうちに、やがて夢なのか現実なのかわからなくなって、しだいに「うまくいく」という自信までわいてきました。

いよいよ創業となったとき、通産省（現・経済産業省）資源エネルギー庁の長官だった森山信吾さんという、鹿児島の出身で、私より少し年長の方に、「社長をやってほしい」とお願いしました。

「あなたは官僚の世界で功なり名遂げて、資源エネルギー庁長官にまでなったのに、民間企業の経営者である私のところに来てくれて、新しい事業、それも場違いの通信事業を手伝ってくれると言う。この事業がもし成功すれば、あなたは官僚時代とはまったく違う新しい仕事でも成功を収めることになります。私は、いずれこの第二電電を上場させるつもりですが、ベンチャーで壮大な通信事業を起こし、それを上場まで持っていった人は、おそらく官僚出身ではいないはずです。そのような壮大な仕事を、あなたにやってもらおうと思うのです」

私がそう言うと、森山さんはたいへん喜んでくださって、「稲盛さん、ありがとうございます。いろいろ教えていただきながら、私も一生懸命にがんばります」と張り切っておられました。

当時、通産省の幹部で、資源エネルギー庁の長官まで勤め上げたとなれば、日本の大企業の社長などからいつもちやほやされ、毎日のように接待を受けるなど、厚遇を受けていたはずです。ところが、第二電電では、一切そのようなことはありません。私が、

「交際費は一銭もありませんよ」

郵 便 は が き

料金受取人払郵便

新宿北局承認

9083

差出有効期間
2024年 5 月
31日まで
切手を貼らずに
お出しください。

169-8790

154

東京都新宿区
高田馬場2-16-11
高田馬場216ビル 5 F

サンマーク出版愛読者係行

ご 住 所	〒　　　　都道府県	
フリガナ		☎
お 名 前		(　　　)
電子メールアドレス		

ご記入されたご住所、お名前、メールアドレスなどは企画の参考、企画用アンケートの依頼、および商品情報の案内の目的にのみ使用するもので、他の目的では使用いたしません。
尚、下記をご希望の方には無料で郵送いたしますので、□欄に✓印を記入し投函して下さい。
□サンマーク出版発行図書目録

■お買い求めいただいた本の名。

■本書をお読みになった感想。

■お買い求めになった書店名。

市・区・郡　町・村　書店

■本書をお買い求めになった動機は?

・書店で見て　・人にすすめられて
・新聞広告を見て(朝日・読売・毎日・日経・その他＝　)
・雑誌広告を見て(掲載誌＝　)
・その他(　)

購読ありがとうございます。今後の出版物の参考とさせていただきますので、記のアンケートにお答えください。**抽選で毎月10名の方に図書カード(1000円分)をお送りします。**なお、ご記入いただいた個人情報以外のデータは編集資料の他、広告に使用させていただく場合がございます。

■下記、ご記入お願いします。

ご職業	1 会社員(業種　) 2 自営業(業種　) 3 公務員(職種　) 4 学生(中・高・高専・大・専門・院) 5 主婦　6 その他(　)		
性別	男・女	年齢	歳

ホームページ　http://www.sunmark.co.jp　ご協力ありがとうございました。

と、くぎを刺すと、

「成功したら、少しは交際費も使わせていただけますか」

と聞かれました。

「そのときは自分で稼いだお金で必要な分を使ってください」

と私が答えると、森山さんは、

「楽しみですね」

と、笑っておられました。

しかし、いざ始めてみると、「状況は我に利あらず」。日本テレコム（現・ソフトバンクテレコム）が出てきて、新幹線の線路沿いに光ファイバーを敷く。日本高速通信（現・KDDI）も出てきて、高速道路沿いに光ファイバーを敷いていく。それは国有財産のはずなので、「われわれも敷かせてくれ」と頼んでも、けんもほろろに断られる。そのため、第二電電は山々に鉄塔を建てて、無線で幹線を構築していかなければならない。まさに、悪戦苦闘です。森山さんは、本当にこれで競合他社と互角に戦えるのだろうかと悩み、ときには「会長、もう駄目です」と、弱音を吐く。私は、そんな森山さんをつかまえては、一杯飲みに連れていって励ましていました。

そのときに私は、「次は、こういう局面になる。そして、こうなってああなって、結局、ここで上場する」という話を彼にしました。しかし、森山さんは、

「『見えた』みたいなことを言われても、そんなに簡単にはいきません。今はこんなに難しい状況なのです」

と、疑心暗鬼の風情です。

「いや、そうなるはずです」

と私が断言しても、

「それは、楽観的過ぎるのではないでしょうか」

と、まだ腑《ふ》に落ちない様子です。しかし、私は、

「そうなります」

の一点張りで通しました。

それまでにとことん考え抜いていましたから、私には、鮮明に第二電電の将来の姿が見えていたのです。

実際、第二電電は、私が森山さんに話していたとおりの道をたどっていきました。会社の規模も、売上も、進捗《しんちょく》状況も、そして上場時期も、まさにそのとおりになりました。自分でも恐ろしいような気がします。

残念ながら、上場する前に森山さんは病に倒れて亡くなってしまわれましたが、第二電電は、見事に成長発展を遂げていきました。

今振り返れば、あたかも一度通った道であるかの如く思えるまで考え抜き、あるいはシミュレーションしていったことが、明治以来の国営事業に民間で初めて挑戦するという過去にないケースであったにもかかわらず、第二電電が成功を収めた要因であったかと思います。

●成功するまであきらめない

成功するかしないかは、その人のもっている熱意と執念に強く関わっています。何をやっても成功しない人には熱意と執念が欠けているのです。体裁のいい理由をつけ、自分を慰め、すぐあきらめてしまうのです。

何かを成し遂げたいときには、狩猟民族が獲物を捕らえるときのような手法をとることです。つまり獲物の足跡を見つけると、槍一本をもって何日も何日も追い続け、どんなに雨風が吹こうと、強敵が現れようと、その住処《すみか》を見つけ、つかまえるまでは決してあきらめないというようないき方です。

成功するには、目標達成に向かって粘って粘って最後まであきらめずにやり抜くということが必要です。


京セラでは、先にも述べたように、研究開発をこのような考え方に沿って進めています。日本のある大手電機メーカーの研究職の方々を対象に講演をしたときのことです。私はそこで京セラの研究開発のあり方について話したのですが、質疑応答になったとき、「京セラでは研究開発はどのくらいの確率で成功するのですか」という質問がありました。私が「京セラでは手がけた研究は一〇〇パーセント成功します」と答えましたら、そんなことはあり得ないと、皆さんけげんな顔をされました。

「京セラでは、研究開発は成功するまでやりますので、失敗に終わるということは基本的にありません。成功するまで続けるというのが、私どもの研究開発に対する姿勢なのです」
そう言ったことを覚えています。

研究開発に限らず、あらゆる場面で、この「成功するまであきらめない」という考え方はたいへん大事です。しかし、研究開発の場合はそれが成功したのか失敗したのかがはっきりわかりますが、事業経営の場合は、つぶれてしまえば失敗だとわかりますけれども、成功にもいろいろな段階があるだけに、どこまでを成功と言うのかがはっきりしません。それでも、われわれ経営者は「こういう会社にしたい」という強い願望を抱いて日々経営を行っているわけですから、目標とする規模にまで到達すれば、成功したと考えてもいいと思います。すなわち、自分が立てた目標まであきらめずに粘って粘って努力を続ける、このような姿勢がたいへん大事なのです。

先ほど、「狩猟民族が獲物を捕らえるときのような手法をとる」と述べました。それは、私が「成功するまであきらめない」ということをフィロソフィの中で説いていた当時、テレビか何かでアフリカの先住民が手作りの槍一本で獲物を捕りに行くシーンを目にしたことがあったからです。

家族を飢えから救うために、槍一本を携えて狩りに出かけ、獲物である獣の足跡を目ざとく見つけては、どのくらい前に獲物がそこを通ったのかを推察し、追跡する。動物は移動の合間に必ず休息を取りますから、そこまで追っていき、ついには槍で仕留める。その姿を見た私は、「成功するまであきらめない」とは、まさにこのことなのだと、わが意を得たり、という思いがしました。獲物が休息を取り、寝ているところまでひたすら追っていく、その粘りがあれば、必ず目標は達成できるはずだと思ったわけです。

「余裕のある経営」は成功の前提

私は会社をつくってから今日まで、研究開発にしろ、新規事業の立ち上げにしろ、すべてこの「成功するまであきらめない」という姿勢で取り組んできました。言ってみれば簡単なことで、成功するまであきらめず、どこまでも粘りますから、京セラの事業はほとんど全部成功する、というわけです。

しかし、この前提として重要になるのは、常に「土俵の真ん中で相撲をとる」、すなわち、余裕のある経営を行う、ということなのです。

「余裕のある経営」ということでは、ある講演会で、松下幸之助さんが仰った言葉に感銘を受けた話を皆さんにしたことがあると思います。それは「ダム式経営」についての話でした。雨が大量に降って、それがそのまま川に流れ込めば、川が氾濫して洪水を引き起こし、たいへんな災害を招いてしまう。だから、雨水をいったんダムに溜《た》め、それを必要に応じて放流すれば、洪水の発生を抑えるだけでなく、川の水を絶やすこともなくなり、有効に水を使うことができる。

事業経営の場合でも、景気の変動にただ身を任せるのではなく、ダムをつくって水を蓄えるように資金を蓄積し、必要量だけを使っていく、そういう余裕のある経営をすべきですよ、という松下幸之助さんのお話を聞いて、私はたいへん感銘を受けたわけです。

この余裕のある経営ができていませんと、「成功するまであきらめない」という手法は使えません。それは、先ほど例に挙げたアフリカの狩猟民族の場合でも同じです。

例えば、家族を当面養っていくために小さな獲物でも捕りに行こうと、何も準備をせずに出かけたとします。飲まず食わずではせいぜい一日か一日半くらいしか体力が続きませんから、獲物の足跡を見つけても結局追いつけないまま、自分の村に戻らざるを得なくなるでしょう。

しかし、例えば水を入れた竹筒と、以前捕った獲物の干し肉などを腰にぶら下げていれば、それを飲み食いしながら三日でも四日でも獲物の足跡を追いかけていくことができます。ごく最近の足跡をたどっていけば、獲物も不眠不休で動いているわけではありませんから、必ず体を休めるすみかにまでたどり着けるはずです。つまり、三、四日分の飲食物という、執拗《しつよう》に獲物を追いかけていくための余裕があれば、必ず目的は達せられるのです。

研究開発にしても、やはり資金面に余裕がなければ、何年も続けていくことはできません。事業で利益を出し、研究開発費用を使っても会社は十分にやっていけるという余裕がどうしても要るのです。

「成功するまであきらめない」ということは、成功するためのエッセンスと言っても過言ではありません。そして、それには、成功するまで粘ることのできる余裕を持っていることが前提となるのです。

では、必ずしも余裕がなければ成功できないのかというと、そうでもありません。例えば、ある経営者がこのように話すのを聞いたとしましょう。

「車も、自分の家も、持っているものはすべて売りました。そこまでしても資金繰りがうまくいかないので、もうあきらめざるを得ません」

そう聞いたなら、私は、次のように言ってあげたくなるのです。

「何も車がなければ商売ができないということはないじゃありませんか。自転車があるでしょう。朝から晩まで自転車をこぎまわって注文を取りに行くこともできるのだから、まだ十分やれるはずです」

確かに、経営に余裕は必要です。しかし、身体一つしか残っていなくても、まだあきらめずにがんばっていけるはずなのです。家も売った、車も売った、だからもう駄目だ、と思うのか、それとも、まだ自転車がある、いや、電車に乗ってでも注文を取りに行こうと考えるのか、それはその人次第です。

成功するためには、このように「あきらめない」という姿勢が肝心です。ぜひ心にとどめておいていただきたい項目です。

6　人生を考える

●人生・仕事の結果＝考え方×熱意×能力

人生や仕事の結果は、考え方と熱意と能力の三つの要素の掛け算で決まります。

このうち能力と熱意は、それぞれ零点から百点まであり、これが積で掛かるので、能力を鼻にかけ努力を怠った人よりは、自分には普通の能力しかないと思って誰よりも努力した人の方が、はるかにすばらしい結果を残すことができます。これに考え方が掛かります。考え方とは生きる姿勢でありマイナス百点からプラス百点まであります。考え方次第で人生や仕事の結果は百八十度変わってくるのです。

そこで能力や熱意とともに、人間としての正しい考え方をもつことが何よりも大切になるのです。


この人生の方程式は、私が京セラという会社をつくって間もないころに考えつき、社員に話し始めたものです。これは、「京セラフィロソフィ」の根幹をなすものと言っても過言ではなかろうと思います。

最初に「熱意」と「考え方」の大切さに気づく

私は大学を卒業するまでずっと鹿児島で育ち、就職で初めて京都に出てきたというくらいで、当時はまったくの田舎者でした。大学の成績は優秀なほうだったとは思いますが、なにぶん田舎の大学ですし、全国レベルでは決して高いほうではなかったでしょう。そんな自分が一生懸命生きていくためにはどうすればいいのか。ガキ大将だった子供のころから負けず嫌いだった私は、京都に出てきたころ、そのようなことをよく考えていたものでした。

自分のようにそんなに優れた「能力」を持っているわけでもない人間が立派な仕事をしようと思えば何が必要なのだろう、と考えた私が、最初に思いついたのは「熱意」でした。熱意というものが大事だろうとまず気づき、その次に「考え方」の重要性に気がついたのです。

それを思いついたきっかけは、次のようなものでした。

私が子供のころ、親戚のおじさんがよく家に遊びに来ていました。鹿児島の男は大言壮語する人が多いのですが、そのおじさんも、焼酎を飲んだりすると、大きなことを言い出すわけです。例えば、鹿児島の知事や、鹿児島出身の議員などを引き合いに出して、「あいつは小学校のころはおれよりもデキが悪くて、やっと中学に行ったくらいの男だ。おれは頭は良かったが、家が貧乏だったから進学できなかっただけなのだ」と小ばかにする。自分は昔、今の知事をやっている人よりもはるかに優秀だったのだと得々と話すのです。

身内のおじさんが偉いと聞けば悪い気はしませんが、一方で「どうしてそんなに偉かったおじさんが、今は大した仕事もしないで私の家に来ては焼酎を飲んで、こんな大言壮語ばかりしているのだろう。それに、デキが悪かったという人が、今では立派な知事になっている。なぜだろう?」と、子供心にも何かおかしいと感じ、やがて次のように理解しました。

「確かに、小学校のころは、能力から言えばおじさんのほうができたのかもしれない。でも、『おれは頭がいいのだ』とその能力を鼻にかけ、努力を怠ったおじさんは、結局くだらない人間になってしまった。一方、おじさんより頭が良くなかったという人は、その後一生懸命に努力をしたから、偉くなったのではないだろうか」

そのおじさんはまた、こんなことも言っていました。あるとき、自分が仕事もせずに遊んでいることを正当化するために、「隣のばかは起きて働く」と言い出したのです。「おれは賢いから寝ていても構わないが、隣の人間はばかだから、起きて働くのだ」。つまり、頭の良くない人間は、人が寝ている間でも起きて働かなければならない、と軽蔑したわけです。

おじさんのその言葉に、私は、「それはおかしい」と思いました。本当は、起きて働く人のほうが偉いはずなのに、おじさんの価値観からいくと、それは頭が悪いからだ、となる。そんなはずはない、と私は子供心にもおじさんの言葉に反発を覚えました。

そんなことを子供のころから考え続けて、だんだん先ほどの方程式ができ上がっていくわけです。

人生の方向はプラスからマイナスまで一直線上にある

私の人生方程式では、能力と熱意はゼロから百までで示されます。しかし、考え方だけは、マイナス百からプラス百までとなっています。

この「考え方」とは、「人生を歩いていくための方向」みたいなものだと考えればいいと思います。これは、東西南北というような全方向を言うのではなく、水平線の方向、つまり、ゼロを基点にしてこちらに百、その反対側に百、というような方向です。人生、どっちへ向かって歩いてもいいと考えられるかもしれませんが、そうではなくて、人生の方向というのは一直線になっていて、プラスに向いて歩くか、マイナスに向いて歩くかという、単純な二方向しかないのです。

自分の考え方がプラス側に十なのか、五十なのか、あるいは百なのか、それともマイナス側に十なのか、百なのか、それがポイントになるわけです。この方程式は掛け算になっていますから、例えば頭が優秀で運動神経も発達し、たいへん高い能力の持ち主が、熱意を持ち、誰にも負けない努力をしているとします。ところが、その人がもし、ちょっとでもマイナスの考え方を持っていたとしたら、掛け算ですから、答え、つまり人生の結果は大きなマイナスになってしまうのです。

福沢諭吉の説く企業人のあるべき姿

この方程式をつくってからというもの、私は、社員に対し、事あるごとに「考え方が大事です。考え方によって、人生は決まります」と説いてきました。

その後、福沢諭吉のある言葉に触れて、なるほどと思ったことがありました。福沢諭吉は、経営者のあるべき姿というものを、こう表現しています。

思想の深遠なるは哲学者のごとく、
心術の高尚正直なるは元禄武士のごとくにして、
これに加うるに小俗吏《しょうぞくり》の才をもってし、
さらにこれに加うるに土百姓《どびゃくしょう》の身体をもってして、

はじめて実業社会の大人《たいじん》たるべし

哲学者のごとくとは、深い思想の持ち主であること。また、元禄武士のごとくとは、武士が忠と義に生きたように、高尚で正直な心根を持っていること。小俗吏というのは、わいろのやりとりをしたり、悪いことをして権力を誇示していた明治新政府の下っ端役人、俗物役人を指していますが、そういう悪賢いとも言える才能を持っていること。頭が切れるから悪さをするのであって、そういう頭の切れを持っていなければならないということです。さらに、これに加えて土百姓のような丈夫な身体を持って、初めて「実業社会の大人たるべし」、つまり、実業界で立派な経営者と言われる人物になり得ると喝破しているわけです。

福沢諭吉の言葉は、そのままこの人生方程式に当てはまります。土百姓の身体、つまり、頑健な身体は、誰にも負けない努力をする「熱意」に当たります。小俗吏の持つ、放っておけば悪さをしかねない才能、経営で言うところの商才は「能力」に当たります。そして「考え方」に当たるのが、「思想の深遠なるは哲学者のごとく、心術の高尚正直なるは元禄武士のごとくにして」という部分です。哲学者のようなすばらしい思想を持ち、かつ元禄武士のようなすばらしい心根を持っていなければ、実業社会における大人にはなれないのです。福沢諭吉の言葉からも、「考え方」「熱意」「能力」の三つの要素はたいへん大事なのだと私はあらためて思いました。

マイナスの考え方で生きれば人生の結果もマイナスになる

今言った三つの要素は、足し算でもいいのではないかと考えたこともありました。しかし、これはどうしても掛け算でなければならないのです。

以前、よど号ハイジャック事件の犯人に関するニュースが報道されたことがありました。事件後、北朝鮮で暮らし、ベトナムとカンボジアの国境で外国為替法違反のため捕まった、日本赤軍の五十歳を少し超えたくらいの犯人が、日本で裁判を受けるかどうかという内容でした。

ここにおられる皆さんの中にも、若いころ、燃えるような正義感を持ち、不平等で矛盾だらけのこの腐敗した世の中を改革したい、みんなが楽しく過ごせる平等な社会をつくりたい、と思っていた方がたくさんおられるでしょう。私もその一人でした。そういう思いを抱いていた人間の一部が過激派に走り、テロ行為を通じて世の中を変えていこうとした。それがあの日本赤軍だったのです。

能力もあり、熱意もあり、そして、住みやすく、正義が行われる世の中を実現したいと考えた。そこまでは良かったのです。ところが、その思いを実行するにあたっては、テロ、すなわち暴力行為に訴えた。そのようなやり方では、必ず被害を受ける人たちが出てきます。また、動機がいくら正しかろうと、自分の主義主張に合わない人を殺してでもその思いを実現したいというのは、考え方としてはマイナスです。

ですから、事件以来約三十年、日陰者として逃避行を重ね、結局、五十面《ごじゅうづら》を下げて、タイの警察に捕まって留置されてしまった。たとえ日本に送還されたとしても、長期にわたる裁判が始まり、自由な生活はもはや望めないでしょう。

若いころは正義感にあふれ、すばらしい能力も熱意もあった青年が、自分のたった一回しかない人生を、たとえわずかであってもマイナスの考え方を持ったために棒に振ってしまう。このような例を見ても、「考え方」はたいへん大事なものだとあらためて思います。

「良い心」と「悪い心」

方程式の中の「能力」を、私は「才能」という言葉で言い換えることもあります。よく「才に使われるな」と言います。才能のある人はつい才走り、そのために才能におぼれてしまいがちですが、才能に使われていたのでは、とんでもないことになってしまいます。才能を使うのは「心」です。心が自分の才能を動かしていかなければなりません。心を失い、才能だけ、商才だけがあるという人は、「才子才に倒れる」と言われるように、必ず失敗します。その意味でも、心、あるいは「考え方」というものはたいへん大事なのです。

しからば、この方程式で言っている「考え方」とは何なのか。それは、福沢諭吉の言う「哲学」という意味でもありますし、今の話のように「心」と言っても構わないでしょう。または、「思想」「理念」「信念」などと置き換えてもいいでしょうし、あるいは人間の「良心」と言ってもいいかもしれません。そういうものを総じて「考え方」と呼ぶわけです。

先ほど、「考え方」はゼロを基点にして、プラスの方向に百まで、マイナスの方向に百までと、一直線になっているとお話ししました。では、プラスの方向とは何なのでしょう。それを難しく考える必要はありません。プラスの方向とは「良い心」なのです。逆に、マイナスの方向とは「悪い心」です。つまり、先ほどの方程式は「良い心×熱意×能力」と言ったほうがわかりやすいのかもしれません。

では、「良い心」とは何なのか。本当は、哲学者などが「良い心」の定義を示してくれればいいのですが、残念なことにそのような定義は今のところありません。そこで、不十分かもしれませんが、私が勝手に考えている「良い心」というものを今から挙げていこうと思います。

まず、常に前向きで、建設的であること。みんなと一緒に仕事をしようと考える協調性を持っていること。明るいこと。肯定的であること。善意に満ちていること。思いやりがあって、優しいこと。真面目で、正直で、謙虚で、努力家であること。利己的ではなく、強欲ではないこと。「足る」を知っていること。そして、感謝の心を持っていること。

良い心とは、今言ったようなことを全部持っている心だと考えています。

なぜこのような、まるで子供に言い聞かせるようなことをお話しするのかと言いますと、「考え方が大事なのです。ですから、良い考え方をしなければなりません」と言い続けても、実は皆さんよくわかっておられないからなのです。そのために私は、フィロソフィという言葉を使ったり、哲学という言葉を使ったりして、「このような生き方をするべきです」と言い続けているわけです。私がフィロソフィを説く中でお話ししている内容こそが考え方の基準になる、つまり、フィロソフィとは良いほうの考え方を説明しているのです。その良いほうの考え方を端的に言えば、今並べたような言葉になると思います。

その反対に、持ってはならない悪い考え方、つまり、「悪い心」とはどういうものかと言いますと、今挙げた良い心の対極にくるものです。同じように一つ一つ挙げていきます。

後ろ向き、否定的、非協調的。暗く、悪意に満ちて、意地が悪く、他人を陥れようとする。ふまじめで、うそつきで、傲慢で、怠け者。利己的、強欲、不平不満ばかり。人を恨み、人を妬む。こういったものが悪い心、悪い考え方です。

さて、この方程式の「考え方」には、マイナス百からプラス百まであると言いました。

その中で、自分の「考え方」はどの辺りに位置づけられるのか。それを知る方法を教えましょう。

良い心として先ほど挙げていったもので、自分に当てはまると思うものにマルをつけてみてください。これもマル、あれもマルというふうに、全部にマルがつくようであれば、プラス百点と考えていいと思います。

悪い心で挙げた項目についても、同じようにマルをつけていってください。こちらにマルがついたものは、点数をマイナスとして数えます。このようにすれば、自分の「考え方」がどの辺りにあるのかがわかります。単純ですが、自分の心がどのような状態にあるかを知る手段として、皆さんにもわかりやすい説明ではないかと思います。

「考え方」こそが人生を決め、運命を変える

一般に、われわれは学校で、どんな考え方をするか、どんな思想を持つかということは個人の自由であり、自由な発想、自由な思想を持つことこそ、人間に許されたすばらしい

権利なのだ、と教わってきました。特に、インテリタイプの人間であればあるほど、そのようなことを口にするようです。

千人いれば千人、一万人いれば一万人、それぞれ異なった人生を送っている。それが社会というものだ。だから、どういう考え方、思想を持つのかなど、まさに自由なのだ。これが、現代人の基本的な考え方です。

確かに、どんな考え方を持つのも自由だと思います。しかし、その自由の中で自分がどのような考え方を選択するかによって、自らの人生、運命が決まってしまう。そこまでわかっている人が、果たしてどれだけいるでしょうか。この方程式から言えば、自由である考え方、自由である心、自由である思想、哲学、その選び方によって、運命は百八十度変わってしまうわけです。

ところが、これほど重大なことに、多くの人は気づいていません。また、学校でも会社でも、誰もそのことを教えてくれなかったのです。誰かがもっと早く、考え方がいかに重要であり、人生を大きく左右するものかということを教えてくれていれば、また、先ほども説明したように、実はそれはとても単純なことなのだとわかっていれば、もっとすばらしい人生が送れたのに、と思う人は多いのではないでしょうか。

今述べてきたようなこと、つまり「良い心」「悪い心」とはどんなものかということは、元来、宗教や、道徳、倫理などの教育が教えてきたものです。ところが、近代に入ってから、われわれは宗教にあまり重きを置かなくなり、戦後教育でも宗教を離れてこそ真のインテリだと言われて育ってきました。

ただし、その宗教も、考え方が自分の人生を決めるというところまでは明確に教えてはいません。例えば仏教の場合ですと、お釈迦様が「こういう生き方をしなければいけません。さもなくば地獄に堕《お》ちますよ。ちゃんと守れば極楽に行けますよ」と説かれていますが、それだけでは、地獄も極楽も死んだ後の荒唐無稽《こうとうむけい》な話だと思って、誰も信じない。つまり、「なぜ考え方が大切なのか」ということについては明確に説かれていないのです。しかし本来は、この方程式で示されるように、「考え方」が自分の人生を決める最も大切なものだということこそ、教えなければならないのです。

それがなされていないがために、どんな考え方をしようと、それは知的な意識の遊びであって、自分の人生とリンクしているわけではない、と考えている人が多い。そして、考え方がそのまま人生に現れる、つまり、人生は心に描いたとおりになる、ということを信じていないために、この人生方程式も信じようとしないわけです。

私はよく、中村天風さんの言葉を引用してお話をすることがあります。天風さんは、私の人生において、精神的、哲学的な部分にたいへん大きな影響を与えた方です。

その天風さんは、次のように言っておられます。

「自分には輝くような未来が待っているのだ、すばらしく明るくて、幸せな人生が開けていくのだと、それをただ一点、建設的に、ポジティブに、前向きに思い、明るく人生を考えなさい。決して陰々滅々とした暗い思いを持ってはなりません」

天風さんが開かれた天風哲学はたいへん深遠なものですが、われわれ凡人に対してもわかりやすいように、「明るく前向きに考えていきなさい」と、単純な言葉で諭しておられるわけです。

また、私は『陰隲録《いんしつろく》』という中国の書物の言葉もよく引用します。

「人生はあらかじめ決まっているものではない。確かに人間には運命というものがあるかもしれないが、それは宿命ではなく、変えようと思えば変えられるのだ」

その説明として、袁了凡《えんりょうぼん》という人が善きことを思うように心がけたら、運命が良い方向に変わっていった、人さまのために善かれかしと思い、そう過ごすことによって、すばらしい人生を送るようになった、という話も、私はこれまで何回となくしています。こうしたことからも、「考え方」とはたいへん大事なものであり、それが自分の人生、運命を決めるのだと、私は信じて疑いません。ぜひ、この人生方程式を信じ、そして実践していただきたいと思います。

フィロソフィは、血肉化しなければ意味がない

こうして私がフィロソフィを説いているのも、皆さんに正しい考え方を持っていただきたいからです。ただし、それを知識として「知っている」だけでは意味がありません。行動が伴っていなければならないのです。知識として得たものを血肉化する、つまり、自分の肉体にしみ込ませ、どんな場面でもすぐにそのとおりの行動が取れるようにならなければいけません。

すなわち、正しい考え方を「知っている」だけでは、知らないのとまったく同じことなのです。自らの血肉とし、人生の節目節目において、また、日々の業務においてその考え方を生かすことができなければ、まったく価値はないのです。だからこそ、私は機会あるごとに同じような話をするわけです。

私の話を聞いて、「何回も同じような話を聞いていますが、毎回聞くたびにリフレッシュする気がします」と言う方もおられますが、ほとんどの方は「ああ、それは前に聞きました。もうわかっています」と言うだけで、それを自分のものにしようとしません。

私の話を血肉化し、自分の思想、理念、哲学にまで高めていなければ、それはまだ自分の「考え方」にはなっていないのです。たとえ無意識であっても、その考え方で行動できるようにならなければいけません。

フィロソフィの内容を何度も反芻《はんすう》し、皆さんの中で血肉化していくように努めていただきたいと思います。

講演聴講者から贈られた即興詩

一九九九年十月十四日、私はニューヨーク州立アルフレッド大学に行ってきました。その大学には「ジョン・フランシス・マクマホン・レクチャー」というかつての先生の名前を冠した講義があり、私に「セラミックスにおけるイノベーション――技術者としての生き方」という題で一時間半ほどレクチャーをしてほしいという依頼があったのです。

講師に選ばれることはたいへん名誉なことですし、以前その大学で名誉博士号をいただいたこともあってお受けしたのですが、講義には多数の学生の他、地元の名士や他大学の先生方などもたくさん来られていました。

その中に、アルフレッド大学でセラミック工学・材料科学部長を務めるロナルド・ゴードン教授とそのご夫人も来ておられ、ご夫妻には空港まで迎えに来ていただいたり、ホテルに送っていただいたりして滞在中たいへんお世話になりました。

講義ではスライドとサンプルを使って、京セラという会社をつくって約四十年、セラミックスの開発を、私はこういうふうに進めてきたという話をしました。その後、「技術者は、どういう心構えを持って仕事をするべきか」ということを、「人生・仕事の結果＝考え方×熱意×能力」という「人生の方程式」をまじえて話しました。
その夜、講義に対するお礼の晩餐会《ばんさん》が開かれたときに、先のゴードン夫人が、「今日のお話にはたいへん感銘を受けました。その気持ちをつづった詩をお贈りしたい」と仰いました。夫人は、私からはかなり離れたテーブルにいらっしゃったのですが、わざわざ私の席までその詩を持ってこられたのです。
読んでみると、実にすばらしい詩でした。私は「喜んで頂戴します。けれども、あなたがつくられた詩ですから、ぜひあなたから皆さんにも朗読してあげてください」と夫人にお願いし、読み上げていただくと、晩餐会に参加された人たちもたいへん喜んでおられました。その詩を日本語に訳したものがここにありますので、紹介させていただきます。

「方程式（FORMULA）」

今　私の心の琴線に触れた

あなたの叡智《えいち》に充《み》ちたその言葉
それは　成功のためのプロセスを輝かせる
ひとつの方程式

情熱のかぎり行う努力を
能力と掛け合わせなさい
そして前向きな考え方を
おおいに加えよ

そして掛け合わせたものを
常に強固なものにするために
多くの愛を注ぎなさい
そう　多くの愛を

数々の経験を経た
人生の熱い炉（窯）の中から
新しいものが限りなく生まれてくる
あなたの方程式が応用されることで

知らねばならない
誰もがこの方程式に従って
自分の人生を歩んでいるのだから
このことを疑う余地はないのだ

あなた自身、前向きに人生を考えはじめたことで
何百万もの人々に
貢献をしてきた

私にはわかる
なぜなら　あなたをこの目で見
あなたの言葉を聞き
そしてあなたを信じているから

「人生の方程式」について、アメリカの大学教授の夫人がこんなにすてきな詩を即興でつくってくれたのです。

一日一日をど真剣に生きる

人生はドラマであり、一人一人がその主人公です。大切なことは、そこでどういうドラマの脚本を描くかです。

運命のままにもてあそばれていく人生もあるかも知れませんが、自分の心、精神というものをつくっていくことによって、また変えていくことによって、思いどおりに書いた脚本で思いどおりの主人公を演じることもできるのです。人生というのは、自分の描き方ひとつです。ボケッとして生きた人と、ど真剣に生きた人とでは、脚本の内容はまるで違ってきます。

自分というものを大事にし、一日一日、一瞬一瞬をど真剣に生きていくことによって、人生はガラッと変わっていくのです。


たった一回しかない人生を、漠然と無意味に過ごすことくらいもったいないことはありません。天地自然は、この宇宙で必要だったからこそわれわれを存在させている、と私は考えています。誰も皆、決して偶然にこの自然界に生を享けたわけではないのです。この宇宙にわれわれは必要である、自分は大切な存在なのだと、まずは信じるべきでしょう。

この大宇宙から見れば、一人の人間の存在など本当に小さなものなのかもしれません。しかし、われわれは、必然性があってこの宇宙に存在している、この宇宙がわれわれの生存を認めている、われわれの人生とは、そのくらい価値のある偉大なものなのだ、そう思わなければなりません。その偉大な、価値のある人生を、ただ漠然と無為に過ごすことほどもったいないことはない、このように私は思うわけです。その意義ある人生の中で、一日一日をどのくらい真剣に生きるのか。それが、われわれ人間の価値をつくっていくのだと私は考えます。

厳しい自然界を生き抜く植物の姿に倣う

あるときテレビを見ていましたら、北極圏のツンドラ地帯で植物が一斉に芽を吹いている映像が目に留まりました。北極圏の夏はあっという間に過ぎていきます。夏のうちに小さな花をできるだけたくさん咲かせ、種子をつくり、そして寒い冬を乗り切ろうとしているのでしょうか、短い夏を精一杯に生きているように私の目には映りました。

日本でも、春になり、残雪が解けるころになると、岩場ばかりの高山地帯でも、草木がすぐに芽を吹き、花を咲かせます。やがて種子をつくり、また冬に備えるのです。あるいは、雑草と言われるような植物でも、一日一日を本当に真剣に生きています。

また、このような映像を見たこともありました。アフリカの砂漠にも、年に一回か二回は雨が降るといいます。その雨が降るやいなや、すぐに植物が芽を出し、花を咲かせる。そして一、二週間という本当に短い間に種子を宿し、また雨が降るまで厳しい熱砂に耐え、生き延びていく。このように、自然界では、すべての生物が本当にど真剣に一瞬一瞬を生きているのです。

われわれ人間も、一日一日を蔑ろにすることなく、ど真剣に生きていかなければなりません。それがわれわれと宇宙との、また神様との約束事だろうと思います。だからこそ私は、誰にも負けない努力が必要だと言っているのです。

心に描いたとおりになる

ものごとの結果は、心に何を描くかによって決まります。「どうしても成功したい」と心に思い描けば成功しますし、「できないかもしれない、失敗するかもしれない」という思いが心を占めると失敗してしまうのです。

心が呼ばないものが自分に近づいてくることはないのであり、現在の自分の周囲に起こっているすべての現象は、自分の心の反映でしかありません。
ですから、私たちは、怒り、恨み、嫉妬心《しっとしん》、猜疑心《さいぎしん》など否定的で暗いものを心に描くのではなく、常に夢をもち、明るく、きれいなものを心に描かなければなりません。そうすることにより、実際の人生もすばらしいものになるのです。

先に「人生・仕事の方程式」について述べた中で、「考え方にはマイナス百からプラス百まである」と説明しました。この項目では、人生というものは心に描いたとおりになる、と言っています。ここにある「心に描くもの」とは、人生の方程式で言う「考え方」に当てはまるでしょう。

「人生は心に描いたとおりになります、心に描いたとおりのものが現象として現れるのです」。このようなことは、仏教でも、またその他の宗教でも同様に言われていることですが、インテリタイプの人間は、それをあまり信じようとしません。

「考え方」「熱意」「能力」という三つの要素が掛け合わさったものが人生・仕事の結果であり、その三要素の中で一番重要なものが「考え方」です。心に描いたもの、心に抱いたもの、自分が持っている考え方、思想、哲学、それらがそのまま人生に現れる、そのことを、私は「心に描いたとおりになる」と表現しているわけです。

インテリの方からは反論があるかもしれませんが、このことは理屈ではなく、宇宙の道理、宇宙の法則だと理解していただきたいのです。これを否定すれば、私が一生懸命に説明していますす人生の方程式も成り立ちませんし、「まさに心に描いたとおりになっている」ということを否定することにもなります。

仏教の教えにある因果応報については、以前からいろいろな例を引いて説明していますが、私はその中で「思念は業をつくる」ということをよく述べてきました。業（カルマ）とは、因果応報の因です。思念は因、原因をつくり、その原因は必ず結果を生む。すなわち、思うこと、考えること、その内容が大事であって、その想念の中に悪いものを抱いてはならない。このようにお釈迦様は説いておられるわけです。あの中村天風さんも、「ゆめゆめ暗い想念を抱いてはならない」とわれわれに教えておられますが、私もそのとおりだと思っています。

また、「積善の家に必ず余慶あり」という中国の言葉もあります。これは、善行を積んでいく、陰徳を積んでいく家には必ず幸運が舞い込んでくるという意味です。われわれはよく「徳」という言葉を使いますけれども、この徳とは、簡単に言えば、「利他の心を持っている」ということです。他を慈しみ、思いやり、助けてあげる、そういう思いを持っている人、また、そういう思いを実行する人、そういう人を「徳のある人」と呼ぶのです。高潔な哲学、思想を持っているから徳が高いというのではなく、世のため人のために尽くすことを生涯の規範にしておられる方こそ、徳の持ち主なのです。

あの世も含めれば因果応報は成立する

ただし、心に描いたことが、ただちに実現するわけではありません。そのために、この宇宙の法則を信じてもらおうと必死に説いても、なかなか理解してもらえないのです。心に描いたこと、心に思ったことが悪いものであれば悪い結果が、良いものであれば良い結果がすぐにはっきりと出てこないために、誰もそれを信じようとはしないわけです。

しかし、三十年くらいのスパンで見ていきますと、因果応報のつじつまはだいたい合うように思います。お年を召している方は、自分の若かったころから現在に至るまで、二十年、三十年というスパンで振り返ってみてください。または、他の人の人生についても、昔と今がどうなっているのか考えてみてください。

子供のころはたいへん苦労をしたけれども、途中で運命が好転し、そして晩年また落ちぶれたという人もあります。あるいは、子供のころから学校を出るまではずっと裕福な家庭に育ち、幸福だったけれども、社会に出てからはたいへん苦労したという方もおられるでしょう。人の一生は千差万別ですけれども、短くて十年、長ければ三十年くらいのスパンで心の状態と結果との関係を見ていけば、つじつまは合っているだろうと思います。ですから、「心に描いたとおりになる」ということは、今、思っていることがすぐに実現するという意味ではなく、もっと長い目で見た場合、つまり、一生という時間で考えた場合の話なのです。

ところが、それくらい長いスパンで見ても、ピタッと合わない場合もあるわけです。すべてピタッと合うのなら、皆「仰るとおりです。まいりました」と私の話を素直に聞いてくれるようになるのでしょうが、そうはならないものだから、まゆつばで聞いている。「これは困ったな。何とかわかってもらえる方法はないだろうか」と、私は常々考えていたものでした。

そんなとき、先にもお話ししましたが、私は「シルバー・バーチ」というネイティブ・アメリカンの霊について書かれた本に出合ったのです。

その本に、次のような表現がありました。

「皆さんは、心の中で思ったことがそのまま現象として現れるなどとは信じていないでしょう。しかし、現世ではつじつまが合わなくても、私が今いるあの世までをスパンに入れれば、寸分の狂いもなくその人が心に思ったとおりの結果になっているのです」

ほんの二、三行ほどでしたが、私はこの言葉にハッとなりました。

確かに現世では、すべてがすべて、こういう原因であれば結果はこうなるというふうにはいかないかもしれない。悪い人間がいつまでものさばっていたり、善良な人間がたいへんな苦労をしていたりする。しかし、もっと長い目で見れば、そうした苦労も、その人が大きく飛躍するために神が与えてくれたいい意味での「試練」であって、その試練を乗り越えることのできた人は、その後、すばらしい人生を送っている。

また、悪人がうまくいっているように見えても、やがて破綻をきたしている。それでもなおつじつまが合わないこともあるかもしれないが、シルバー・バーチの言うとおり、「あの世」まで含めた長いスパンで考えれば、寸分の狂いもなくピタリとつじつまが合うようにこの世界はできている、私はそう理解しています。

夢を描く

現実は厳しく、今日一日を生きることさえたいへんかもしれません。しかし、その中でも未来に向かって夢を描けるかどうかで人生は決まってきます。自分の人生や仕事に対して、自分はこうありたい、こうなりたいという大きな夢や高い目標をもつことが大切です。

京セラをまず西ノ京で一番、その次に京都で一番、それから日本一、世界一の企業にしたいという大きな夢を創業時から描き続け、努力を重ねてきたことによって今日があるのです。

高くすばらしい夢を描き、その夢を一生かかって追い続けるのです。それは生きがいとなり、人生もまた楽しいものになっていくはずです。

夢を描くということはたいへん大事です。会社を始めたころ、私はよく従業員に自らの夢を語って聞かせたものでした。会社でも、家でも、私は自分のことを「夢見る夢男」と呼んで、いつまでも夢を追いかける青年であり続けたいと考えていました。

そのように「夢を追いかけるロマンチックな人生を送りたい」と考え始めたのは、高校一年のときにさかのぼります。敗戦から三年ぐらいしかたっていないころでしたので、鹿児島市内は空襲のため、焼け野原になったままでした。私が通っていたのも、掘っ立て小屋みたいな高校です。鹿児島市内の海岸近くに建っていた高校で、真っ正面には桜島が噴煙を上げていました。

国語の先生がたいへんなロマンチストで、まだ教科書もあまりなかった時代でしたから、有名な作家の小説などを題材にして、毎日いろいろな話をしてくれました。その先生があるとき、「私は毎日恋をしています」と言い出したのです。何を言うのかと思いましたら、

「自転車で桜島を見ながら学校に通っているけれども、私はその桜島に毎日恋をするのです。あの雄大な島影、そしてもくもくと噴き上がる噴煙。あの情熱に憧れています」と言われたのです。

食べることもままならない敗戦直後の焼け跡にあって、先生は明るくロマンチックに、すばらしい夢を描き、私たち生徒に夢と希望を与えてくれました。その先生の影響も受け、私も人生においてはなるべく楽しく、明るく、希望にあふれた夢を描くべきだと思い、毎日を過ごしてきたのです。

皆さんもご存じだと思いますが、若いころ、私の人生はたいへん暗いものでした。小学校高学年で結核を患い、死にかける。旧制中学受験には二度も失敗し、大学受験も失敗する。大学を出ても、思うような会社に就職できない。まさに挫折に次ぐ挫折の青少年時代であったわけです。にもかかわらず、私が暗くならず、ひがまずに人生を送ってこられたのは、その先生の影響があったからだと思います。

どんなに現実が厳しく暗かろうとも、自分の心まで病んでしまうようなことがあってはなりません。常に明るく、希望にあふれた夢を描いていくことが大切なのです。ついていなかった青少年時代、それでも夢見ることを忘れず、自分の人生に明るい希望の灯をともし続けたおかげで、実社会に出た後、すばらしい人生を歩むことができ、こんにちの自分があるのだと私は信じています。

心に絶えず夢を描いていれば、きっと夢は現実になります。私はこのことを、ぜひ皆さんに理解していただきたいのです。もちろん、この「夢を描く」ということも、人生の方程式にある「考え方」の一つです。つまり、ロマンチックですばらしい夢を描くような「考え方」を持っていれば、そのとおり人生はすばらしいものになるということなのです。

ただし、「夢」は漠然としたものでもいいのですが、事業を行っている経営者の場合は、もっと現実的に企業経営の目的だとか、また目標数値といった具体的なものを思い浮かべるほうがいいと思います。例えば、このくらいの売上にしたい、このくらいの利益にしたい、こういう雰囲気の会社にしたい、というようにリアルな数字や目標をはっきり描くことも必要です。

そのような夢や目標を描き続けていれば、そのとおりの会社ができるはずだと私は信じています。

●動機善なりや、私心なかりしか

大きな夢を描き、それを実現しようとするとき、「動機善なりや」ということを自らに問わなければなりません。自問自答して、自分の動機の善悪を判断するのです。

善とは、普遍的に良きことであり、普遍的とは誰から見てもそうだということです。自分の利益や都合、格好などというものでなく、自他ともにその動機が受け入れられるものでなければなりません。また、仕事を進めていく上では「私心なかりしか」という問いかけが必要です。自分の心、自己中心的な発想で仕事を進めていないかを点検しなければなりません。

動機が善であり、私心がなければ結果は問う必要はありません。必ず成功するのです。

一九八五年に、日本の電信電話事業が自由化されました。明治以来、国家事業として運営されてきた電信電話事業が民営化され、新規参入を認めることになったのです。

当時、私は日本の通信料金が高過ぎるために、多くの国民が苦しんでいることに義憤を感じていました。特にアメリカの通信料金に比べると格段に高い。しかし、あの何兆円という売上を誇る電電公社（現・ＮＴＴ）を向こうにまわし、戦いを挑むわけですから、大企業を中心とした企業コンソーシアムをつくり、一致協力して対抗する以外に方法はないだろうと思っていました。

そして、早くどこかの大企業が名乗りを上げ、日本の通信料金を引き下げてほしいものだと待っていたのですが、リスクが大き過ぎるからか、誰も手を挙げませんでした。そのため、たまりかねた私は、ついに自ら手を挙げたのです。

当時の電電公社の幹部社員や、通信事業に詳しい専門家数名に集まってもらって、どうすれば電気通信事業へ新規参入を図ることができるか、その方法を皆で議論しました。そのとき、私はこのような話をしました。

日本の電気通信事業は、明治以降、国営事業として運営され、こんにち見られるような立派な通信インフラを築いてきた。ここにきて電電公社が民営化されることになり、

また、通信事業における企業の新規参入も認められるようになった。これは百年に一度あるかないかという大転換期だ。

　今のわれわれに、その大変革の舞台回しができるかもしれない。それだけの知恵と能力を持っていて、それに参画できるかもしれないというチャンスに遭遇しているわれわれは、本当に恵まれているとしか言いようがないではないか。

　たった一回しかない人生の中で、命をかけるに値するようなチャレンジに恵まれる幸運など、そうはないはずだ。この機会を逃すことなく、挑戦してみようではないか。


　これが、私の第二電電創業の動機です。しかし、これだけではまだ、創業に踏み切ることはできませんでした。

　彼らと議論を進めるうちに、「何とかやれるのではないか」というかすかな希望がわいてはきたものの、これだけの事業を始めるためにはもっと自分を駆り立てる何かが必要だと思い、私は考えを巡らせました。その中で浮かんできた言葉が、「動機善なりや、私心なかりしか」だったのです。

それから後約六カ月もの間、毎晩毎晩、たとえ酒を飲んでいようとも、必ずベッドに入る前に、「動機善なりや、私心なかりしか」と自分に問い続けました。「おまえは第二電電を創業し、通信事業を手がけたいと言っているが、その動機は善なりや。そこに私心はなかりしか」と、毎日自問自答したわけです。巨大企業NTTを向こうに回して戦いを挑んでいく勇気を奮い起こすためにも、自分が今からやろうとしていることは、日本国民のためになる立派な行為なのだ、という大義名分が欲しかった。そのために、「決して名誉欲や事業欲にかられて事業を起こすのではない。そこには私心などみじんも存在しないのだ」と確信するまで、私はこの「動機善なりや、私心なかりしか」という言葉を繰り返し自らに問うていったのです。

この「動機善なりや、私心なかりしか」ということも、人生方程式の中の「考え方」の一つです。自分の行動が本当に「利己」から発せられたものではないのか、誤った考え方に基づいていないかを点検するための問いなのです。その意味で、この項目は人生方程式の「考え方」を補完する大事な項目と言えるでしょう。

ここに出てくる「善」とは、単純に、良いこと、正直なこと、人を助けること、優しさ、思いやりのある心、美しいこと、さらに言えば、純粋な心という意味です。そういうものをすべて、善という言葉で表しているのです。

つまり、自問自答する場合に、おまえのその動機は、美しいことなのか、良いことなのか、人助けになることなのか、優しさがあるのか、人に対する思いやりの心があるのか、そして、その思いは純粋なのか、と聞いていくわけです。そう言えば、わかりやすいと思います。

純粋な心で人生を歩む

古代インドのサンスクリット語で「偉大な人物の行動の成功は、その行動の手段によるよりも、その人の心の純粋さによる」というある聖人の言葉が残されています。純粋な心とは言い換えれば、物ごとを行うときの動機が純粋であり、私心がないということと同じです。またそれは、人間として何が正しいのかということとも共通しています。

純粋な心を身につけることによって、私たちは間違いのない人生を歩んでいくことができます。純粋で私心のない心、すなわち人間として高い見識や見解を判断基準として物ごとを決め、人生を歩めば、その人の人生に大きな潤いとすばらしい結果をもたらすのです。

「偉大な人物の行動の成功は、その行動の手段によるよりも、その人の心の純粋さによる」とありますが、これは、純粋な心が成功には不可欠だということを意味しています。

企業経営の場合であれば、持っている技術、あるいは経営手法、経営計画、そのようなものが優れているから成功するのではなく、経営者の心の純粋さが成功をもたらすということになります。

インドには古代から『ヴェーダ』という聖典にまとめられたすばらしい哲学があります。また、ヨガという修行法もインドで生まれたものですが、このヨガの根本にあるのは「瞑想」です。瞑想を行うことによって、仏教で言う悟りの境地に近づいていくというものですが、インドでは三千年以上も前からそのような修行が行われていたわけです。

悟りの境地にはいろいろな段階があるそうですが、その究極とは、「宇宙の真理を瞬時に理解すること」なのだそうです。つまり、物事の道理はおろか、近代科学まですべてのものを貫く、この宇宙の根源なるすばらしい英知に至るというわけです。そうして悟りを開いた人は、森羅万象あらゆることに精通し、われわれが「神」と呼ぶレベルの英知までも持っていると言います。

そのように悟りを開いた人が書いたインドの聖典『ヴェーダ』に、先ほどの文言があるわけです。サンスクリット語を日本語に訳したものですから、「偉大な人物の行動の成功は、その行動の手段によるよりも、その人の心の純粋さによる」と、少々堅苦しい表現になっています。

つまり、このような手段、このような方法を取ったから成功したというのではなく、それを行おうとした人の心が純粋であったから成功したのだと、神の英知にまでたどり着いた人が今から三千年以上も前にインドの古代の聖典で述べているのです。

このようなことを考えれば、先ほどの項目、「動機善なりや、私心なかりしか」ということについても、さらに理解を深めることができるだろうと思います。この「動機善なりや」の「善」は、「純粋な心」と置き換えることができると先ほど言いました。すなわち、その動機は純粋な心から発せられたものであるか否か。このように自問自答し、心に一点の曇りもないのかどうか、自らの行いを確認しなければならないのです。

動機が善なることを人物評価の基準とした二宮尊徳

以前、内村鑑三が『代表的日本人』という著書の中で、二宮尊徳について述べている内容をお伝えしたことがあります。その本を読んで私は尊徳の生き方を知り、たいへん感銘を受けました。

尊徳は、特に高いレベルの学問を修めた人物ではありません。貧しい農家に生まれ、子供のころからたいへんな苦労を重ねた人で、のちに鍬一丁、鋤一丁で、朝は朝星、夕は夕星をいただきながら田に出て働き、貧しい農村を豊かな村に変えていきました。その実績を買われて、為政者らに尊敬の念を持って迎えられ、多くの村の改革を行ったすばらしい人物と評されています。尊徳は、農作業というものを一つの修行としてとらえ、自らの人生観を培っていきました。彼は、人を評価するのに、その人の動機が善であるかどうかを判断基準にしたと、『代表的日本人』には書いてあります。

尊徳は何の奇策も方便も使わずに、ただ懸命に努力に努力を重ね、真面目に仕事に取り組みました。彼は一点の曇りもない心で一生懸命努力をする者には「天地もこれがために力を貸してくれる」と信じていたのです。

動機の善なること、心が純粋であるということはたいへん大事であると、古《いにしえ》の人も言っています。私も、動機が善であり、私心がなければ、必ず成功すると確信しています。

小善は大悪に似たり

人間関係の基本は、愛情をもって接することにあります。しかし、それは盲目の愛であったり、溺愛《できあい》であってはなりません。

上司と部下の関係でも、信念もなく部下に迎合する上司は、一見愛情深いように見えますが、結果として部下をダメにしていきます。これを小善といいます。「小善は大悪に似たり」と言われますが、表面的な愛情は相手を不幸にします。逆に信念をもって厳しく指導する上司は、けむたいかもしれませんが、長い目で見れば部下を大きく成長させることになります。これが大善です。

真の愛情とは、どうあることが相手にとって本当に良いのかを厳しく見極めることなのです。

例えば、自分の子供がかわいいあまりに溺愛し、甘やかし放題に育てたところ、その子供が成長したあかつきにはロクでもない人間に育ってしまった、ということがあります。かわいいからといって子供を溺愛するという小善をなしたことが、結局当人にとって大悪をなしたことになったわけです。つまり、小善を行うことは、大悪を行うに等しいのだということを、この「小善は大悪に似たり」は意味します。

一方、「大善は非情に似たり」。これは、大善を行うことは、一見、薄情な行為に映るということを表しています。「人間、若いときの苦労は買ってでもせよ」と言ったり、「獅子《しし》はわが子を千尋《せんじん》の谷に突き落とし、そこから這い上がってきたものしか育てない」という喩えもありますが、周りから見ればむごいと思える行為も、それはその人を大きく育てるために必要な愛のムチなのです。まさに非情と思えるその行為こそが、大善なのです。

IBMの社是にヒントを得た小善と大善の意味

実を言いますと、この「小善と大善」の話は、最初から私が持っていた考えではありません。「京セラフィロソフィ」で、私は一貫して、利他の心、優しい心、思いやりの心、純粋な心、美しい心を持ちなさいと説いています。小学校の高学年のときに死の病と言われた結核にかかり、床に就いていたときに出合ったある宗教の本が、その後の私の人生観をつくっていったこともあるせいか、事業に対するチャレンジ精神、勇気を持つことと同時に、優しい心を持つように、私はずっと心がけてきたわけです。

ところが、いざ事業を始めてみると、どうしても社員に小言を言わなければならないし、ときには厳しく叱責しなければならないこともあります。場合によっては、「君は辞めてくれ」ということまで言わなければならない。社員に対しても優しくしなければと思っていたのが、事業を始めた途端、たちまち矛盾に直面したのです。

それは、まさに私のエゴではないかと思えたほどでした。つまり、経営者になった途端、自分の会社を良くせんがために、今まで自分が抱いてきた人生観に反するむごいことを従業員に要求し始めた、いよいよ自分は悪の本性を現した、と思えたわけです。このことで私は、非常に悩みました。

多くの経営者も、会社を経営される中で苦しみ、何か人生の支えになるものはないかと模索されていることと思います。その支えとなるものを求めて盛和塾にお入りになり、私の話を聞いて、その内容をご自分の人生のよりどころにして生きていこうとされている人もいるのでしょう。私も皆さんと同じように悩み、いろいろなことを試みたものでした。

会社で仁王様みたいに真っ赤になって部下を叱っている自分、その自分と、かねて心に思っていること、言っていることが矛盾している。その矛盾に、私は長い間悩まされていました。そのときに、ふと耳にした話に答えを得たのです。

ＩＢＭの社是には、「社員を大事にする」というものがあるそうです。確かに、アメリカの会社でありながら、ＩＢＭには日本と同じように長く勤める社員が多いと聞きます。

会社を変われば変わるほどビジネスマンとして箔《はく》がつく、と言われるアメリカにあって、ＩＢＭの社員は総じて勤続年数が長いと言います。

ＩＢＭの社是の説明に、次のようなたとえ話が出てくるそうです。

ある北国の湖の畔《ほとり》に、心優しい老人が住んでいました。湖には毎年、野ガモの群が飛んできて、冬を過ごします。優しい老人はいつとはなしに、湖に集まる野ガモたちに餌を与えるようになりました。野ガモは水辺に寄ってきては老人がくれる餌を喜んで食べていました。来る年も来る年も老人は餌をやり続け、野ガモもその老人からもらう餌を越冬の糧とするようになりました。

ある年もまた、野ガモの群がその湖にやってきました。いつものように餌をもらいに水辺に寄っていきますが、老人はいつまでたっても現れません。毎日、水辺に寄っていってはは待ち続けるのですが、やはり老人は現れません。老人は、すでに亡くなっていたのです。

その年、寒波が襲来し、湖が凍結してしまいました。老人が現れるのをひたすら待ち

――続け、自分たちで餌を捕ることを忘れてしまった野ガモたちは、やがて皆餓死してしまったのです。

そして、ＩＢＭではこのような社員の育て方はしません、と書かれているそうです。

本来、野ガモは厳しい自然界の中で生きている動物ですから、湖面が凍結しても自分で餌を探して生き延びていくものです。そういう逞しい野ガモを育てるという意味で、「社員を大事にする」とＩＢＭは言っているわけです。「少しも大事にしていないではないか」と一瞬思うかもしれませんが、「これが真の愛情なのだ」と、私はそのとき気がつきました。

それからいろいろな本を読んでみますと、仏教の教えに「小善は大悪に似たり」という言葉があるのを見つけ、「これだ！」と思ったのです。

優しい心で社員に接しなければと思いながら、一方ではそれに矛盾するかのように、烈火のごとく部下を叱りつける自分。なんと人間ができていないのだろうと悩むこともあったけれども、ただただ社員の言いなりになって優しさをふりまくだけでは、いずれ会社を駄目にしてしまう。真面目に働いてくれる社員もいるのに、この会社をつぶすような人がいれば、また、それを許してしまえば、大きな罪をなすことになる。ただ勇気がないばかりに、従業員の機嫌ばかり取って、会社全体を不幸にしてしまうということがあってはならない。叱るべきときは、心を鬼にして叱ろう。それは大善なのだ。そう自分に言い聞かせて、それからは矛盾に悩まされることなく事に当たってきました。長い間悩んでいた私を助けてくれた言葉こそ、この「小善は大悪に似たり」だったのです。

反省ある人生をおくる

自分自身を高めようとするなら、日々の判断や行為がはたして「人間として正しいものであるかどうか、驕り高ぶりがないかどうか」を常に謙虚に厳しく反省し、自らを戒めていかなければなりません。

本来の自分にたち返って、「そんな汚いことをするな」、「そんな卑怯な振る舞いはするな」と反省を繰り返していると、間違いをしなくなるのです。

忙しい日々をおくっている私たちは、つい自分を見失いがちですが、そうならないためにも、意識して反省をする習慣をつけなければなりません。そうすることによって、自分の欠点を直し、自らを高めることができるのです。

この項目は、人生の方程式について説明している第六節の中では、特に大事な項目と言っていいかもしれません。私は、常々「持っている哲学、思想、心のあり方、または理念、信念、あるいは人格というものが人生を決める」とお話ししています。

しかし、われわれ人間は肉体を持って生まれてきたために、自らの肉体を維持しなければなりません。毎日食事を取り水を飲み、睡眠を取らなければ、生きていけないのです。それ故に、人間はもともと己を守ろうとする心、すなわち利己的で欲望に満ちた心を持っているわけです。そう言ってしまえばたいへんダーティに聞こえますが、それは本来この肉体を維持していくために、神様が与えてくれた心なのです。

だから、何も手入れをしないでそのまま放っておけば、人間の心は必ず利己的で強欲なものに満ち満ちてしまいます。そこで、この項目にある「反省」ということがたいへん大事になってくるわけです。

反省を繰り返し、常に心を純粋にしていなければ、すばらしい考え方、すばらしい人格、すばらしい人間性、そういうものを維持していくことは不可能です。ましてや、人格を向上させることなどできるわけがありません。心を純粋にして、自分の行動を善の方向へ向けていくためにも、「反省」は欠かせないものなのです。

偉そうなことをお話ししていますけれども、この私とて、まだまだ不完全な人間なのです。すきあらば悪さをする、自分の欲望を満たそうとする、普通の人間です。ですから当然、間違いも犯します。逆に、それが私自身の人間くさい部分なのかもしれませんが、それでもやはり悪いことは悪いとし、常に反省を繰り返し、今より悪くならないように努力しようと思っています。

日々反省をするような人は、当然謙虚な人であるはずです。私は「謙のみ福を受く」という中国の古い言葉を引用することがありますが、謙虚な人だけが幸福になれるのです。謙虚な姿勢がなければ、ラッキーを呼び込めません。ですから、どんなに立派なことを成し遂げようとも、決して傲慢になってはいけないのです。このようなことからも、自ら反省を繰り返す人生を送らなければなりません。

「神様、ごめん」「神様、ありがとう」

私は若いころから、毎朝洗面をするときに反省を行ってきました。最近では、朝だけでなく、一杯飲んで帰った夜、寝ようとするときにも反省しています。

私の反省とは、「神様、ごめん」と口に出して言うことです。ちょっと威張ったようなことや調子のいいことを言った日など、家に帰ると、またホテルでも部屋に戻れば、「神様、ごめん」とすぐに口をついて出てしまうのです。

また、それは、「神様、ありがとう」という言葉であることもあります。これは、「先ほどの態度はごめんなさい。どうか私を許してください。それから、私に悪いことをしたと気づかせてくれてありがとうございます」という気持ちです。これを大きな声で言うものですから、人が聞いたら気がふれたのではないかと思うことでしょう。恥ずかしいものですから、その言葉が出るときには、なるべく自分の部屋など、一人になれる場所にいるようにしています。

この言葉が、私を戒め、反省させるものになっています。

反省のある日々が人生方程式を完結させる

先にも述べましたが、アメリカの戦略国際問題研究所におられる元ＮＡＴＯ大使のアブシャイア氏が、私の著書である『新しい日本　新しい経営』の英訳版を読まれて、リーダーとはどうあるべきか、ということを共に話し合いたい、と言ってこられました。

一九九九年、その会合がワシントンで開かれ、私もそのシンポジウムのスポンサーとなり、昼食時にスピーチを行いました。そこで私は、「反省」ということに関連して、次のような話をしました。

多くの方は、「われわれは、立派な人格を持った人をリーダーに選ぶべきだ」と、異口同音に言われます。しかし忘れてはならないのは、「人格は変化する」ということです。たとえ、立派な人格の持ち主をリーダーに選んでも、その人が権力の座に就いた後、しだいに人格が変わっていってしまい、われわれが望んだような政治をしてくれなくなった、また、悪事を働くようになった、というケースはいくらでもあります。

一方、若いころには悪事に手を染め、人間的にもいかがなものかと思われたような人物が、晩年は人が変わったように、すばらしい人格者になったという例もあります。

つまり、リーダーに立派な人格者を選ぶことは大切ですが、人格は変化するということを前提に置くべきなのです。立派な人格を維持するために、謙虚で、反省のある毎日を送っているかいないか、これがポイントになります。

この私のスピーチを聞いて、アメリカを代表する多くの政官財の方々が「すばらしい話を聞かせてくれた」と言ってくださいました。

人生の方程式を実践するためにも、また、身につけた立派な考え方を維持し、さらに向上させていくためにも、「反省」は欠かせないものです。立派な考え方を持つために努力することも大事ですが、それを維持するための心の手入れも決して怠ってはいけません。毎日心の手入れをし、磨き、さらに立派なものにするために、反省のある毎日を送る。これが人生の方程式を完結させるのです。

第2章
経営のこころ

心をベースとして経営する

京セラは資金も信用も実績もない小さな町工場から出発しました。頼れるものはなけなしの技術と二十八人の信じ合える仲間だけでした。

会社の発展のために一人一人が精一杯努力する、経営者も命をかけてみんなの信頼にこたえる、働く仲間のそのような心を信じ、私利私欲のためではない、社員のみんなが本当にこの会社で働いて良かったと思う、すばらしい会社でありたいと考えてやってきたのが京セラの経営です。

人の心はうつろいやすく変わりやすいものと言われますが、また同時にこれほど強固なものもないのです。その強い心のつながりをベースにしてきたからこそ、今日までの京セラの発展があるのです。


京セラという会社は三百万円の資本金を出していただき、そのお金を出していただいた方々の信用で銀行から一千万円を借りて、合計千三百万円のお金をもとに始まりました。

京セラは、一九九八年の三月決算で連結ベースで約七千億円の売上を上げており、従業員は国内約一万五千人、海外約二万一千人で計三万六千人の会社になっています。また、第二電電（現・ＫＤＤＩ）も、一兆二千億円の売上を上げる企業になっていますから、京セラと第二電電を合計すると一兆九千億円という売上になるわけです。

しかし、創業当時、何も頼りになるものがありませんでした。私自身も、経営そのものがわかっていません。そのために毎日、何を頼りにして生きていこうか、どうやって仕事をしていこうかと、不安でたまりませんでした。お金もないし、私の技術もまだ頼りないと悩んでいるときに考えついたのが、「頼りになるものは人の心だ、これしかない」ということだったのです。つまり、たった二十八人しかいない従業員だけれども、その二十八人が本当に心を一つにして働いてくれるということ以外に自分には頼れるものはないのだ、と思ったわけです。

一人一人の思いが違ったり、不平不満があったりするようではどうにもならない。本当に心が一つになった信じ合える仲間、信じ合える心を持った集団をつくる以外に会社を発展させる道はない。そのような集団であれば、どんな苦労にも耐えられるだろう。

そう考えて、京セラをみんなが本当に信じ合える、本当の親子・兄弟のような、何でも遠慮なく言えてお互いに理解し合える、心で結ばれた集団にしよう、と心血を注いで従業員と話をしました。

●公明正大に利益を追求する

会社は利益を上げなければ成り立ちません。利益を上げることは恥ずべきことでもなければ、人の道に反したことでもありません。

自由市場において、競争の結果で決まる価格は正しい価格であり、その価格で堂々と商いをして得られる利益は正しい利益です。厳しい価格競争のなかで合理化を進め、付加価値を高めていく努力が利益の増加を生むのです。

お客様の求めに応じて営々と努力を積み上げることをせずに、投機や不正で暴利を貪《むさぼ》り、一攫《いっかく》千金を夢見るような経営がまかり通る世の中ですが、公明正大に事業を行い、正しい利益を追求し、社会に貢献していくのが京セラの経営です。

投機や不正で暴利を貪ったり、一攫千金を夢見るような経営がまかり通っているこの世の中ですけれども、京セラでは公明正大に、事業を通じて正しい利益を追求していく、とうたっています。

また、「自由市場において、競争の結果で決まる価格は正しい価格」とあります。中小零細企業を経営していると、自分たちだけが独占でやっている事業というのは、まずありません。必ずと言っていいくらい、厳しい競争があり、その中で値段が決まります。

厳しい競争の中で値段が決まるということは、そんなにもうかると言えるほど利益を上乗せできるわけがないということです。もちろん、独占企業であるとか、いわゆる政府の保護などがあって、特別な利益を得られるような事業もありますが、自由市場のもとで厳しい競争をしている中小零細企業の場合には、不当な利益を得ることはまず無理です。たとえぼろもうけができるような事業があったとしても、必ず、すぐに競合相手が出てきて値段は下がっていきます。自由競争の中で価格が決まるのですから、そうやみくもにもうかるような商売があるわけがないのです。つまり、リーズナブルで（道理に合った）、適正な利益しか得られないようになっているわけです。その適正な利益をコツコツと努力して、少しずつ積み上げていった結果が、企業の利益というものなのです。

そうして努力をして積み上げてきた利益は、正々堂々と得た公明正大なものです。バブルに踊り一攫千金を夢見たり、また不正なことをしてもうけたお金は、正しい利益とは言えません。わずかずつの商いで稼いだお金を積み上げていく、それこそが立派な利益なのだということを、ここでは言っているのです。

●原理原則にしたがう

京セラでは創業の当初から、すべてのことを原理原則にしたがって判断してきました。会社の経営というものは、筋の通った、道理にあう、世間一般の道徳に反しないものでなければ決してうまくいかず、長続きしないはずです。

われわれは、いわゆる経営の常識というものに頼ることはしません。「たいていの会社ではこうだから」という常識に頼って安易な判断をしてはなりません。組織にしても、財務にしても、利益の配分にしても、本来どうあるべきなのか、も

のの本質に基づいて判断していれば、外国においても、また、いまだかつて遭遇したことのない新しい経済状況にあっても、判断を誤ることはありません。

この中に「いまだかつて遭遇したことのない新しい経済状況」とありますが、バブル崩壊など、いまだかつて遭遇したことのないような環境に置かれても、判断を誤ってはいけません。経営者は、世間一般の道徳に反することなく、人間として何が正しいのかという判断基準で物事を判断していかなければならないのです。

つまり、どんな時代になろうとも、「人間として正しいものは何なのか」ということを基準として判断をしなければならない、それを私は「原理原則にしたがって判断する」と言っているわけです。

そして、この京セラフィロソフィそのものが原理原則であるからこそ、判断基準たり得るのです。

●お客様第一主義を貫く

京セラは部品メーカーとして創業しましたが、当初から私たちは下請けの立場ではなく、自主独立の会社でした。

自主独立とは、お客様が望まれるような価値をもった製品を次々と生み出していくということです。ですからその分野においてはお客様より進んだ技術をもつ必要があります。進んだ技術で、納期・品質・価格・新製品開発等のすべてにわたってお客様の満足を得なければなりません。

お客様のニーズに対して、今までの概念をくつがえして、徹底的にチャレンジしていくという姿勢が要求されます。お客様に喜んでいただくことは商いの基本であり、そうでなければ利益を上げ続けることはできません。

お客様に喜んでいただくことが商いの基本であるということを、私は「お客様第一主義」と言ってきました。

京セラが技術開発を怠らないのも、どんなに無理な納期でも、たとえ夜中であろうと製品をお客様に届けに行ったのも、常にお客様に喜んでいただきたいがためです。また、お客様からの厳しい値下げ要求に耐えてきたのも、「お客様に喜んでいただきたい」という一念があったからです。

つまり私は、どんなことをしてでもお客様に喜んでいただくということこそが商いの基本で、そうでなければ利益を上げ続けることはできないと思っているのです。

京セラは一九九九年に創立四十周年を迎えましたが、会社をつくってから四十年の間、ただの一度も赤字経営になったことはありません。四十年間連続して黒字であり、右肩上がりの成長を続けています。

それは、今言いましたように、常にお客様優先で、お客様に喜んでいただくことに全社を挙げて努力してきた結果であろうと思っています。

●大家族主義で経営する

私たちは、人の喜びを自分の喜びとして感じ、苦楽を共にできる家族のような信頼関係を大切にしてきました。これが京セラの社員どうしのつながりの原点といえます。

この家族のような関係は、お互いに感謝しあうという気持ち、お互いを思いやるという気持ちとなって、これが信じあえる仲間をつくり、仕事をしていく基盤となりました。家族のような関係ですから、仲間が仕事で困っているときには、理屈抜きで助けあえますし、プライベートなことでも親身になって話しあえます。

人の心をベースとした経営は、とりもなおさず家族のような関係を大切にする経営でもあるのです。

これは先の「心をベースとして経営する」という項目と一対になっています。

創業当時、どのように経営をしていけばいいのだろうかと、私自身たいへん迷っていました。頼れるものは何もない上、私の持っていた技術も大したことはありませんでした。

会社にあるお金は、支援してくださる方々に出していただいた三百万円の資本金と、その方たちの口添えで銀行から借りた一千万円だけです。

しかし、私としては何かにすがらざるを得ません。そのときに、全従業員の心を束ね、その心を頼りにしていくしかないと思ったのです。

ただ、「心」と言っても漠然としていて不安なものですから、心が一番固く結びついているものは何かと考えてみたところ、それは家族の絆《きずな》だと思いつきました。たとえ利害が相反しようと、助け合っていけるのが親子であり、兄弟です。そこで、会社を「大家族主義で経営する」とうたったわけです。

しかし、本来会社というのは家族とはまったく違うものです。経営者の場合、会社に対する責任は有限であって、無限ではありません。ところが家族に対する責任というのは、無限に近いものです。それでも、私は不安でたまらなかったものですから、「わが社は大家族主義で経営をするのだ」と言ったわけです。

これは、私が本当に経営に対して悩み、気弱になり、その中で何かにすがろうとしたことの結果です。会社経営に対する自信がなかったものですから、その弱さをこういう取り組み方でカバーしようと思ったわけです。しかし、今になってみると、これは非常に良かったと思います。中小零細企業であればあるほど、このような思想で経営するべきだと思います。

この項目は、そのように経営者と従業員、資本家と労働者という対立関係ではなくて、あたかも親子のような、兄弟のような、そういう人間関係で会社を経営していこう、互いに心から助け合っていこうと言ったものです。

ただし、そういう大家族主義でいくと、今度は親子や兄弟のように「甘え」が出てきます。兄弟ではないか、親子ではないか、ちょっとくらい失敗があってもいいではないか、といった甘えです。親身になって助け合うような関係でなければならないのではないか、プライベートなことでも話し合えるようでなければいけないのではないかと言っているわけですが、一歩間違うと、これは、お互いに助け合うことにとどまらず、甘えの経営に陥りかねません。そうすると、効率的な経営から逸脱していく可能性がありますから、次に「実力主義に徹する」という項目を挙げたのです。つまり、大家族主義が甘えの構造に堕してしまったのでは困る、ということです。

実力主義に徹する

組織を運営していく上で最も重要なことは、それぞれの組織の長に本当に力のある人がついているかどうかということです。

本当に力のある人とは、職務遂行の能力とともに、人間として尊敬され、信頼され、みんなのために自分の力を発揮しようとする人です。こうした人が組織の長として場や機会を与えられ、その力を十分に発揮できるような組織風土でなければなりません。こうした実力主義によって組織の運営が行われれば、その組織は強化され、ひいてはみんなのためになっていきます。

京セラでは年功や経歴といったものではなく、その人がもっている真の実力がすべてを測る基準となっているのです。


大家族主義だからといって、能力がないにもかかわらず、年を取っているから、あるいは社歴が古いからといって、そういう人を長に据えるようなことは慎まなければなりません。そのようなことを行うと組織運営がうまくいかなくなって、会社が駄目になってしまい、結局は、喩《たと》えれば家族全部を不幸にしてしまうということを、ここでは言っているわけです。

大家族主義であっても、立派に仕事を遂行していける能力を持ち、同時に人間としても尊敬でき、信頼できる人を組織の長に置かなければなりません。そういう実力を持った人が皆を引っ張ってくれ、事業を成功に導いてくれるということが、すなわち全従業員の物心両面の幸福を追求するということになるのです。

もし、能力のない人を、単に家族だから、一番年長だからというだけで組織の長に置き、会社が駄目になってしまったのでは、その不幸を従業員全員で背負うことになってしまいます。

京セラではそういう甘えの経営はしません。そのことを強調したいがために、この「実力主義に徹する」という項目を挙げたのです。

●パートナーシップを重視する

京セラでは創業以来、心の通じあえる、信頼できる仲間づくりを目指し、これをベースに仕事をしてきました。したがって社員どうしは、経営者と従業員という縦の関係ではなく、一つの目的に向かって行動を共にし、自らの夢を実現していく同志の関係、つまりパートナーシップという横の関係が基本となっているのです。

一般にありがちな権力や権威に基づく上下関係ではなく、志を同じくした仲間が心を一つにして会社を運営してきたことにより今日の発展があるのです。

これはパートナーとしてお互いを理解しあい、信頼しあえる人間同士の結びつきとなったからこそ可能であったのです。

この「パートナーシップを重視する」という項目も、先の「心をベースとして経営する」「大家族主義で経営する」と同じように、創業当時、私が経営に対して自信がなかったときにつくったものです。

経営者と従業員、資本家と労働者、あるいは権力者とそれに従う者という上下関係で経営をしていくと、どうしても上意下達になり、上が命令し、下に従わせるということになってしまいます。そうすると、もし上の指示が間違いであった場合には、組織全体が間違ってしまう恐れがあります。

創業当時の私には、下に命令をするだけの自信もありませんでした。そういう上下関係になるとどうしても下からの反発が起こってしまうからです。

私は二代目、三代目の経営者の方々によく次のようなことを言います。

代々続いている会社を守っていくということは、従業員から見た場合、何々家、例えば稲盛家を守っていくために経営をしているのだと映るのです。すると、稲盛家の財産を守っていく、もしくは稲盛家の財産をさらに増やすために、自分たちは働かされているのではないかと思ってしまう従業員が必ず出てきます。そういう人は、「どうせ世襲制だから自分は社長になれるわけでもない。一生懸命がんばっても、しょせんは社長の財産が増えるだけじゃないか」と開き直って斜に構えてしまうのです。そういう雰囲気では、会社は、決して大きくなりません。

ですから私は、「パートナーシップを大切にして、同志として対等に仕事をしましょう」と言ったわけです。そして、全従業員に会社の株を持ってもらい、「皆さんは、この会社の株主です。株主として、また経営を行うパートナーとして、一緒に力を合わせてがんばってください」と言い続けました。

「おまえもパートナーではないか」と言えば、従業員に対する動機づけがしやすくなります。その人ががんばったものは、株主であるその人に返っていくわけですから、従業員を動かそうと思えば非常に便利な方法であるわけです。

ただし、それは私が創業者だからできたのであって、二代目、三代目の経営者の方々はそれをしてはいけません。株を持たせるということは、その従業員が会社を辞めた場合、その株がとんでもない人の手に渡る危険性があるからです。株というのは諸刃《もろは》の剣で、いい人が持ってくれた場合には非常にありがたいのですが、ひとたび悪い人の手に渡ったらたいへんなことになってしまいます。だから私の場合にも、「いとも簡単に従業員に株を渡すようなことはするべきではない」と周囲の人から注意されました。

しかし私は、信じ合える仲間として従業員と共に経営をしていくのだと心に決めていました。たとえ裏切られてもいい、私が皆を信じれば、必ず皆もそれに応えてくれるはずだと思い、あえて株を配ったのです。幸い、これまで災難には遭っておりませんが、本来これは非常に危険なことなのです。

京セラの場合、私は「世襲制にはしない」と明言しており、事実、世襲制を採っていません。株も従業員に持ってもらっていますが、信頼する仲間ですから、それでいいのです。

しかし、盛和塾の塾生をはじめとする中小企業の経営者の方々の場合には、大半が世襲制の会社です。そのような場合は、堂々と次のように言うのです。

「当社は世襲制です。皆さんががんばって会社が大きくなれば、私の資産が増えるのは事実です。ですが、私は自分の財産を大きくすることだけを考えているのではありません。がんばってくれた従業員には、それ相応に報いていくつもりです。本当に一生懸命がんばってくれた人には、わが社が大きくなると同時に、がんばってくれた皆さんもより幸せになっていくようにボーナスをはじめとしていろんな形で還元していこうと思っています。だから私を信じて一緒にがんばってください」

そういうふうに、従業員を引っ張っていく以外に方法はありません。

私の場合は創業者ですから、「世襲制にはしません。株も従業員に持たせます」と言っています。ただし、二代目社長がそれをそのまま真似をしてしまえば、とんでもないことになってしまいかねないのです。だから、世襲制を採っている会社では、従業員に株を持ってもらう必要は特にないと思っています。

ただ、従業員に対し、誠実さを持って、「自分は個人の利益のためだけではなく、皆の幸福のためにも努力を惜しまない」ということを説いていくのです。そうして彼らを引っ張っていく以外に、会社を伸ばしていく方法はありません。

全員参加で経営する

京セラでは、アメーバ組織を経営の単位としています。各アメーバは自主独立で経営されており、そこでは誰もが自分の意見を言い、経営を考え、それに参画することができます。一握りの人だけで経営が行われるのではなく、全員が参加するというところにその神髄があるのです。この経営への参加を通じて一人一人の自己実現が図られ、全員の力が一つの方向にそろったときに集団としての目標達成へとつながっていきます。

全員参加の精神は、私たちが日頃のひらかれた人間関係や仲間意識、家族意識をつちかう場として、仕事と同じように大切にしてきた会社行事やコンパなどにも受けつがれています。

すべての従業員に経営への参加を求める

このように、京セラでは全員参加で経営をするということをたいへん大事にしてきました。普通の企業では、トップに社長がいて、重役たちがいて、各組織に部長や課長がいるというピラミッド型になっています。そして、上のほうから下のほうへ命令を下して仕事をするのが一般的です。しかし私は、二十八人しかいなかった従業員みんなと経営をしようと思いました。

それは、私自身にそれまで経営の経験がなかったものですから、一人で経営することに対して不安があり、自信がなかったのです。また、リーダーとしてみんなを指導し、引っ張っていくことにも自信がありませんでした。そういう不安が重なって、「みんなで経営をしよう」「みんなと一緒に考えよう」ということになったわけで、たいへん弱々しいリーダーであり、決して立派な動機があったわけではありません。

普通、上から命令された場合、「命令されたから、仕事をする」というふうになってしまいます。命令された人は自分の意思を働かせ、また問題意識を持って仕事を遂行しようという気持ちからではなく、上から言われたから仕方なくということになりがちです。つまり、その人の行動は無目的であり、無意識的であるわけです。自分の意思で、意識的に命令されたことを実行しようとしているのではなく、ただ上司に「言われたから」というだけの理由で、無目的で無意識的な行動をしているにすぎません。ということは、「言われた程度のことをすればいい、言われたことを最小限度で実行すればいい、怒られない程度に実行すればいい」というように、非常に消極的な行動にしかなりません。

それに比べて、自分から参加する場合は、気の持ちようが違います。あくまでも一般の従業員なのですが、「君も私と一緒になって会社の経営を考えてくれ。私一人で経営をやっていくのは不安だから、君の知恵も貸してくれ」と言って経営への参加を求めた場合ですと、「社長は私をそんなに買ってくれているのか」となって、「それならば、自分もこの会社がうまくいくために一生懸命に考えよう」となります。

そのようにして、「考えてやろう」と思った瞬間から、積極性が出てきます。上司に命令されて、嫌々ながら最小限度のことをすればいいという消極的な姿勢とは違って、命令されなくても積極的に自ら経営に参画し、自分の考えを少しでも成功させようという姿勢が表に出てきます。

つまり、積極的に関与すると同時に、その人が経営そのものに対して責任感を持ち始める、ということなのです。「社長が私に相談する。私は頼られている、何とかしてあげなければいけない」という、使命感が芽生えるという効果も生むのです。

従業員一人一人が「有意注意」となることが大切

先にもお話ししたことですが、私は、「有意注意」という言葉をよく使います。その意味は、意識的に意を注ぐということです。

例えば、音がしてそちらをパッと振り向く、これは「無意注意」と言います。それは、何も意識しないで、音がしたので驚いて反射的に振り向いただけのことです。

これは中村天風さんの言葉の受け売りですが、天風さんは「生きていくには、常に意識して物事をしなさい。無意識にしてはいけない」と仰《おつしや》っています。このことは、経営の場合にも非常に大事なことで、どんなささいなことでも意識を集中して物事を考える、自分で意識をそちらに向ける、つまり「意を注ぎなさい」ということなのです。

「これはささいなことだから部下に任せよう、これは大きなテーマだから自分で考えよう」ということをしていたのでは、「いざ鎌倉」というとき、つまりたいへん大事なことを自分の判断で決めなければいけないときに、普段からの「有意注意」の習慣がないものだから、考えることも、決めることもできない。そのために失敗する例がよくある。したがって、天風さんは、「人生においてはどんなささいなことでも全神経を集中して物事を考えることを習慣にしなさい」と仰っているのです。

全員参加の経営の場合、経営者が「自分は経営というものに対して自信がない。だから、みんなに協力してほしい。そして、みんな一緒に経営しよう」と言い、みんながそれに共鳴し、「それなら私もお手伝いしましょう、考えましょう」と言ってくれた瞬間に、従業員一人一人が経営に対して意を注ぐ、「有意注意」になってくるわけです。

京セラでは、すべての催しに「全員参加」を鉄則とした

このように、「自分は頼られているのだから、社長と一緒になって考えよう」という状態に持っていくことを大切にして、京セラという会社を経営してきました。そして、何とか従業員みんなが参加できるような場をつくろうと、コンパをする、運動会をする、社員旅行をする、慰労会をするといったような懇親の場づくりに気を配ってきました。

ところが、そのような催しをすると、必ずと言っていいほど「若い連中と一緒になってドンチャン騒ぎをするのは面白くない」というような人が出てきます。しかし私は、「どのような催しであれ、全員参加でなければ意味がない、ただの遊びで集まってくれと言っているのではなく、一緒にそういう雰囲気を味わうことが大事なのだ」と言って、すべて

の催しは「全員参加」を鉄則としました。

普通の企業だと、会社行事を催しても「誰それは所用があって不参加です」ということがよくありますが、小さな会社であればあるほど、全員参加ということが必要なのです。全員が参加することで、みんなが「自分は頼られている」と思うことが大事なのです。

労働者と経営者の考え方のベースが同じになれば労使紛争は起きない

京セラを設立したのは一九五九年です。その四年ほど前、一九五五年は保守合同という、いわゆる戦後日本の五五年体制ができた年です。また、神武景気が始まり、高度経済成長の緒に就いた時代でもあります。同時に、総評（日本労働組合総評議会）を中心とする労働組合運動も活発になりました。その後、一九六〇年には「六〇年安保」と言われる安保騒動が起こり、学生運動が嵐のように吹き荒れました。そのような社会の動きは、われわれ民間企業にも大きな影響を及ぼして、過激な労働組合活動を引き起こしました。

そのようなときには、必ずと言っていいほど労使間の紛争が起きます。それも、単なる経済闘争だけではなく、社会的な世相を反映して労使間がもめるのです。どこの会社にもひねくれたり、過激な左翼系の思想にまみれたりして、経営者の苦労を理解しないで労働者としての自分の権利だけを要求する従業員がいます。

そのような従業員たちを説得するというのは至難の業《わざ》です。その話し合いを解決するためには、経営者側は労働者の苦労をよく理解し、労働者側も経営者の苦労をよく理解することが大切です。お互いに相手の苦しみを理解し合う、つまり考える土俵が同じであれば、話し合いはできるということに私は気づきました。

「全員参加」というのは、実は考えるベースを同じにするということなのです。労使間で理解し合えないのは、経営者が住んでいる世界と、労働者が住んでいる世界が違い過ぎるからにほかなりません。お互い、自分たちのことだけを考え、主張するからいつまでも対立の状態が続くのです。

働く側が、「給与を上げてくれ、ボーナスはこれだけ欲しい」と要求する場合、もし自分が経営者という支払う側に立ったとして、その要求はどうなのだろうと考えると、その要求がいかに奇想天外、荒唐無稽で、この不景気のときにとても要求できるような金額でないことにハッと気がつくはずです。

私が京セラを創業して以来ずっと考えてきたのは、すばらしい企業というのは、労働者と経営者の意識のレベル、経営のレベルなど、すべてのレベルが同じように高くなっているのではないか、ということです。そういう企業が一番強いのだと思います。

京セラでは、すべてのことを従業員に開示しています。従業員みんなに経営へ参画してもらうために、秘密を持たないようにしているわけです。

従業員のレベルが、知識にしろ経営力にしろ、すべてにおいて経営者と同じくらいのレベルに向上していれば、労使紛争は起きません。従業員と経営者との間に意識の差があればあるほど労使紛争は起きる、ということを私は何度も経験してきました。

この「全員参加」というのは、非常にプリミティブで幼稚な考え方で始まったように見えますが、その意味するところは、たいへん深く重大なものがあったと思います。

●ベクトルを合わせる

人間にはそれぞれさまざまな考え方があります。もし社員一人一人がバラバラな考え方に従って行動したらどうなるでしょうか。

それぞれの人の力の方向（ベクトル）がそろわなければ力は分散してしまい、会社全体としての力とはなりません。このことは、野球やサッカーなどの団体競技を見ればよくわかります。全員が勝利に向かって心を一つにしているチームと、各人が「個人タイトル」という目標にしか向いていないチームとでは、力の差は歴然としています。

全員の力が同じ方向に結集したとき、何倍もの力となって驚くような成果を生み出します。一＋一が五にも十にもなるのです。

ベクトルが合うまでとことん従業員と話し込む

これは先ほどの「全員参加で経営する」ということとまったく同じです。

みんなが、嫌々経営に参加するのでは困るわけで、ベクトル（力の方向）を合わせるということ、経営において一番大事な要素、つまりそれは「考え方」であり、会社としてはまず、社員全員の「考え方」を合わせるということ、また「進むべき方向」を合わせるということが大切です。

つまり、全員で経営に参加し、会社の進むべき方向、目標を全員が同じように認識していることが大事なわけです。

人間、顔がみんな違うように、考え方もみんな違います。そのように違った個性、考え方を持った人たちが集まって一つの会社を形作り、経営していくわけですから、「京セラはこういう考え方で経営し、こういう方向を目指していきます」ということを従業員に訴え、その方針に同調してもらうこと、それが私にとって一番難しいことでした。私は機会があるたびに、従業員に対して「うちの会社は、こういう方向に向かって、こんなやり方をしようと考えているのだ。いいか、よくわかってくれ」「人間として、こういう考え方をすべきだと思う」というようなことを語りかけました。

目を生き生きさせて、「そうだ」とうなずいてくれる従業員がいるかと思えば、「何を言っているのだ」という顔をする従業員もいました。例えば、十人を集めて話した場合、横を向いている従業員が三人もいれば、私はその三人が「社長、あなたの言うとおりだ」と相づちを打ってくれるまで、必死で話しかけました。

なかなかわかってくれない従業員に限って、「そんなことは最初からわかっていますよ」というような顔をします。自分の意見、考えと食い違い過ぎるものだから、私の話なんか聞きたくないわけです。ところが、私の言っていることに共鳴してくれる人にとっては、ただ相づちを打つだけでなく、私の話は非常に心地よく聞こえて何時間でも聞けるわけです。

私の考えをわかってくれない人にどこまでわかってもらえるようにするか、そのことに私は多くの時間を割きました。そういうことに一時間を割くとしたら、本当なら仕事をしてもらったほうが得というふうに考える経営者が多いのですが、私は一時間でも二時間でも、わかってくれない従業員が考えを変えるまで話を続けました。

極端な例になりますが、そこまで話してもわかってもらえない人には「もういい。辞めてください」と言いました。すると、言われた従業員はたいへんな剣幕で「何で私が辞めなきゃならないのですか！」と食ってかかってきます。

そこで私は、「君もつらいだろう。しかし、話している私のほうもつらいのだ。どっちもつらいのだから、君の考えに合う会社に行ったらどうだ。日本は自由と民主主義の国で、職業を選ぶ自由もある。何も嫌な会社にいなくても、いいだろう。うちの会社しかないという社会情勢なら仕方ないが、会社は他にもたくさんある」というようなことを言いました。

今のように会社が大きくなってからそのようなことを言うと問題になるでしょうが、京セラが中小企業だった当時の状況を考えると、他に行くところはたくさんあり、何も無理して京セラにいる必要はありませんでした。だから私は、いくら頭が良くて優秀な人でも、ベクトルの合わない人には辞めてもらうことにしたのです。

つまり、少ない集団の中に、たとえ一人でもベクトルの合わない人がいると、他の人は

「ああ、無理にベクトルを合わせなくてもいいのだな。それでも、会社にいられるのだ」となってしまいますから、私は従業員のベクトルを合わせることに、非常に注意を払ってきました。

独創性を重んじる

京セラは、創業の時から独創性を重んじ、人の模倣ではなく、独自の技術で勝負してきました。他社ができないといったものを喜んで受注し、全員が必死の努力でこれをつくり上げ、結果として独自の技術を次々に確立・蓄積してきたのです。

大河内記念生産特賞や科学技術庁長官賞を受賞し、京セラが大きく飛躍するきっかけとなったマルチレイヤーパッケージの開発は、まさにこのことを実証しています。

何としてもやり遂げなければという強い使命感をもち、毎日毎日創意工夫を重ねていく、その一歩一歩の積み重ねが、やがてすばらしい創造へとつながっていくのです。

「約束」を「現実」にしていく過程で、独創性は生まれた

京セラは、創業のときから独創性を重んじて、人の模倣ではなく独自の技術で勝負をしてきました。他社が「できない」と言ったものを喜んで受注してきました。と言うと、すばらしい技術力を持っていた会社のように思われるかもしれませんが、実態はそうではありませんでした。

私が最初に手がけたのは、松下電子工業（現・パナソニック）向けのブラウン管用絶縁部品でした。ですから、新しく売り込みに行く先は、セラミックスという新しい材料を絶縁部品として使う可能性のある東芝、日立、ＮＥＣといったエレクトロニクス・メーカーになります。ところが当時の京セラが持っていた技術は、ブラウン管の絶縁材料という一種類の商品にまつわるものしかありません。しかも、松下電子工業との関係もあって他社へそれを売るわけにはいきません。

そこで、「当社はこういうセラミックスの技術を持っていますが、何かお手伝いできることはないでしょうか」と言いながら、東芝や日立の研究所にアプローチしました。する

と相手の技術者は、「私のところは、こういうメーカーに頼んでいます」と言って、先発のセラミック・メーカーにお願いしているような普通の製品の相談はまったくしてくれません。そして、「あなたのところがセラミックスの技術を持っているのなら、こういったものはつくれますか」と言って出してくれるものは、先発の大手セラミック・メーカーでもできなかったものなのです。

普通はすでに他のメーカーに発注している仕事を、新しく売り込みに来た者に「これを頼む」とは言いません。したがって、そういう会社からの話は必ず難しい製品の相談になるのです。ところが、「それは当社では、つくったことがありません」と言えば、それでその会社とのつながりは切れてしまいます。そこで、本当はブラウン管の絶縁材料しか扱ったことがないのに、できそうなふりをして「いや……、難しそうですができると思います」と言わざるを得ません。そう言わないと、相手がそれ以上の関心を示してくれないものですから、首をかしげて考えているようなふりをして「何とかやってみましょう」と答えてしまうのです。しかし、できると言ったのはまったくのうそなのです。

そして、それをうそのままにしてしまったのでは、もう二度とその会社に顔を出すことはできません。うそをつく人が自分から世間を狭めるように、当社も必ず結果を出さないと、新しい仕事は受注できなくなってしまいます。

ですから、うそを言って無理やり注文をもらってくる。そうすると、後がたいへんです。なぜなら、そのうそ（虚）を本当（実）にしなければならないからです。しかし、実はこのうそが独創性につながっていったのです。

先ほど、「全員参加で経営する」と言いました。そのとおり、私は会社に帰るなり早速全従業員を集めて、「〇〇社の研究所で、今度こういう新しい製品をつくるそうです。その製品はたいへん有望で、将来、大量生産の可能性があります。その部品を当社でつくることに成功すれば大量の注文を出そうと言ってくれ、非常に期待をされています。しかし、当社には君たちも知っているように、技術もなければ設備もない。だけど私はなんとしてでもつくりたい、この仕事を成功させたい」と説明しました。事実、技術もなければ設備もないことを従業員は知っていますから、説明を受けてただびっくりするだけです。

そういう説明をすると、「設備もないのに、できるわけがないでしょう」と誰かが言い出します。そうして従業員とのやりとりが始まるわけです。

「設備がないからできないでは困る。設備は今から導入する。立派な設備は買えないけれど、中古の機械を買ってくるなどして、なんとしても注文のもらえる製品をつくるのだ」

「しかし、今から中古の機械を探しに行っても期限に間に合うかどうかわかりません。そんなことをするのだったら、設備投資をして、かねてから設備を整えておかないと、新しい製品の試作なんて簡単にはできません」

「何を言ってるんだ、君。これを本当の『泥縄式』と言うんだ」

「泥縄式」というのは、泥棒を捕まえてから泥棒を縛るための縄をなうということです。しかし、泥棒を捕まえる前に縄をなっていたのでは、コストばかりかかって、在庫になってしまう可能性もあります。だから、泥棒を捕まえてから縄をなうのが、一番経済効率がいいのだというような屁《へ》理屈を言いながら、「京セラはこれからも泥縄式でいく」と私は宣言しました。

「注文をもらう前から設備を準備する、というのは誰にでもできる。そんな無駄な設備投資をするから、会社がうまくいかないのだ。京セラは、泥縄式のように注文をもらってから設備を入れる」と言ったわけです。

その考え方は後に、「必要なときに必要なだけ購入する」「無駄な在庫は持たない」などという、アメーバ経営の原点につながっていきました。

「独創性を重んじる」と言うと、何か高級な、高尚なことのようですが、そもそもの始まりは弱々しいリーダー、弱々しい経営者だった私が考え出したものだったのです。つまり、注文をもらえるだけの技術もない、設備もない企業の経営者が、百人ほどに増えた従業員を食べさせていくために、苦肉の策で注文を取らなければならなかった。しかし、そういう方法で注文を取ったことが、結果的には、独創性を発揮せざるを得ない状況を生み出したのです。

窮すれば通じる道は、必ずあります。つまり、私はあえて自分を窮する状態、困った状態に追い込んで、そこから新しい技術を生み出そうとしたのです。例えば、立派な研究所を造り、一定の研究費を計上し、一流大学の優れた人材を採用して「はい、これこれの研究をしなさい」という研究と、生きるか死ぬか、食うか食われるかという修羅場の、いわばギリギリの状態で研究しているのとでは、迫力が違います。

独創性もユニークな技術も、設備が充実しているから、立派な研究所があるから、あるいは一流大学を卒業した技術者がいるからといって、必ずしも生まれるものではありません。自分や部下を窮地に追い込み、生きるか死ぬかというギリギリのところで物事を考える、もしくはつくっていくという状態が、独創性を生み出すもととなっていくのです。

今までにしたこともない仕事で、つくれそうもないのに「やります」と言ってしまう。私はそれをうそだと言いましたが、そうすることで、人の模倣ではない、まさに独自の技術を開発することができるのです。

毎日の小さな「創意工夫」の積み重ねが、偉大な技術開発へとつながっていく

自らを窮地に追い込んで、苦しみながらも与えられた課題を解決するということで、一つ一つの経験が自信となって蓄積されていきます。

京セラでも、東芝の仕事をさせていただいた、日立の仕事も何とかこなすことができたといった蓄積を経て、それまで松下電子工業のブラウン管の仕事だけだったのが、一つず

つ商品も増え、それとともに独創性が根づいていきました。

例えば、ソニーが「テープレコーダー」を開発するとします。そして、テープの摩耗が激しいので、セラミックスを使ったキャプスタン（巻き取り装置）、ローラーみたいなものを使いたいという引き合いがあったとき、「○○社の仕事を生かせば可能ではないか」と考えます。

つまり、あるものに成功すると、その技術を応用して別の新しいものができるというように、連鎖的に技術の応用ができます。例えば、ブリキの曲げ加工ができたら、その技術をステンレスの曲げ加工に応用できるのでないか、あるいは別の金属の加工にも応用できはしないかというように、技術の応用は際限なく広がります。

人ができないような独創的な技術をつくり上げると同時に、幅の広い技術を企業内に保有するということも、次から次へと技術の応用を考えていくことがもとになるのです。技術を積み重ねてきたことによって、今日の京セラは、幅の広い要素技術を持つようになったのです。

「独創性を重んじる」という文章の中に、「毎日毎日創意工夫を重ねていく」という言葉がありました。その一つ一つの創意工夫はわずかなものですが、一年、二年、いや十年、当社のように三十九年もたてば、偉大なことをなし得るのです。

「独創性」と言うと、難しいことに思えますが、毎日の「創意工夫」の積み重ねなのです。ちょっとした工夫や改善を連綿と続けていくことが、偉大な開発、偉大な技術へとつながっていくのです。

自分自身で考え、自分自身の足で歩むこと

このようにして、人の模倣ではなく、自分で考えて自分で行うということが、いつの間にか京セラの伝統になりました。いわゆる独創性を重んじて、誰にも教わらないし、教わることもできない、自分の道を歩くことが習い性になったのです。

つまり、企業を経営していく道というのは人の物まねではないということです。同じような商売をしていて、目指す方向は同じでも、歩く道というのはみんな違うのです。あぜ道を歩いていて足を滑らせ、田んぼの中を歩く人もいれば、舗装道路の脇を歩く人もいま

す。同じ方向を目指しながら、それぞれに歩く道は違うし、巡り合う困難も違います。

結局、人生というのは、お釈迦《しやか》様が仰ったように、誰の道でもなく、自分ただ一人の道なのです。どんな立派な子供がいようと、親がいようと、夫がいて妻がいようと、人生はただ一人の旅なのです。生まれるときも一人なら、死ぬときも一人、誰もついてきてはくれません。

それと同じように、会社経営の場においても、経営者は一人きりなのです。それなのに、自分の力で歩くことをしないで、「経営をうまくいかせるためには、どうすればいいのですか」と、常に人に聞いている人がいます。そんな生き方では、人生も歩けないし、経営だってうまくいくはずがありません。

だから、以前、日本の大企業が旧ソ連とのビジネスの進め方について、旧ソ連向けにプラント輸出を成功させていた当社に来られては「稲盛さん、どうすれば御社のようにうまくいくのですか」と尋ねられたとき、私は「ああ、なんということだ……」と思いました。

大企業には、一流の大学を出た優秀な人材がたくさんいます。私は、そういう会社は当然のことながら、自分たちで考えた道を歩くのだろうと思っていました。ところが京都の中小企業に「どうすればいいのでしょうか」と聞きに来られます。そんな人に頼るような考え方で、会社経営がうまくいくわけがありません。

バブル経済のとき、日本の企業は我先に不動産への投機を進め、バブル経済の崩壊とともに、多額の不良資産を抱えることになりました。それは、もとを正せば、人が歩いた後の道を、ただの物まねで歩いたからです。喩えて言えば、「誰もいない泥田に足を突っ込んだときに、どうすればすんなりと足が抜けるのか、もし靴が残ったらどうやって取り出し、どこで洗うか」といったようなことをすべて自分で考えないといけないのです。

ところが、経営が少し行き詰まると、「人に聞いたら簡単に解決策を教わることができる」と安易に考える経営者がたくさんおられます。それも中小企業の人が、大企業に聞くのならまだわかりますが、大企業の方が、成功したという中小企業の風聞を聞いて、その方法を聞きに来られるとするならば、そういう心構えこそが、経営のうまくいかないもとなのです。

「やれもしないことをやる」という習い性が、第二電電を誕生させた

一九八四年、セラミックスとは何の関係もない第二電電を設立したとき、私は電気通信については、何も知りませんでした。

明治以降、百年も国営事業として日本電信電話公社（現・ＮＴＴ）が独占していた日本の電気通信事業が一大転換をし、自由化をするから新規参入してもいいということになり、私は参入を決意しました。

百年に一度あるかないかの大きな転換期に、「知識がないから、経験がないから」と言って手をこまねいていたのでは、次のチャンスはまた百年後になるかもしれないと思い、私は第二電電をつくり、電気通信事業に進出したのです。

創業以来、京セラは「やれもしないことをやる」ということを実行してきて、それが習い性になっています。有意注意で、どんなささいなことであっても深く考え、まるで暗闇の中で全神経を尖《とが》らせて歩くというような生き方をしてきました。

第二電電を設立するときも、その手法で、真っ暗闇の知らない世界へ飛び出したわけで

す。もし、「やれもしないことをやる」という習い性がなかったら、真っ暗闇の世界に乗り出していくのが怖くて、足がすくんだり、また一歩も前に進めなくなり、誰かに手を引いてくれと頼んだことでしょう。

ところが、当社は、常に自分自身で考え、自分自身の足で歩くことを実行してきました。そのことが第二電電の経営に好都合だったと思います。

「独創性を重んじる」という考えのもと、自分自身で考え、自分自身の足で歩むと言うと、たいへん難しく思えますが、それは技術もない、設備もないという状況で、うそをついてでも注文を取ってきたということを、ちょっとばかり恰好《かっこう》良く言っただけのことです。そう考えていただければ、皆さんもすぐに応用できるはずです。詰まるところ、新しいことをするといっても、それは京セラでなければできないことではなく、少しばかり考え方を変えれば、誰にでもできることばかりなのです。

●ガラス張りで経営する

京セラでは、信頼関係をベースとして経営が行われています。そこでは、経理面をはじめ、すべてのことがオープンになっており、何ら疑いをさしはさむ余地のないシステムが構築されています。

その一つの例として、〈時間当り採算制度〉では全部門の経営成績が全社員に公開されています。自分たちのアメーバの利益がいくらで、その内容はどうなのかが誰にでも容易に理解できるようになっています。一方、私たち一人一人も同じように心をひらき、オープンに仕事をすることを求められています。

このように社内がガラス張りであることによって、私たちは全力で仕事に取り組むことができるのです。

公明正大であることが経営者の迫力を生む

私が、「ガラス張りで経営する」ということを始めたのには、理由があります。

それは、会社の内容を全員に公開して、自分たちのアメーバの利益はいくらで、その内容はどうなっているのかを知ってもらうためです。そのために、一時間当りどれだけの付加価値を生んだかという指数、つまり「時間当り」という数字を社内で公開しています。

なぜなら、とかく従業員は「経営者はわれわれ従業員をこき使って何かいい目を見ているのではないか、また、利益を独り占めしているのではないか」というふうに思いがちですから、そのような偏見を取り除きたかったのです。

当社では、交際費も予算で認められているわけではなく、どうしても交際費が必要なときは、その都度申請をしなければなりません。社長といえども、こういう所用で接待費が要るので稟議《りんぎ》書で認めてほしい、という稟議申請が必要です。交際費そのものも一円単位まで開示し、会社は非常に透明な状態で経営されています。

えてして経営者には、交際費など本当は少しくらい自由になったほうが経営もしやすい、という思いがあります。

しかし、そういう思いが少しでもあると、経営者としての迫力がなくなるのです。つまり、従業員に対する後ろめたさというものが自分の心の中に少しでもあるために、迫力がなくなります。

経営には、リーダーが持つリーダーシップが非常に大事ですが、そのためにはリーダー自身に「自分はいつも公明正大だ」と言えるだけの迫力が要ります。「会社は、インチキなこと、不正なことはしていません。私も、決まった給料で生活しています」と言い切れるところに迫力は生じるし、その公明正大さが経営者自身を強め、経営者としての勇気をわき立たせるのです。

私は、勇気のない経営者が一番つまらないと思います。その勇気のもとは、「いかに公明正大な仕事をしているか」ということです。

一般的には、経営者として自由になるお金が少しくらいあってもいいではないか、また自分は経営のためにこれだけ苦労しているのだから、少しはいい目にあってもいいではないかと、ついつい思いがちです。

しかし私は、それで失う勇気、迫力に比べれば、後ろめたさがなく、従業員をグイグイと引っ張っていく迫力、自信、勇気といったものを持つほうが、はるかに得策だと思います。

経営者の犠牲的精神が社会的な正義を守っている

このようにして何の後ろめたさもなく、全力で仕事に取り組むために、私はガラス張りの経営をしてきました。そのような公明正大な経営をすると、経営者というのは一番割に合いません。

株式会社や有限会社の場合は、有限責任のはずですが、日本の金融制度のもとでは、銀行からお金を借りる場合でも「社長であるあなたの個人保証が必要です」と言われ、家屋敷を担保に入れてでも保証しなければならない、ということになります。一つ間違うと会社がつぶれるだけでなく、自分が担保に入れた家屋敷まで金融機関に取られてしまうということにもなりかねません。

そういうリスクを背負っていながら、公明正大な経営をしていると、決められた給与以外には収入がなく、役得などは一切ありません。つまり、責任は山ほど重いのに、従業員からは「社長は自分たちの知らないところでいい思いをしているのでは」と勘繰られながら、日々の仕事を行っているわけです。そう考えると、経営者が一番つらい思いをしているのではないかと思います。しかも日本の税制は、税率も非常に高く、まるで懲罰的な、高額な税金を取られています。

私はせめて、社長はこれだけの責任を持ち、これだけの仕事をしているのだから、一般従業員の十倍の給与をいただきますということを、従業員に言ってもいいとさえ思います。

仮に、大学新卒の初任給が二十万円だとすると、その十倍で二百万円になります。しかし、五百人の従業員を抱えている会社の社長が、新卒社員の十人分くらいの仕事しかしていないかというと、そんなものではないはずです。おそらく、二十人分、三十人分の仕事をしているはずですから、四百万円や六百万円の月給をもらってもいいはずです。もし月給が一千万円だとすると単純計算で年俸一億二千万円になりますが、それくらいもらっている経営者はアメリカの中堅企業にはザラにいます。

ところが日本では、年俸が五千万円を超えると以前は七五パーセントも八〇パーセントも税金に持っていかれました。だから日本の経営者は、「公明正大できれいな経営をして高い給与を取っても、どうせ税金に持っていかれるから」と、新卒社員の数倍にしかならない少ない給与で辛抱してきました。そういう犠牲的な精神を持たない人の場合、経営者といってもしょせんは人間ですから、みんな欲があります。「経営者というのは、なんと割に合わないものか」と考えてしまい、そこから変なことになっていくわけです。

一九九八年からは所得税・個人住民税を合わせた最高税率が六五パーセントから五〇パーセントに引き下げられましたが、それでも経営者が苦労して稼いだ給与から、国が半分を取るということであり、まさに「収奪」をするわけです。一生懸命働かせておいて、長良川の鵜飼《うか》いのように、捕ってきた魚は皆吐き出させられる。しかし、それでは誰も働きませんから、せめて半分はのみ込んでもいいよということですが、それでも私は高いと思います。

ガラス張りの経営はしなければいけませんが、そう努めれば努めるほど経営者は一番、分の悪い立場に置かれるわけです。アメリカでは、経営者がそれだけの苦労をし、かつそれなりの役割を果たすのであれば、それに見合う報酬を得ることが認められています。日本も、少しずつその方向に近づいていくのではないかという気がしますが、根本的には変わらないと思います。

いずれにせよ、給与一つとってみても、日本の経営者というのは非常に立派で、自分の欲のためだけではなく、その犠牲的な精神で社会的な正義も守っているのです。

●高い目標をもつ

創業時、京セラは間借りの社屋でスタートし、従業員が百人に満たない頃から、「京セラは世界的視野に立って世界の京セラへ前進する」と言ってきました。ちっぽけな会社でありながら世界に目を向けるということは、高く大きい目標をもつということと同じです。

高い目標を設定する人には大きな成功が得られ、低い目標しかもたない人にはそれなりの結果しか得られません。自ら大きな目標を設定すれば、そこに向かってエネルギーを集中させることができ、それが成功のカギとなるのです。

明るく大きな夢や目標を描いてこそ、想像もつかないような偉大なことが成し遂げられるのです。

目標は、京都の「原町一」そして「世界一」へ

京セラは、京都市中京区西ノ京原町で、宮木電機という会社の倉庫を間借りして始まりました。そのころ、まだ百人にも満たない従業員を前にして、私はしばしば「今はこういう間借りの、木造の工場でみんなに迷惑をかけているが、京セラを世界に通用する会社にしたいと思う」ということを話していました。

「今に、この原町一の会社にする。次は中京区一にする。それができたら京都一にする。京都一になったら、日本一にする。そして、次には世界一だ」と言いながらふと見ると、工場の近くには京都機械工具という会社がありました。その会社は、自動車用のスパナなどの工具をつくっている会社です。一九六〇年代というのは、日本の自動車産業が勃興《ぼっこう》す

る時代でした。自動車には必ず修理用の工具箱が積まれていて、車が一台売れるたびに工具セットが売れるものですから、その会社はいつも忙しそうにしていました。真っ赤に焼けた鋼鉄を鍛造して、スパナをはじめいろいろな工具をつくっていました。日夜、ハンマーが音を立て、火花が飛び散りたいへんな繁盛ぶりです。

その会社の前を通って自社に入るのですが、その忙しそうな様子を見て、「京セラもがんばらなければならない」と思いながら仕事を終え、帰りにその会社を見るとまだ仕事をしているのです。京セラも朝早くから夜遅くまで働いて、「原町一になるぞ」ということを言いながら、帰りに横を見ると京都機械工具の工場は凄《すさ》まじい音を立てて働いているわけです。「あの会社を追い越すだけでもたいへんだろうな。私が生きている間に追い越せるだろうか」と思うと、「原町一」という言葉までもが空々しく感じられました。

しかも、中京区には島津製作所という大きな会社があります。中京区一になるためには、そこを追い越さなければならないわけです。島津製作所を追い越すなんて、はるか遠い夢物語と思いましたが、それでも私は「いずれ、世界一の会社に……」と言い続けました。

高い目標と、一歩一歩の積み重ねから未来は開かれる

私は、「いずれ世界一に」という、一見できそうにもない空々しいことを言いながらも、実はどこかさめたところがありました。目標として真剣には言っているのですが、その高い目標を見て走るのではなく、現実に追っているのはその日一日の仕事だけなのです。

高い目標だけを見て走ろうとすると、上ばかり見て足元が見えませんから、「溝」に落ちてけがをしたり、「交通事故」に遭うかもしれません。

実際には、朝一番に出社して昨日の残りの仕事を片づける、その後、約束をした製品をつくるために必死に働く、という毎日でした。明日のことなど、とても考えられませんから、その日一日だけを一生懸命に生きたのです。せいぜい考えても一週間くらい、ものによっては一カ月くらい先までは考えていましたが、大半は、一日一日を一生懸命に生きてきました。

「そんなことで会社が大きくなるわけがありません。会社というのは、戦略的に長期プランを立てる。少なくとも一年先のプランを練り、戦術論としては毎日毎日の、もしくは一

週間単位のプランが要る」ということを、評論家や経営コンサルタントの方々は、みんな言っておられます。そういうことを、たまに聞くと、そのときはなるほどと思うのですが、現実には、当時そんなことは考えられませんでした。朝から晩までヘトヘトになるまで働いて、「やれやれ、やっと一日が済んだ」ということを毎日繰り返していると、そんな長期的なことにまで考えが及ばないのです。

「その日その日が、ただ暮れればいいという会社が大きくなるわけがない――」と経営コンサルタントたちは言います。しかし私は、こういうことを言っていました。

「今日一日、一生懸命に生きれば、明日は自然に見えてくる。明日を一生懸命に生きれば、一週間が見えてくる。一週間を一生懸命に生きれば一カ月が見えてくる。一カ月を一生懸命に生きれば一年が見えてくる。今年一年を一生懸命に生きれば、来年が見えてくる。見ようとしなくても、見えてくるのだから、その瞬間瞬間に全力を傾注して生きることが大切だ」

これは苦し紛れなのです。経営コンサルタントをはじめ、みんなが「会社を成長させるためには、戦略が必要です。計画が要ります。目標を立て、具体的なプランを立てるべきです」と口をそろえて言っていましたけれども、知恵がない私は、その日その日を一生懸命に生きて、それを積み重ねていけば将来は見えてくる、と言ったわけです。

私も目標だけは常に言っていました。ただし、言ってはいますが、そこに至るまでの道筋に脈絡がないわけです。ただ「今日一日、一生懸命に生きて一日が過ぎれば、明日は見えてくる……」と言っているわけです。

ところが、毎日毎日の仕事にかまけて、原町一番から世界で一番にという高い目標を忘れたかというと、決して忘れてはいないのです。高い目標を自分でも空々しいと思いながらも、まったくの絵空事とは思っていないのです。本当にあほらしいと思うなら、言いはしません。毎日言っているということは、心のどこかで何とか実現したいと思っているわけです。コンパをして、みんなと酒を飲みながら「今に日本一になるぞ」ということを言っていたわけです。酒を飲むと気が大きくなってきて、景気のいいことばかりしゃべっていましたが、それもまんざらでたらめではなく、私自身は本当にそう思っていたのです。一回や二回なら、みんなも「何を言っているのだ」と思ったでしょうが、毎回毎回、何十回も聞かされているうちに、従業員もしだいにその気になっていくわけです。

しかし、原町一になる前に、世界一というようなことを押しつけたのでは、現実との差があり過ぎて、「そんな高い山に登れるわけがない」と思い絶望的になってしまいます。ところが、「今日一日を一生懸命にやろう」とだけ言ったものですから気楽になって、あまり先のことは意識しないで一生懸命に働けたわけです。そして、そうした一日一日の積み重ねが、今日の京セラをつくってきたのです。

あまりにも高い目標を掲げると、現状との乖離《かいり》があり過ぎて、みんなの闘争心が失われてしまいます。ところが、とりあえず今日一日を済まそうとするものの、完全に目標を忘れたわけではなく、高い目標は潜在意識に入っているわけです。つまり、目標は忘れてはいないが、とりあえずその日一日を済ませばいいという気持ちで取り組めるから、従業員も毎日の仕事を続けられたのです。

はるかに遠い目標を掲げながら、自分の歩みがあまりにも遅々として前に進まない場合には、たいていの人は目標への到達をあきらめてしまいます。ところが、私の場合には、目の前の一日しか見ていませんでした。がんばって働くと、一日はすぐに過ぎてしまいます。尺取り虫みたいにノロノロとした歩みのようですが、気がつくと、毎日毎日の歩みが積み重なって、かつては遠かった世界一という目標を達成していたのです。

「一歩一歩の積み重ね」と「高い目標を掲げなさい」というのは、一見矛盾しているようですが、そうではありません。矛盾しているように見えても、それを矛盾としては駄目なのです。あくまでも高い目標を立てながらも、一歩一歩、足元を見ながら堅実に歩くことが肝心なのです。

いつも高く掲げた目標ばかりを見ていても駄目なのです。あまりにも遠い道のりを歩こうと思うと飽きもするし、自分の力のなさを感じてしまって頓挫してしまいます。高く掲げた目標は潜在意識にしまっておいて、一日一日を着実に歩み続けると、とてつもない所まで歩いていけるものなのです。

第3章
京セラでは一人一人が経営者

●値決めは経営である

経営の死命を制するのは値決めです。値決めにあたっては、利幅を少なくして大量に売るのか、それとも少量であっても利幅を多く取るのか、その価格設定は無段階でいくらでもあると言えます。

どれほどの利幅を取ったときに、どれだけの量が売れるのか、またどれだけの利益が出るのかということを予測するのは非常に難しいことですが、自分の製品の価値を正確に認識した上で、量と利幅との積が極大値になる一点を求めることです。その点はまた、お客様にとっても京セラにとっても、共にハッピーである値でなければなりません。

この一点を求めて値決めは熟慮を重ねて行われなければならないのです。

「値決めは経営である」というのは、経営においては非常に重要な項目だと私は考えています。実は、フィロソフィの中にこの項目を入れた当時は、それほど重要なことだとは思ってはいませんでした。しかし、その後今日に至るまで、値決めはたいへん重要なことであるとだんだんわかってきたのです。

京セラは、最初エレクトロニクス用の絶縁材料としてのセラミック部品をつくっていました。そのため、私が、絶縁材料を必要とする真空管やブラウン管をつくっているメーカーに、「何か仕事はありませんか」と注文をもらいに行っていたのです。そして、「こういうものを新しい真空管に使いたいと思うのだが、つくってもらえないか」と言われれば、それを試作して納める。評価試験をしてもらって、結果が良ければ、後々その真空管が量産されたときに、注文をいただく。そのような受注生産の仕事から、京セラは創業していったわけです。

もちろん、お客様には先発セラミック・メーカーがすでに入っていて、製品を納めている場合もありました。例えば、東芝、日立といった大手には、そうした先発セラミック・メーカーがたいてい入っていました。そこへ京セラの営業が注文を取りに行くと、新しい会社が注文を取りに来たというので、「今は一社から買っているが、おまえのところでこれがつくれるか。見積もりが安ければ買ってやろう」などと言われるわけです。

そのうちに会社がだんだん大きくなり、お客様も増えてくると、同業者との競争が激しくなっていきます。当然、お客様は自社の製品をできるだけ安くつくりたいと考えますから、資材品もなるべく安く買おうと思います。ですから、営業の人間が行くと必ずと言っていいくらい「おまえのところはいくらでつくってくれるのか。見積もりを出してくれ」と言われ、見積もりを出せば、「この値段では駄目だ。別の会社から、これより一割も安い値段がすでに出ている。こんな値段ではおたくに注文は出せない」と言われる。営業はびっくり仰天して、これはたいへんなことになったと言って、飛んで帰ってくるわけです。

この値段では注文がもらえそうにない、もっと安くしなければ、と見積書を作り直して、またお客様のところに持っていくと、相手はそれをちらっと見て、「いや、この値段ではまだ駄目だ。同業者はその後、さらに安くしてきたよ」と言われる。つまり「天秤《てんびん》にかけられている」わけです。

そんなとき、真面目でばか正直なうちの営業はまたまたびっくりして、「たいへんです。相手は一割どころじゃない、一割五分も引いてきたそうです！」と慌てて帰ってくるわけです。しかしそれは、向こうの購買が駆け引きで言ったことかもしれません。それをまともに受け取って、慌てふためき、とにかく安い値段を出そうとする。

聞いていると、「どうもおかしい」と思うわけです。同業者だって、そんなに短期間に安くつくれるようになるはずがない。そう思って、最初のころは、私が自分でお客様のところに確認しに行ったこともありました。ときには、営業よりも先にお客様の資材担当のところに行って話を聞いたりもしました。また、帰ってきた営業にも、「おまえの言うことはわかった。で、おまえは向こうさんの誰に会ったんだ？　最初どういう挨拶をし、それから相手は何と言った？」などと詳しく聞いていって、そのときの状況を寸分違《たが》わず再現させたりしました。

お客様の言う一割五分は駆け引きなのか、それとも真実なのか。もし、同業者も一割くらいしか引いていないはずだ、駆け引きだろうとヤマを張って「やっぱり一割しか引けません」と言い切ると、それが外れたら注文は同業者に行ってしまいます。

そうなると、受注生産を行っている方ならおわかりだと思いますが、人も設備も抱えているのに、仕事が来なくなり、皆路頭に迷ってしまうわけです。そうならないためにも、相手の言っていることが駆け引きなのか、それとも本当のことなのか、その見極めが非常に重要になります。

そう考え、私は交渉の状況を部下に再現させました。「私はこう言いました、すると、向こうはこう返しました」と、リアルに再現してもらうことによって、自分は現場にいなかったけれども、相手の真意を見抜くための手がかりを少しでも得ようと苦心したものです。

営業がもし一割五分も安い値段で注文を取ってくると、その瞬間から製造は一割五分のコストダウンを図らなければならない。短期間に一割五分のコストダウンをすることは、どんな業種であれ容易ではありません。ところが営業は「いや、その値段でなければ注文がもらえないのです」と、簡単に言ってのける。

「一割五分引きと言うが、そんな簡単なことではない」と私が言うと、営業は「社長がそう言われるのなら、一割で出しましょう。でも、それで注文が取れなくても知りませんよ」と脅してくる。もちろん、それで仕事がなくなってしまってはこちらも困ります。そこで私は、営業に対して次のような話をしました。

製造の人間だけがたいへんな苦労を強いられるというのでは、どうも割が合わない。値段が安ければ、注文はいくらでも取れる。だが、それで注文を取ってきても、営業として決して褒められるものではない。営業であっても知恵を絞り、技術を駆使しなければならないはずだ。それは、「この値段なら結構です」とお客様が喜んで買ってくれる値段、しかもその一番高いところを見抜く知恵、技術なのだ。

君が言うように、一割五分安くすればお客様は買ってくれるかもしれない。しかし、その値段以上では、本当に買わないのだろうか。お客様は君にふっかけたのであって、実際は一割引きでも買ってくれるのかもしれない。いや、もっと高くても買うかもしれない。

つまり、お客様が買おうと思っている値段より少しでも安ければ喜んで買ってくれるはずだ。値段が安ければ安いほど注文はもらえるだろうが、それでは意味がない。かといって、それ以上の値段では、同業者に注文を取られてしまうから、それも困る。だから、これ以下ならいくらでも注文が取れる、これ以上なら注文が逃げてしまう、その一点を射止めなければならない。

その一点を見抜くためには、心血を注いでお客様と値段の交渉を行わなければならないのだ。お客様の言われることは、駆け引きなのか事実なのか。それはまさに真剣勝負であって、君みたいに、相手の言葉を鵜呑《うの》みにして泡を食って帰ってきて、「その値段でなければ売れません」などと言っているようではどうにもならないではないか。

つまり、値決めとは、お客様が喜んで買ってくれる最高の値段を決めるということなのです。下請けでも何でも、安ければいくらでも仕事はもらえますし、高ければ他社に取られます。ですから、仕事がもらえる範囲で最高の値段を出す。これは、営業担当者が軽々しく決められる問題ではありません。値決めというのは、営業の集めてくる資料や情報の真偽をとことん調べ尽くし、経営のトップが行うものなのです。営業が何の知恵も働かさず、お客様にただ言われるまま、他社よりも安い値段を提示して注文を取ってくるということでは、経営は成り立ちません。

私自身技術屋で、ものをつくることを得意としていましたから、なるべく営業には負担をかけずに、営業が取ってきた値段で製品をとことん安くつくることが自分の仕事だと思っていました。そのため、どちらかというと製造側に厳しく、営業には甘かったと思います。しかし、それでは困ると思って営業に言い出したのが、この「値決めは経営である」ということだったのです。

値決めは経営者の才覚次第

では、どうして値決めがそれほどまでに大事なのか、簡単な例を挙げて説明しましょう。

私の生まれ故郷である鹿児島には、京セラの工場が三つあり、たまに私も工場に行ったりします。鹿児島のような地方都市に行くと、道路沿いに小さなうどん屋さんをよく目にします。お昼時になると、そのような店に私も飛び込んだりすることがあります。

田舎《いなか》のうどん屋ですから、昼時を外した時間に入ると、客もおらずガランとしています。「ごめんください！」と言うと、やっと奥のほうからおばさんが「何ですか？」とでも言いたげに、ヌッと顔を出すわけです。表《おもて》に「食堂」と書いてあるのですから、何か食べに来たに決まっています。

「いらっしゃいませ」とか、「何にしましょうか」くらい言えばいいものを、けげんな顔を突き出しているだけ。こちらが「うどんはできますか?」と聞いても、「はあ。何にしますか?」とブスッとしたまま答える。そこできつねうどんを注文すると、奥へ入って何やらゴソゴソやっている。

最初から、もう感じが悪いわけです。そう思っていると、やがて生ぬるい、見るからにまずそうなうどんが出てくる。食べてみると、やっぱりまずい。そのくせ、値段は京都近辺で食べるうどんとあまり変わらないのです。

昼のピーク時を過ぎているとはいえ、一人も客が入っていない、また、おばさんが奥から出てきたところを見ると、先ほどからずっと客がいなかったことが容易に想像できます。こんな田舎で食べるうどんが、どうして京都の街中で食べる値段と変わらないのだろうと、私はいつも思うのです。地方の所得は都会に比べれば低いでしょうから、その近辺の人にとってみれば、なおさら高過ぎて食べないはずです。だから、お客様が来ない。

何カ月か後、私はまた性懲《しょうこ》りもなく同じ店に行ってしまいました。見ると五百円だったうどんの値段が、五百五十円に値上がりしている。おばさんにしてみれば、五百円ではお客様が来ない、来ないから採算が合わない、これでは困る、というので値を上げたのでしょう。しかし、そうすると、さらにお客は来なくなる。つまり、値決めの本質がわかっていないのです。「きつねうどんなら一杯五百円くらいのものだろう」と、適当に決めているわけです。そういうケースが、世間にはあまりにも多いと思います。

私は京セラで役員などを登用するとき、「大学を出て、いっぱしの理屈をこねる社員を役員にしていって、本当に会社がうまくいくものだろうか。やはりビジネスの本質がわかっている社員を役員に選ぶべきだろう」と考え、「夜鳴きうどん屋」をやらせてみようとしたことがあります。結局実現はしませんでしたが、次のようなことを言ったわけです。

夜鳴きうどんの屋台をつくって、五万円ぐらいを元金として渡す。昼だろうが夜だろうが、毎日その屋台を引っ張って売り歩き、何カ月か後にその五万円をいくらにして持って帰ってくるか試験をしよう。その間、会社には一切出てこなくてよろしい。ちゃんと給料は払う。

なぜ私がこのようなことを言うのか、その理由についても皆に説明しました。

まず、うどんをつくらなければならない。うどんというものは、だしがおいしくなければ誰も食べてくれない。そうすると、どうやってだしをつくるのかが問題になってくる。鰹節《かつおぶし》で取るのか、昆布にするのか、いや、鰹節と昆布の両方を使っていいだしを取ろうとするのか。また、安い昆布を使うのか、高い昆布を使うのか。他にも、だしじゃこを使ったほうがいいか、鰹節はどんなものを使うか、それによって、だしに違いが出てくるだろう。

また、ネギはどこで手に入れるのか。そして麺はどうするのか。ひと玉ずつ売っている生麺を買ってきて、そのまま使うのか。いや、乾麺を買ってきてゆでて、一人前ずつ丸めて使うのか。いやいや、もっと安く上げようと思えばやはり手打ちだ、と粉からつくるのか。このように、うどんの原材料だけでもいろいろな選択肢があり、うどん一杯といっても、経営する人によって原価というものが違ってくる。

製麺所でうどん玉を買うと、安いところだと二、三十円くらいのものだろう。それを、つくっておいたおいしいだしに入れ、ネギを刻み、かまぼこも薄く切って載せる。そのかまぼこだって、厚く切って一枚載せるよりも、薄く切ったものを三枚広げたほうが見栄えもするだろうとか、いろいろ工夫できる。そうして苦労して安い材料を仕入れれば、原価は百円もしないだろう。

そこで売値をいくらにするのかという、値決めに入るわけです。原価が百円として、それを二百円で売ろうが三百円で売ろうが、それは勝手だ。しかし、「どの値段なら一番経営がうまくいくのか」ということを考えなければならない。

さらに、その夜鳴きうどんの屋台を引っ張ってどこを歩くか、これも自由です。売れないところを何時間もかけて歩いても売れやしない。スナックやバーなどが集まっているところなら、夜、酔っぱらいが食べに来てくれるだろうと、繁華街の外れで待ち構える人もいるかもしれない。いや、繁華街に行くまでに学生街を回り、夜、勉強している学生に素うどんを安く売ってひと稼ぎしてくる人もいるだろう。あるいは、繁華街の女性や酔っぱらいが食べに来るのは夜もせいぜい十一時を過ぎてからだろうと、十一時以降にようやく屋台を引っ張り始める要領のいい人もいるかもしれない。

このように、どの時間帯に、どこで何を売り歩くか、これもその人の才覚次第だ。それ次第で値決めも変わる。学生街で安く売ろうと考える人は、百円でつくって二百円で売り、薄利多売で勝負しようとするかもしれない。あるいは、非常においしいうどんをつくって高い値段をつけ、数は売れなくても利幅を多く取ろうという人もいるだろう。つまり、すべて「値決め」なのであり、これが経営を左右するわけだ。

三カ月なら三カ月間と決めて、その間に夜鳴きうどんを売って大きな利益を出す。そういう人が商才の持ち主だと言えるのであって、京セラではそのように値決めができ、確実に利益の取れる人を役員に登用する。

私はこのように言ったのです。

利益を販売促進費に——コカ・コーラの値決め

具体的にいろいろな例を挙げていきましょう。まずは、コカ・コーラの例です。

私などの世代は、終戦後の闇市で青年時代を過ごしてきたわけですが、当時、コカ・コーラがアメリカから日本に入ってきました。当初はたいへん値段が高く、ラムネやサイダーに比べると、破格の値段だったと記憶しています。

飲んでみると薬品のような味がして、こんなものがラムネやサイダーの倍以上もするのか、と思ったものでした。また分厚いガラスの瓶に入っていましたから、なんとなく中身が少ないような感じもする。ですから、コカ・コーラが日本に入ってきたとき、私はこんなものは売れないだろうと思いました。

ところがご承知のとおり、それがやがて市場を席巻して、ラムネやらサイダーやらはいつの間にか蹴散らされてしまった。本来なら、庶民でも飲めるように安く、おいしいものでなければ売れないはずですが、コカ・コーラがそうした常識をくつがえしていくのを見て、私は驚きました。

その後わかったことですが、当時、販売店は、コーラを売るのにマージンをたくさんもらっていたそうです。また、店の前に「コカ・コーラ」と書いた看板を無償で立ててもらったりもしていました。つまり、サイダーやラムネよりコカ・コーラをなるべく売るようにと、インセンティブをもらっていたというのです。

昔、夏祭りなどでは、こんな光景を目にしたものです。夜店に大きな氷が置いてあって、その上にコカ・コーラの瓶がいっぱい積み上げられており、若くて元気いっぱいの男性が「コーラはいかがですか」と言いながら、冷えたコーラを売っている。このように、夜店の人が一生懸命に声をからして売ってもなお割が合う、ということからだけでも、多額の販売マージンがもらえたのだろうと想像できます。

高い値段で売るわけですから、利潤は大きくなります。その利潤の大半を販売促進費に回し、宣伝広告などにも膨大な資金が使えるようにする。逆に、薄利で売られたラムネやサイダーは、コカ・コーラに匹敵するような宣伝広告もできず、販売インセンティブも捻出できない。そのため結局、市場から蹴散らされてしまったわけです。

つまり、コカ・コーラの戦略は、高い売値ではあるけれども、そこから得られる利益を販売促進に有効に振り向けていくというもので、これが功を奏したと考えられます。そういう意味では、値決めとは高いから悪い、安いから良いという単純なものではなく、どういう戦略に基づくか、そこにポイントがあるのだろうと思います。

健康を売るという大義名分――ヤクルトの値決め

次の例はヤクルトです。

ヤクルトはヤクルト菌という乳酸菌の一種を使ってつくります。ヨーグルト、ヤクルトなどに含まれる乳酸菌には整腸作用があり、お腹《なか》の調子を整えてくれるというので、身体に良いと言われています。カルピスも乳酸を発酵させたものですが、ヤクルトの場合は、発酵させた乳酸菌が生きたまま腸まで届くというのがうたい文句になっています。

カルピスは、昔から大きな瓶に入って売られていて、夏になるとおふくろがよく水で薄めて飲ませてくれたものでした。あのカルピスの味とヤクルトの味は、あまり変わらない感じがします。また、ヤクルトのほうが小さなプラスチックの容器に入っています。それなのに、ヤクルトのほうが非常に値段が高い。

ヤクルトが出たころも私は「あんなのは駄目だ」と思いました。すでにカルピスもあって、そちらのほうが安上がりだし、しかもちゃんと整腸作用もある。どうしてあんなに小さい容器に入ったヤクルトのほうが高いのだろうと、不思議に思っていたわけです。

ところが、ヤクルトは日本全国津々浦々まで普及していき、会社もすばらしい発展を遂げていきました。日本だけにとどまらず、ブラジルや東南アジアなどの諸外国でも成功しています。

ヤクルトは、「ヤクルトレディ」と呼ばれる販売員が全国にいて、彼女たちがヤクルトの入ったカートを押して売っています。ヤクルトは単価が高いから、粗利が大きい。だから、たくさんの給金を渡すことができる。彼女たちも、これなら十分な収入になると熱心に売って歩くわけです。

彼女たちは、まず会社で研修を受け、そこで「これはただ単に清涼飲料を売るという仕事ではありません。私たちは、健康を売っているのです。これを毎朝一本飲むだけで身体にいい。国民の健康はヤクルトが提供します」と教えられるそうです。つまり、これは健康産業であり、だからヤクルトを売るのです、という大義名分まで理解してもらうそうです。

ヤクルトの値決めには、こうした理由があるのです。

まず売値ありき

先ほど、値決めをする際の普遍的な原則として、「お客様が喜んで買ってくれる値段の一番高い点を見抜く」と言いましたが、ではその値段で売れば経営は必ずうまくいくのかというと、そうとは限りません。その値段で売ったけれども利益が出ないというケースもあります。問題は、売値を設定したら、その中でどうやって利益を生み出していくかということなのです。

メーカーであれば、利益は、製造側がどうコストダウンを図るかということにかかってきます。もちろん、営業がただ値段ばかりを下げて注文を取っていては、どんなに製造が苦労をしたところで利益は出ないでしょうから、なるべく高い値段で注文を取ってもらわなければいけません。しかし、すでに決まった値段で利益を生み出せるかどうかは、製造側の責任です。

商品には必ず原価というものがあります。一般には、その原価プラス利益で売価が決められており、資本主義社会においてはそれが正しいと言われています。

しかし、私がここで言っているのはそうではありません。これは私の著書『稲盛和夫の実学』の中でも述べていますが、「売価還元方式で原価を求める」ということ、つまり、「まず売値ありき」ということなのです。これだけ競争の激しい昨今では、原価がいくらでいくらの利益が欲しいからと、単に「原価＋利益」という積み上げ式で売値を算出するというやり方は通用しません。売値は先に決まっていて、後はそれで利益が取れるように原価を合わせていくということをやっていかなければならないのです。これが現在の市場経済の実態となっているにもかかわらず、資本主義社会における会計学では、ほとんどが先の「原価主義」のままです。大企業もほぼこの考え方に倣《なら》っています。

ところが、それで売れなくなってくると、値段を下げて売らなければなりません。そうなれば、利益などすぐにふっ飛んでしまうのです。ですから、「まず売値ありき」であって、その売値に合わせるためにはどうやって原価を下げるかということを考えるのが経営なのです。その売値も、設定が安過ぎては、いくら苦労しても利益は出ませんから、「市場で通用する最高の値段」を設定しなければならない、ということが肝心なところです。

商品の価値で売る

私はだいぶ昔から「原価＋利益＝売値」という原価主義は採らないと言い続けてきました。京セラの社員に対しても、私は次のように話していました。

京セラは原価主義で販売価格を決めるようなことはしない。京セラは、販売する品物の価値で売る。

例えば、京セラが納入する絶縁材料を使って、お客様がある真空管をつくり、それが一本二百円で売れた。お客様は京セラの絶縁材料を二十円で買っているけれども、真空管は二百円で売れるから非常にもうかると喜んでおられる。たとえ、その絶縁材料の原価が五円程度だとしても、真空管を構成する部品として重要な絶縁材料であり、十分利益も取れ、お客様が「二十円なら喜んで買おう」と言ってくれるのであれば、「五円のものを二十円で売るなんて暴利じゃないのか」と言う人もあるかもしれないが、それでいいではないか。

また、菓子屋の場合でも、自分で考えて新しい和菓子を開発した、その値決めはどうすればいいのかというと、そのものの価値で売ればいいのだ。この新しい和菓子は味もいいし、形もいいし、非常にいいものだ、二百円でも買うと言ってお客様が買ってくださるなら、たとえその原価が四十円であっても、二百円で売ればいい。「原価＋利益」という考え方にこだわって、原価が四十円で利益は十円だから五十円で売ろう、などと考える必要はない。

ただし、見た目も悪い破れ饅頭《まんじゅう》みたいなものをつくって、他社が五十円で売っているのに「二百円です」と言ったって、もちろん売れるはずがない。その場合は、例えば原価割れの三十円でも売らなければならないこともある。

つまり、独創的な新製品の場合は、「お客様がいくら払ってくれるか」という、その価値で売るのであり、原価にこだわる必要はない。

お客様がその価値を認めてお金を支払ってくれるということは、お客様もそれによって利益を受けているわけですから、暴利でも何でもないのです。逆にこちらが、原価に二百円かかったから、四十円の利益を乗せて二百四十円で売ろうと思っても、お客様から「二百四十円ではとうてい買えません。五十円なら買ってもいい」と言われれば、その商品には五十円の価値しかないわけです。五十円の価値しかないものを二百円もかけてつくったわけですから、それは技術屋の失敗です。「原価がいくらだから、売値はこうなります」といくら言ってみたって、そのような話は相手に通用しません。

つまり、売れる値段とは、マーケットが認めてくれる製品の価値で決まってくるのです。

いくらの粗利が要るのかを考える

流通業の場合も同じです。例えば、ある品物を仕入れて売る場合、同じ品物なら同業他社より少しでも安くしなければ売れませんから、定価から五〜一〇パーセントくらい引いて売ろうと考えます。ところが、そうやって売った場合、粗利はいったいいくら残るのか、また、最低でもどのくらいの粗利が要るのか、ということを考えなければなりません。

例えば、百円で商品を仕入れてきたとします。他社はそれを百三十円で売っている。ならば、うちは十円安くして百二十円で売ろう、いや、百十五円ならもっと売れるかもしれないという具合に値決めを行う経営者の方がいます。確かにその値段なら売れはするけれども、経営はうまくいかずに火の車になる。これは、経営者に「どのくらいの粗利があれば会社を回していけるのか」という知識が欠けているのです。同業他社よりも安ければ売れる、それだけの感覚で値決めを行って失敗しているわけです。

京セラもたまにOEM（相手先商標製品）供給を受けたりしますが、「完成品を仕入れて右から左へ売るのだから、口銭として五パーセントもあれば十分ではないか」と考える幹部もいたりします。

小売業界では一般に、粗利は三〇パーセントなければ駄目だと言われているようです。ですから、カメラや電化製品などの安売り店でも、商品を売値の三〇パーセント引きの値段で仕入れていると思います。つまり、広告宣伝費、販管費、金利負担、人件費等々、すべての経費を考えれば売上の二〇パーセントくらいの経費はかかってしまう、ならば、一〇パーセント弱の税引前利益を確保するには三〇パーセントの粗利がどうしても要る、ということを、みんな知っているわけです。

ところが素人経営者だと、「仕入れて売るだけなら二〇パーセントも粗利があれば結構」と言ってみたり、またそこへ五パーセントの値引きをして売って、結局一五パーセントの粗利しか取れず、「こんなにがんばったのにうまくいかない」ときゅうきゅうとしている。それは値決めが間違っているのです。どのくらいマージンが要るのかがわかっていなかった結果なのです。

製造業こそ高収益を

右から左へ仕入れて売るという流通業でも、三〇パーセントの粗利がなければ採算が合いません。それなのに、先のうどん屋もそうですが、製造業がわずか五パーセントの利益しか出せない、というのでは困るわけです。

私はよく製造の人間にこう言ったものです。

「右から左へ仕入れて売る、それだけでも三〇パーセントのマージンを取っている。われわれは技術屋を何人も抱えて、頭を使い、機械を使って、無から有をつくり上げているというのに、それで利益が五パーセントとは、実に情けない。われわれはそんなに価値のない仕事をしているのか。製造業なら、粗利が五〇パーセントくらいあってもおかしくないではないか」

ところが、製造業で粗利が五割もある会社なんてまずありません。歴史を振り返ってみますと、産業の発達は、最初は商業資本の勃興《ぼっこう》から始まっています。人類はかつて、野山を駆けめぐってクリなどの木の実を採ったり、獲物を弓矢で射るといった、狩猟採集生活を営んでいました。それがだんだん定住するようになって、畑を耕し、収穫した食糧で家族を養っていくという、農耕生活に変わっていくわけです。一生懸命農業に精を出せばたくさんの収穫が得られます。そのうちに、芋でも、ヒエでも、アワでも、余った食糧を採れなくなったときに備えて自分の家で蓄えるようになっていきます。

この「貯蓄」が始まると、人間の欲望は増大します。狩猟採集の時代は、あまり捕り過ぎると次に捕れなくなってしまうので乱獲を戒《いまし》めていましたが、農耕が始まり、蓄えが増えるに従い、欲が肥大化していくわけです。そうすると、「隣の村にはアワが相当余っているらしい」と聞けば、それを奪おうとする泥棒や、強盗も出てくる。戦闘や殺戮《さつりく》が始まったのは、そういう欲望からなのです。

そうするうちに、やがて余っている穀物を安く仕入れて、それを足りないところに高く売りつけようと考える、知恵のある人間が出てきます。つまり、豊富にあるところから足りなくて困っているところに持っていけば、商品に価値が生まれる、と気づいたわけです。

そのようにして誕生した商業資本家は、なるべく安く仕入れてなるべく高く売ろうとしますから、農業をやっている労働者は買いたたかれる。そのために、今日でも商業資本が強く、産業資本は弱いのです。本来は生産者側のほうが技術をはじめ、さまざまな資本を投下するわけですから、ずっと利益率が高くていいものを、実際には流通側のほうが利益率が高い。

私は常日ごろから「税引前利益で一〇パーセントも出ないようなら、もうやめなさい」と言って、経営者の皆さんにハッパをかけています。それは、「何くそ！」と奮起してもらえるように、あえて憎まれ口をたたいているわけです。

「銀行の金利は、通常なら六パーセントから八パーセントつく。人に貸せば、後は何もしなくても六パーセント、七パーセントもの金利を稼げるわけだ。メーカーのわれわれが少し間違えば大損をするかもしれないリスクを背負っていながら、五パーセント程度しか利益を出せないようでは、割に合わない。それに比べて、われわれメーカーはこれだけの苦労をしているのだ。もっと利益率が高くてもいいはずではないか」

このように、京セラの製造にも話していました。

コストダウンは考え方をガラリと変える

「京セラは受注生産で部品をつくっていますから、一般の機器の販売とは違って、店を構えて売るわけではありません。注文を受けるのは、例えば東芝、日立といった大手の電機メーカーからで、営業が特注品を受注して納めるわけですから、店を持つ必要がないのです。もちろん、お客様のところに頻繁に出入りをするために、営業所は必要ですが、基本的に受注生産ですから、在庫を持つ必要もありません。

このようなビジネス形態の場合、どういうマージンを設定すればいいのかと考えた私は、最初、営業には売値の一〇パーセントのマージンを渡そうと決めました。この場合、製造はその一〇パーセントを引いたコストで製品をつくり、利益を上げなくてはならないわけです。

そのルールでしばらくやってきましたが、カメラや通信の携帯端末、宝石などといった、一般大衆をお客様として販売する商品を手がけてからは、一〇パーセントのマージンでは採算が合わないということがわかってきました。

例えば、カメラについては、それを売ってくれる販売店を支援していかなければなりません。そのためには、テレビや新聞に広告を出す必要があります。それは、メーカーである京セラが行います。すると、その広告宣伝費は、うちの営業の粗利から捻出しなければなりません。その他にも、販売店で販促活動を行わなければならないし、インセンティブのお金も用意しなければなりません。いわば、一般消費者向けの製品を売るメーカーは、自社の営業が売ったらそれで終わりではなく、その先の小売店も含めた販売活動をしなくてはならないわけです。つまり、自社の営業に宣伝費を含めたマージンを渡す上に、小売店にもマージンを渡さなければならないということなのです。

例えば、小売店が三〇パーセントくらいの粗利が欲しいと言う。売値が百円だとすれば、小売店に納める値段は七十円です。営業はその七十円から、自分たちの粗利分三〇パーセントを引いた五十円程度の値段で製造につくってもらわなければなりません。

競争の激しい商品は、乱売に乱売を重ねていきますから、小売店から言い渡されるような価格では、たいてい採算なんか合うはずがありません。それでも売ってもらわなければならないので、その要求をのみ、小売店に三〇パーセントのマージンを確保してやらなければならないのです。

こうなると、三〇パーセントの粗利がなければやっていけないとわかっていながら、それがどんどん減って一〇パーセント程度になってしまう。その中から広告宣伝費を出せばたちまち赤字です。しかも、ギリギリのコストでやっていますから、製造側も全然採算が合わない。このようなケースが大半だと思います。

「しようがない」とあきらめ顔の大手メーカーの重役もたくさんおられますが、それでは値決めになっていないのです。お客様が喜んでくれる最高の値段で値決めをするけれども、もろもろの経費が発生し、利潤は減っていく。ならば、原価をどこまで安くできるかということを徹底して考え尽くさなければならないわけです。それなのに、原価は積み上げ式で決まっていると思い込んでいる。それでは経営が圧迫されるのは当たり前です。

例えば、売値四千円の腕時計をつくるとしましょう。そこから流通マージンを全部引いて、残りが千円になったとします。ところが、従来使っていた水晶振動子、バッテリー、その他の部品のコストを積み重ねていくと、材料費だけで千円を超えてしまった。そうなれば、発想を根本的に変えなければならないのです。

今まで使っていた水晶振動子を、半値、いや三分の一の値段で売ってくれるところはないか、バンドも同じものが五分の一で買えるところはないか、と調べていく。それでも限界があるならＶＡ（バリューアナリシス＝価値分析）を行い、設計そのものから見直し、千円でつくっても利益が出せるような仕様に変えていく。現代は、市場が決めた売値で採算が合うように、技術屋が設計を工夫していかなければならない時代なのです。

ただ単に、業者から材料をたたいて買ってコストダウンを図ればいい、という甘い考えでは、いずれメーカーは全部赤字に苦しむことになるでしょう。

閉店セールでも利益を確保する

商売をする場合、なるべく安くすれば売れるはずだと直感的に考える方がたくさんおられます。先ほどから例に取ってお話ししている流通販売の分野でも、「粗利は三〇パーセントくらいなければ駄目だ」と考えている人は、多くはないと思います。ところが、高い利益を出している会社は、やはり三〇パーセントの粗利を取らなければ、という姿勢で取り組んでおられるはずです。

スーパーや安売り店で、他の店より一〇パーセントも二〇パーセントも安く売っているのを見て、初め私は「三〇パーセントある粗利を削って安く売っているのだな」と思っていました。確かにそのような店もあるかとは思いますが、それではやがて破綻するはずです。うまくいっているスーパーやディスカウントショップは、割り引いて売る代わりに、仕入れもたたいて買っていて、やっぱり三〇パーセントのマージンを取っているのです。

この前、あるスーパーで「五パーセント消費税還元セール」というものをやり、各スーパーがそれに追随しました。三〇パーセントのマージンを五パーセント下げて、二五パーセントの粗利でセールをしたスーパーもあれば、「五パーセント消費税還元セールをするから、そっちも五パーセント引いてくれ」と仕入れ先に言って、マージンを変えずに売っていたスーパーもあったようです。

ところで、面白いことに、消費税還元セールの成功に味をしめて、一〇パーセント引き、二〇パーセント引きのセールをしたところ、これが売れなかったと言います。考えてみれば、「二〇パーセント引き」くらい、普通のバーゲンセールでもやっているレベルです。それでもあまり売れないのに「消費税の五パーセントを還元します」と言うと売れる。つまり、安ければ売れるというものではないわけです。それを、もっと売れるだろうと一〇パーセント引き、二〇パーセント引きのバーゲンを行ったスーパーは、結果として売上は増えないわ、マージンは減るわで、たいへんな苦労をしたと聞きました。

また、ご存じのように、ある百貨店が経営不振のため閉店セールを行いました。お客様が殺到し、たいへんな人だかりが何日も続いたそうですが、不思議なことに、閉店セールだから売り切れるはずなのに、なぜかそうならない。そして、その百貨店始まって以来の売上を記録したというわけです。

閉店セールとあって、驚くほど安い値段でどんどん売り、さぞもうけは少なかろうと思っていたのですが、値引き分はすべてメーカーに負担させて、粗利は変えなかったということです。この例からも、商業資本が強くて産業資本が弱いということがよくわかります。

私は商業資本を非難しているわけではありません。閉店セールをするにも、例えば新聞に「銀座○×百貨店閉店セール！」と一ページ大くらいの広告を次から次へと載せなければならない。それだけで一回一千万円から二千万円の広告代がかかってしまいます。そういう広告宣伝費をはじめ、いろいろな経費を考えれば、三〇パーセント程度の粗利がなければとてもやっていけないはずです。そこで、閉店セールでびっくりするほど安く売りますよと言いつつ、その売値は自分のところの粗利を削って出すのではなく、メーカーや仕入れ先に負担させて、したたかに経営しているわけです。

もちろん、先ほども言いましたようにばか正直な人もいて、店じまいですからと、三〇パーセントの粗利を確保していた商品を見切って、四割引き、五割引きで売ってしまい、赤字を出すところもあります。閉店セールといえども、値決めのうまい人はしっかりと利益を確保する、これが経営です。

値決めは経営トップの仕事

「値決めは経営なり」と私は言っていますが、それは値を決める瞬間だけを指すのではありません。値決めが経営の本質であるなら、そのプロセスである、仕入れにも責任を持ちます、製造のコストダウンにも責任を持ちます、というところまで言わなければならないのです。そして、思い切ったコストダウンを指示するのも、資材を安く仕入れるために交渉することも、トップである社長でなければできません。それなのに、資材や製造の担当に任せっぱなしにしていたのでは、市場価格はどんどん下がっていきますから、たちまちに会社は赤字経営に陥ってしまいます。

すなわち、値決めを行う瞬間に、もうコストダウンの方法を考えていなければならないわけです。生産コストをどうやって抑えるかという考えが頭の中にあるから、また、「あのメーカーとこう交渉して、この値段にしてもらおう」という資材購入戦略を練っているから、値決めができる。そういうところまで頭が回らず、営業の一担当者に値決めをさせていたのでは、経営ではありません。いかに安くつくるかを考えるのが技術屋の仕事なのです。

私は、会社を始めてしばらくしたころから、「新しい技術開発を行うのが技術屋の仕事だと思いがちだが、そうではない。どうやって生産コストを下げるかを考えることこそ技術屋の仕事なのだ」と考えるようになりました。

それも、同じ材料を使って、とにかく少しでも安くつくろうというやり方ではなく、根本から手法を変える。今まで百円の原材料費でつくっていたものを、五円でつくれないだろうかというくらい根本から問い直し、その方法を見つけ出す、これが技術屋なのです。ただ大発明、大発見をするのが技術屋ではない。そのように技術屋の役割を位置づけたわけです。ですから、「象牙《ぞうげ》の塔にこもったような技術屋は要らない」と言って、うちの技術陣にハッパをかけ続けてきました。

薄利で商売を始め、売上が増えてきたにもかかわらず、悪戦苦闘している、という方がいます。やはりそれは、値決めがおかしいのです。

だからと言って、同業他社もあるのに、商品の値段を安易に上げることはできませんから、どうしても十分なマージンが取れないなら、既存の商品にこだわる必要はないのかもしれません。そのときは、新しい製品を開発し、それで利益を確保していくようにすればいいのです。

●売上を極大に、経費を極小に（入るを量って、出ずるを制する）

経営とは非常にシンプルなもので、その基本はいかにして売上を大きくし、いかにして使う経費を小さくするかということに尽きます。利益とはその差であって、結果として出てくるものにすぎません。したがって私たちはいつも売上をより大きくすること、経費をより小さくすることを考えていればよいのです。

ですから、〈原材料費〉は〈総生産〉の何パーセントでなければならない、とか〈販促費〉はこれくらい必要だろうといった常識や固定概念にとらわれてはなりません。

売上極大、経費極小のための努力を、日々創意工夫をこらしながら粘り強く続けていくことが大切なのです。

私が会社をつくって最初に遭遇した問題は、「経理には損益計算書と貸借対照表というものがあって、経営者はそれを理解しなければいけない」ということでした。私は技術屋ですから研究を行い、ものもつくります。また、自分がつくった製品についてはその性能もよくわかっていますから、それをお客様に説明して売るということもできます。ところが、いわゆる会計、経理ということに関してはまったく経験も知識もありませんでした。

経理の人からいろいろと説明を受けるのですが、損益計算書を読むことすら非常に難しいことのように思えました。そこで私は、経営というものを難しく考えるのではなく、たとえ難しいことでもなるべく単純に理解しようと考えました。

そして経理の人と、

「経営というのは売上を大きくして、使う経費を少なくする、その差がもうけ、ということでいいんですね」

「早く言えば、そうです」

「それなら簡単ですね。これからはそう考えましょう」というようなやりとりをしていました。

これが、私の経営の原点であり、今でも経営の大原則となっているわけです。

創業して初年度の売上は二千六百万円で税引前利益が三百万円ほどでした。初年度から一割以上の税引前利益が出たわけですが、その後も税引前利益率はどんどん増えて、最高で四〇パーセント程度までいったこともありました。それからはやや低迷して、二〇パーセントから一五パーセント、会社をつくって四十年がたち、十数パーセントという税引前利益率を維持しています。

創業四十年にして売上は連結ベースで七千億円を超え、その売上規模で税引前利益率が十数パーセントというのは、企業としてはおそらく希有《けう》なことだろうと思います。売上が何千億円にもなると、数パーセントの利益が出ればいいほうだというのが普通でしょう。

この高収益を続けてこられたのも「売上を極大に、経費を極小に」という考え方でやってきたからなのです。経理に暗かったものですから、単純に理解するしかなかった、このことがかえっていい結果を生み、初年度から一〇パーセントを超える利益を出すことができたわけです。その後も売上はできるだけ増やし、経費はなるべく少なくするという考え方を貫いてきたおかげで、高収益を維持することができました。

「アメーバ経営」を確立する

「売上を極大にし、経費を極小に」という経営を続けながら、会社をつくって数年たったころ、「時間当り採算制度」という考え方、つまり「アメーバ経営」という経営管理システムのコンセプトが芽生えました。

売上から原材料などの諸経費を引いた残りが、いわゆる付加価値です。その付加価値を、残業代なども含めた社員の全労働時間で割ると、一時間当りいくらの付加価値をつくり上げたのかがわかります。京セラではこれを「時間当り」と呼び、その数字を指標として経営を行うのが、アメーバ経営のシステムです。

全従業員の平均給与を働く時間で割れば、一時間当りの平均給与が出ます。その一時間当りの給与、例えばそれを千円とするなら、社員が一時間に千円の給与をもらって働き、いくらの付加価値を生み出しているのかを見る。つまり、自分の労働を通じていくらの付加価値をつくり出すことができるかということを考えるのです。その付加価値が高いほど、会社により多くの貢献をしているということになります。もし、給料と同じ価値しか生み出していないとなると、プラスマイナスゼロで会社には役立っていないことになるわけです。

企業として社会的な貢献をしたり、または株主に配当などで報いていこうと思えば、従業員は会社が払う人件費よりもはるかに高い価値を生み出していかなければなりません。アメーバ経営は、「一時間当りいくらの付加価値を生んでいるか」ということによってそれを見ていくわけです。

ですから、京セラでは「私の部署は、これだけもうかった」というような言い方をしないで、「私の部署は一時間当り何千円の付加価値を生んだ」と表現しています。これが「時間当り」という言葉になって定着し、その時間当りをベースとして、アメーバ経営は構築されてきたのです。

常識にとらわれず高収益を目指す

会社を設立してまだ間もないころ、私は新聞に載っている大企業の決算書を見ながら、こんなことを思っていました。

京セラの販売先は大手電機メーカーがほとんどで、それらの会社の利益率を見るとだいたい三パーセントとか四パーセントとなっており、若干の差はありますが、各社ともほぼ横並びの数字でした。

一方、そのころ、京セラの税引前利益率は二〇～二五パーセントでしたので、私は、世の経営者というのは自分みたいな「売上を極大に、経費を極小に」という考えではなく、こういう業種だったらこのくらいのパーセンテージでいいという先入観や常識に基づいて経営をしておられるのだなと感じました。例えば、他社の利益率を見渡して、多くの会社が三パーセントか四パーセントくらいだから、わが社もそれくらいの利益率を出しているし、いい線をいっていると思っておられるわけです。

つまり、こういう業界、こういう業種だったらこの程度の利益率でいいということが常識になっていて、多くの経営者がその常識にとらわれて経営をするから、だいたい似たような利益率に落ち着いてしまうのです。ユニークでキラッと光る経営ができないのは、経営者の多くが常識の範囲内でしか仕事をしておられないからなのだろうと理解しました。

その証拠に、もともと付加価値の高い事業をやっておられる会社は別として、普通の事業をやっておられる場合には、売上に対する原材料費の割合などは、同業者で比べるとだいたい似ています。それなのに、利益率が何パーセントも違うのは、会社によって販管費の割合が違うからです。販管費を一八パーセント使っている会社もあれば、極力引き締めて一二、三パーセントに抑えている会社もあります。その差が、税引前利益率の差となって表れてくるわけです。

私は他社の決算公告を見て、すぐにそのことに気がつきました。確かに同じ業種であれば、同じような原材料を使うはずだから製造原価は似てきます。他社よりも特別に安く原材料を買えるような特殊な仕入れ先でもあれば別ですが、普通はそういうことはありません。ところが、広告宣伝費や交際費などといった販売費については、使い方によっては二、三パーセントの差は簡単に出てしまいます。そこで私は、まずはその販売費をいかに抑えるかということが、利益率を上げる鍵になるはずだと考えました。

また、管理費を抑える工夫もしました。当時はまだ会社が小さかったものですから、「私は技術担当の専務です」と言いながら、実のところは、朝早く起きて応接室の掃除もするし、ときには便所の掃除もするといった具合に、一人で何役もこなしていました。もし人を雇ってそういうことをすると、それだけ経費も増えていきます。ですが、そのようにして社員みんなで手分けをしてやれば管理費も少なくて済むわけです。

当時の京セラでは、そのように徹底して販売管理費の削減に努めていました。

「経費を極小に」するには経費項目の細分化が必要

さて、「売上を極大に」するためには、お客様に買っていただくために、一生懸命に売り込む、この一点に尽きます。他に安易な方法などありません。

京セラの製品は各種工業向けの部品ですから、一般消費者向けの製品のように、予想もしなかったヒット商品が期待できるわけでもありません。もちろん、宣伝広告をしたからといってすぐに売れるというものでもないわけです。ただただ足を棒にしてお客様を訪問し、私たちがつくっているセラミックスがどのくらい優秀かということを根気よく説明する、その努力を積み重ねるしかありませんでした。つまり、売上を極大にしていくには、営業努力を行っていくしか方法はなかったのです。

経営の面白さは、「経費を極小に」するということにあり、その対処の仕方で利益率に大きな差が出てきます。

経費を極小にするために私はさまざまな工夫を凝らしましたが、その一つが経費項目の細分化です。私は損益計算書の中の経費項目を、経理の人が普通に使うものよりもさらに細かく分けていきました。

京セラには原料部門があり、そこで調合された原料が次の成形部門に渡されます。成形部門はセラミックスの形をつくり、次の焼成部門では、それを炉で焼き、また次の部門に持っていく、というふうに順番に工程が動いています。こうした場合、原価を見ようとして、例えば光熱費を調べてみても、普通は工場全体の光熱費しか出てきません。しかしそれでは、その光熱費が原料部門で使った電気代なのか、成形部門で使ったものなのか、焼成部門で使ったものなのか、あるいはまた次の検査工程で発生した費用なのかということはわかりません。セラミックスの焼成炉は電気炉ですから大量の電気を消費しますが、その焼成でどれだけの電気代を使っているのかも、そのままでは把握できないわけです。

そういう状態では、いくら「経費を減らそう」と言っても、何の費用を、どこで、どれくらい減らすのかがはっきりしません。「電気代や水道代を少なくしよう」と言ったところで、従業員にしてみると誰が何をすればいいのか、具体的にはまったくわからないわけです。そこで少しばかり費用はかかりましたが、原料の部門、成形の部門、焼成の部門と、各部門ごとに電気のメーターをつけていきました。これで、どの部門でどれだけの電気を使っているかが一目でわかります。すると、例えば「あなたのところが焼成炉をつけっぱなしにしているから、今月の電気代は先月に比べてうんと高くなった。もっと細かく炉の管理をしてください」と言えるわけです。

経費節約だと言って、社長が昼休みなどに工場の中を歩き回り、つけっぱなしになっている事務所や便所の電灯のスイッチを切って歩く光景を見かけます。これは、従業員に節約意識を植えつけるのには効果があるかもしれません。しかし、本当に節約の効果を上げようと思うなら、ただやみくもにスイッチを切るだけではなく、どの部門でどれだけの電気をロスしているかということを、具体的に事実として指摘できなければなりません。ただ単に光熱費という項目を漠然と見るのではなく、ロスがいつどこで発生したかということを確かめてから現場に行き、そこの責任者に理由を説明して、電気なら電気、ガスならガスの使用量の削減を図るという処置が必要なのです。

私は、経費項目が細分化された採算表を見ながら工場を回っては「なるほど、君の職場のここが問題だ」と、よく指摘したものです。つまり、経費を減らしなさいと大号令をかけると同時に、現場に行ったときに「これが問題だ」ということが工場の人の目にも見えるように、当の本人が具体的に気がつくくらいに、細かく分解した経費項目で見ていくことが、経費を極小にするための秘訣であり、経営の要《かなめ》なのです。

日々採算をつくる

経営というものは、月末に出てくる採算表を見て行うのではありません。細かい数字の集積であり、毎日の売上や経費の積み上げで月次の採算表がつくられるのですから、日々採算をつくっているのだという意識をもって経営にあたらなければなりません。毎日の数字を見ないで経営を行うのは、計器を見ないで飛行機を操縦することと同じです。これでは飛行機はどこへ飛んでいき、どこに着陸するのか、わからなくなってしまいます。同様に日々の経営から目を離したら、目標には決して到達できません。

採算表は一人一人の毎日の生きざまが累積した結果であるということを忘れてはなりません。

京セラでは月次の採算で、つまり、ひと月ごとの数字の動きで経営を見ていきます。しかしそのためには、日々の採算がわかっていなければならないということを、この項目では言っています。

経営においては、まず前月の売上はこう、経費はこう、そして利益はこうだったというように前月の数字を十分に把握しておく必要があります。その上で、今月はこの数字をこういうふうに改善していこうというように、前月の結果をベースにしなければ経営そのものが成り立ちません。

半期ごとに決算をしているからといって、六カ月ごとに経理部門や会計士に決算をしてもらい、もうかったかもうからなかったかを見ています、という程度では、本当の経営にはなっていないのです。

月次決算は、締め日から十日以内につくる

前月の経営資料を見て、それをもとに今月の経営をしていくためには、売上も経費も月末できっちりと締め、実績結果は少なくとも翌月に入ってから一週間以内には出せるようにしたいものです。いくら遅くなっても、せいぜい十日以内のことでしょう。仮に前月の結果が出るのに十日かかるとすると、先月はこうだったから今月はこういう手を打たなければならないと思っても、アクションを取るのに十日も遅れてしまうことになります。

そうならないためにも、毎日切っておられるはずの売上伝票を、一カ月ごとに集計できるようにしておくことです。社内に経理部門を持っておられない場合でも、経理事務所と「この月次決算は何日までに仕上げてほしい」という取り決めをした上で、売上伝票を一カ月分まとめて持っていくようにすれば済みます。これは、発生する経費、人件費、また、

口座振替で引き落とされるものも含めて、それを全部計上して経理事務所に渡せばすぐに集計してくれます。そういう準備をしておけば、少なくとも十日以内には間違いのない月次決算が出てくるはずです。

ところが以前は塾生の企業でも、十日以内に月次決算が出てこないところがほとんどでした。それは、翌月の経営にその資料を活用するということが有効だとわかっていても、それをすぐに作成するのはたいへんな労力を要するという理由からだと思いますが、京セラは設立以来ずっとその姿勢を貫いてきました。会社をつくってから今日まで四十年間、年間七千億円という売上規模になっても、それをきっちりと守れるシステムがあるのです。

実際に、現在でも京セラでは前月の決算書を使って、今月の経営を進めるというやり方を行っています。前月の損益計算書を見ると「先月はここで経費がグッと増えている。そのためにこんなに利益が減った」ということが一目でわかるので、今月はこの経費を節約すればいい、というように、収益率を改善するための手をすぐに打つことができるからです。

採算は経営者の意志でつくられる

この項目では「採算をつくる」という表現をしています。採算をつくるということは、聞きようによっては粉飾決算みたいに響きますが、これは「採算は自分の意志でつくる」ということなのです。

採算というのは本来、事業活動を一生懸命にやった結果、自ずから生まれてくるものです。それなのに、なぜ、あえて「つくる」と言うのか。

経営というのは、毎日の動きを追っていかなければなりませんが、そうするとどうしてもただひたすらがんばって一日を過ごし、その成り行きで採算が出てくるという状態になりかねません。経営者として一生懸命にがんばっているのはわかるのですが、採算がただ成り行きの数字だとすると、そこからは経営者の意志が伝わってきません。

経営というのは経営者の意志で行っていくものです。お豆腐屋さんを例にすると、今まで毎朝五十丁作っていた豆腐を、「今日は一つがんばって六十丁作ろう、その代わり、朝は一時間早く起きてやろう」というように、自分の意志でその日の売上をつくることができるのです。そしてなるべく経費を抑えるために、大豆から豆乳を作るのに今まで手で絞っていたのを、「万力を使ってもう少しきつく絞り少しでも余計に豆腐を作ろう、大豆の消費量を減らそう」というようなこともできるわけです。

そういう意味で、採算というのはつくることが可能なのです。決して自分勝手にでたらめな数字を並べるという意味ではなく、売上を増やすことも、経費を抑えることも、経営者の意志で可能になるのです。

経営を行っていく上で、これは非常に大事なことです。例えば、「先月はたいへん悪い決算で利益が出ませんでした」というような場合は、利益が出ないような経営を経営者自身がやったのです。「いえ、私は努力したのですが、なぜかこうなったのです」というようなことは通りません。採算というのは、良かれ悪しかれすべて経営者の意志の表れなのです。数字というものを目の前にしたとき、経営者は自分自身に対して絶対に言い訳ができないものなのです。

●健全資産の原則を貫く

京セラでは不良資産を発生させることを厳しく戒めています。必要なときに必要なだけ買い入れること、必要なものだけを作ることが原則です。余分なものを買ったり、余分なものを作ったりすると、不良在庫を発生させ無駄な経費を使うことになります。

しかし、万々一不良資産が発生した場合には、ただちにこれを処理することです。一時的には損失を出すことになりますが、目先の数字にとらわれず、勇気をもって不良資産を処理しなければなりません。これをせずに問題を先送りすると、さらに大きな損失につながります。

経営は常に健全な資産状態で行われる必要があるのです。


創業当初の京セラの製品は、電子工業用の絶縁材料として用いられるセラミック部品で、いわばすべての製品がオーダーメイドでした。つまり、大手電機メーカーに売り込みに行っては、「こういう技術で、このようなセラミック材料をつくっています。何かお手伝いをさせていただけるものはありませんか」と言って特注品の注文をもらっていたのです。

お客様のほうでも、「当社でもちょうどそういう絶縁材料が欲しいと思っていたところです。研究部門がそういうものをつくれるところはないかと探しています。研究員を紹介するから行ってみてください」と言ってくれます。

研究所に行くと、その研究員が「ちょうどよかった。実はこういう製品をつくろうと思って、こんな絶縁材料を探していたんです。あなたの会社でつくれますか？　こんな性能で、こういう形状のものが欲しい」と言います。そこで「このような部品ならつくれます」と答えると、最初は試作品を何個というような少量の注文をもらいます。苦心してつくったサンプルを持っていくと、「たいへん結構です。この製品は今後量産するので、その部品も大量に必要です。早急に千個つくって納めてください」となる。このような積み重ねで今日までやってきました。

顧客の研究員が設計した図面どおりのものをつくって持っていくわけですから、採用されるのは当然です。結果、京セラは創業当初から利益の出せる経営ができました。

「セラミック石ころ論」を展開

そうして、創業後二年くらいがたつと、税務署の人が税務調査にやってきました。

セラミック製品は高温の炉で焼成してつくりますから、どうしても焼き損じということがあり、不良品が出ます。当時は歩留りを考慮して、もし千個の注文をもらったら不良品を見込んで千三百個つくり、その中から千個の良品を選んで納品していました。ところが、三百個は不良品が出るだろうと思っていたのが百個で済み、良品が千二百個つくれたとします。納めるのは千個だけですから、二百個の良品は余ります。もしまた同じ部品の注文をいただけるなら、その二百個はすぐに納品できますから、倉庫に取っておきます。ですから、会社にはそういう良品の残りがずっと在庫として置いてありました。しかし、それらが税務調査で問題になったのです。

納品されていない良品が倉庫にたくさんあるのを見て、税務署の係員は当然「これは何ですか?」と聞きます。

「これはある得意先で注文をもらったものですが、多めにつくって余っているのです」

そのように答えると、税務署の人は、

「ではこれは在庫ですね。売値はいくらでしたか?」

と言いながら伝票を見て、

「これは一個百円で売ったんですね。これが何個ありますから、きちんと在庫評価をして資産として上げ、そこから税金をいただきます」

と言うわけです。

「ちょっと待ってください。この前、千個の注文をいただいて納めた後、それっきり何にも言ってきませんから、それは売れるか売れないかわからないものです。しかし、また同じ注文が来たらそのまま納められるので、捨てるのはもったいないと思って取ってあるのです」

「それは売れるかもしれないから、取ってあるわけでしょう? だったらそれは資産です。だからその分の税金はいただきます」

そのときに「セラミック石ころ論」を私が言い出したわけです。

「この品物は特注品でつぶしがききませんから、もしそのお客様の注文が来なかったら、どうにもなりません。お菓子だったら、値段を安くすれば売れるかもしれませんが、この製品はオーダーされたお客様以外には何の役にも立たない、いわば石ころみたいなものです。ですから、もし売れたときには税金を納めますから、今は評価ゼロにしておいてください。ごまかす気持ちは、まったくありません」

ところが税務署の人は「これは良品の在庫品です」と言って、私がいくら「売れなければ石ころだ」と説明しても聞いてくれません。まして、一回だけの注文ではなく、それまで何度か注文を受けて納めていたものが、そのときだけ二百個残っていたら、税務署の人にしてみれば資産にしか見えないわけです。

「今はたまたま注文が途切れているけれども、もし注文があれば売れるんでしょう」

「いいえ、この製品を使った試作はもう終わりました。客先も、もう要らないと言っています」

「それなら、なぜ保管しておくのですか。必要ないのだったら捨てたらいいじゃないですか」

「捨てるのはもったいない。それに、万一また注文が来たときに、一からつくるのはたいへへんなのです」

「そんなに値打ちがあるのだったら、立派な資産です。税金を納めてください」

そう言い切られて、私はすっかり困り果てました。それでも最初のうちは、もったいないので、税金を納めてでも残しておこうと思っていました。

しかしよく考えてみると、売れる見込みのないものでも、資産となってしまうと、貸借対照表の資産の部に仕掛品とか商品在庫という形で計上されることになり、結局は所得という扱いになって税金を取られてしまいます。

実際には「石ころ」みたいなもので、将来売れるかどうかもわからないものなのに、税金を納めなければならない。また、そういうものを資産として上げておくのは、どう考えてみても不健全ではないかと思い始め、そのうちに思い切って要らないものは捨ててしまおうと決めました。

不良資産を落とし、健全資産だけを残す

また、京セラでは良品の余剰在庫と同じように、セラミック部品の成形をするための金型も資産扱いになるかどうかで税務署ともめたことがありました。

セラミック部品の試作注文をいただくと、それがたとえ五百個の注文でも精密な金型が必要になります。ところが、試作品ですから、注文は最初の五百個で終わる可能性もあります。もし京セラ負担で金型を起こして、その後注文が来なければたいへんなことになりますが、金型代をお客様からいただいておけば京セラの負担は発生しません。

この金型はたいへん高価なものですから、試作品をつくった後も次の注文に備えてきちんと保管してありました。しかし、次から次へと試作を行いますから、会社の中にはいつ使うかもわからない金型がどんどんたまる一方です。

金型というのは経理上、固定資産として扱われ、分割で減価償却を行うものと決まっています。しかし、金型はあっても、それはもう五百個の試作品製作で役目を果たした、いわば用済みのものです。すでに代金もいただいているし、ただ倉庫の隅に置いてあるとい

うだけの代物にすぎません。

しかし、税務署の人は、

「たくさん金型がありますね。この金型の製作にはいくらかかったのですか？　たいへん立派な金型ですから、これも資産として計上しておきます。これは法定耐用年数に従って、償却をしてください」

と言って、それにも税金をかけようとします。

確かに、使い込んでいませんから、見た目にもきれいで精度も高くいい金型です。しかし、いつ使うかもわからない、もしかしたらもう使うこともないかもしれないものを資産として上げると、初年度に何分の一かの償却をしても、その後も資産として何年かは税金を納め続けなければいけません。

私がいくら「これは試作用の金型で、お客様にとってはもう用済みで、後の注文は来ないのです。だからこの金型は価値がないのです」と言っても、税務署の人は「だったらそれはつぶしなさい。廃棄処分にするなら資産とはみなしません」と答えるだけです。

しかし、私にすればまだ十分に使える金型をつぶすことには抵抗があります。しかも

「試作の注文がまた三個とか五個とか来るかもしれない。そのときに金型をつくるのはたいへんだから、残しておこう」と考えて、つい保管してしまいます。このようにして、残すか、つぶすか、そのことで私はずいぶんと迷いました。

ところが、そういうことをよく考えない、経理担当者や税理士に任せっぱなしの経営者の方がおられます。「あなたが一生懸命に働かれた結果、決算はこうでした。利益はこうなっていますから、税金はいくら必要です」と言われると、経理のことが何もわからないものですから、言われるままに税金を納めておられるわけです。

法律上、どういうものを在庫と呼ぶかはきちんと決まっています。しかし、実際には死んでしまっている備品や商品のように、本来なら資産に上げられないようなものまで資産に上げている会社がよくあります。一見、非常にもうかったように思えますが、いざ換金しようとすると換金できないもの、つまりお金に換えられない不良在庫、不良資産を抱えているということは、どこの会社にも往々にしてあるものです。

皆さんにも思い当たる節があるのではないでしょうか。仮に売れるものでも、倉庫に三年も積んであったような品物は、売っても二束三文にしかなりません。そのような不良在庫や不良資産は、経営者自身が棚卸しをして、不要なものはなるべく、落とすようにしなければならないのです。

この「落とす」ということは、現実に多くの経営者の方がされているようです。しかし、どんなときに落とすかというと、利益が出ているときです。利益が出ると税金を納めなければなりませんから、不良在庫はなるべく落とそうというのでどんどん捨てられます。ところが利益が出なくなると、これを落としたら赤字になってしまうから、もう「落とすな」となります。そのように経営者は、自分の都合のいいように不良在庫や不良資産を「落とし」たり「残し」たりして決算を調整しています。

しかし、ここで大切なことは、不良資産を落とすというのは自分の都合によってするものではなく、利益がどうであれ、常に健全な資産だけを残すようにするべきだということです。そういう健全な経営を続けていると、不況が押し寄せてきても財務上余裕がありま す。例えば利益が三パーセントしか出ていなくても、健全資産だけの三パーセントと不良資産を抱えた三パーセントでは雲泥の差があり、その差は不況のときに大きな違いとなって出てくるのです。

実際のお金の流れを正確に把握する

今後使うかどうかわからない金型の経理上の扱いのことを従業員に理解してもらうために、私はよく次のようなたとえ話をしました。

最もシンプルな商売、わかりやすく言うとバナナのたたき売りをイメージしてみてください。裸一貫のおじさんが、町にお祭りがあるというので、「よし、今日は手持ちのお金をもとにあそこで一つ店を張って稼いでやろう」と考え、近くの市場へ行って五千円でバナナを仕入れ、お祭りをやっている神社の夜店へ行きます。

夜店を仕切っている親方と話をつけ、いざバナナを売ろうとしますが、地面にそのままバナナを置くわけにもいかず、はたと困ってしまいます。そこで、みかん箱の上に新聞紙でも貼ってその上にバナナを載せて売ればいいと思い、みかん箱をもらおうと近所の八百屋に走っていきます。

「空のみかん箱をくれませんか」と頼むと、八百屋のおやじさんはその男の様子をジロッと眺めて、普通だったら捨てるのにも困っているくせに「こいつはどうしても欲しがっているな」と足元を見て、「三百円です」と言います。仕方がないのでおじさんは三百円を払ってみかん箱を買いました。

そして、いよいよバナナを売り始めますが、台をたたいて「さあ！　さあ！」とやらないと景気が出ません。

そこで勢いをつけるためにその辺にある棒を引っこ抜いてきますが、みかん箱の上に新聞紙ではあまりにみっともないし売れそうにない。大きな風呂敷でも買ってきてその上にバナナを並べたらいいのではないかと考え、風呂敷を買いに行きます。千円と言われた風呂敷を値切り倒して五百円で買い、それを広げてバナナを並べ、やっと商売を始めます。

その日は、五千円で仕入れたバナナを何とか売り切って七千円の売上がありました。おじさんは二千円もうかったと思い、今日は良かったなと機嫌良く帰りに五百円の牛丼を食べます。

すると翌日税務署が来て、「あなたは昨日二千円もうけました。もうけの半分、千円を税金で納めてください」と言います。そこでおじさんは「五千円で仕入れたものを七千円で売ったから二千円もうかったように見えますが、実は元手がかかっています。みかん箱が三百円、風呂敷が五百円で計八百円の道具を買いましたから、実際のもうけは千二百円です。千二百円もうかったから税金を取るというならわかるけれど……」と、説明します。

それでも税務署の人は、「みかん箱も風呂敷も、今日またたたき売りをするときに使うでしょう。それは売るための道具ですから資産ですよ」と一向に引き下がりません。

おじさんは内心、「みかん箱はどうせ捨てるものだし、風呂敷も破れて使いものにならないのに」とぼやきますが、税務署の人に「あなたは千二百円しかもうかっていないと言うが、経理的には二千円もうかっているんです。それが世の中のルールです」と言われると何とも反論できません。

普通、経理がわからない人は「二千円もうかったから、半分の千円は税金です」と言われると、「ああ、そうですか」と素直に千円の税金を納めます。おじさんの場合も、千円払うと道具代の八百円を引いて二百円のもうけしか残らない上に、昨日五百円の牛丼を食べていますから、実際には三百円の足が出てしまっています。結局、何ももうかっていないわけです。

会計を知らないために、実際にそのような経営のやり方を取っているケースがよくあります。

今のようなたとえ話を通じて、キャッシュフロー経営を実現するためには、実際のお金の流れをきちんと把握しておくことが最も大切だということを理解してください。

「当座買い」には大きなメリットがある

京セラの場合、材料は必要な分だけしか仕入れないということが原則になっています。

昔の貧家というのは、その日暮らしの生活をしていたものです。ご主人が一日一生懸命に働いて日当をもらい、その日に食べるお米を買いに行きます。貯蓄などありませんから一斗（十升＝約十八リットル）まとめて買うようなことはできず、お米は一升買い、みそやしょうゆも同じように量り売りで買います。その日の暮らしに使う分だけ少しずつ買う、これが昔の貧家の典型的な暮らしでした。

私は京セラにおいても、あえて貧家の人がやっていたような当座買い、「今要る分だけを買う」ということを原則としてきました。

一般の企業では、少し余裕ができると必要な資材はできるだけまとめ買いをして、安く買おうとします。普通はそれが物を買うときの常識でしょう。しかし、京セラはそれとはまったく逆の「使う分だけしか買わない」ということを守ってきました。そうすると、どうしても高くつくものですから、なぜ、そのようなばかげたことをするのかと皆が聞いてきます。私はその真意をわかってもらうために、私の母の例を引いてみんなに説明したものでした。

戦前、私がまだ小学生のころ、父は十人ぐらいの従業員を使って印刷屋をやっていました。

そのころはよく、父の出身地である村の人たちが、大八車をひいたり、天秤棒《てんびんぼう》を担いで、サツマイモなどの野菜を鹿児島市内に売りに来ていました。売れ残ったりすると、それを持って村まで帰ると重たいものですから、たいてい知り合いの家に寄っていきます。私の家にも「ちょっと寄らせてもらいますよ」と言って父の親戚に当たる村の人たちがよく来られました。母は、村の人たちは一日中荷物を担いで商いをしたのだから、帰るときには疲れているだろうし、お腹も空《す》いているだろうと、縁側のところでお茶や菓子を出してはねぎらっていました。そのとき、村の人たちは必ず売れ残った野菜を「これは売れ残ったから安く分けてあげよう」と言って置いて帰られます。そのことを母は、親切にしてあげるからみんなが残ったものを安く分けてくれる、と言ってたいへん喜んでいました。従業員もいるから、家でもたくさんの食べ物が要るというので、母は非常にいいことをしていると思っているわけです。

ある夜、食事のときに母が「今日も村の人が寄られて、サツマイモが余ったからと安く分けてもらった。よかった」と父に話していました。私もよかったなと思って父の顔を見ると、父は仏頂面をしながら「またか、ばかが!」と怒っています。私は子供心にも、親切にしてあげて安く買えたのだから「よかったな」と言えばいいものを、どうして父は「ばかが」と言うのかなと思っていました。そんなふうに言われると母も気分が悪いものですから、膨れっ面になってしまいます。

それ以来私は、なぜ父が怒ったのかと考えていましたが、あるとき、そのわけがわかりました。ある日学校から帰ってくると、母が庭先で「あらっ」と言いながら、庭を掘り返しています。見ると、以前、村の人に安く分けてもらったサツマイモやサトイモを庭に埋めて保存していたのが、掘ってみたら傷んでいるので、母が慌てて掘り出していました。

母は、傷んだ箇所を包丁で切り落として小さくなったサツマイモをふかしてザルに盛り、「お友達を呼んでいらっしゃい」と私に言います。私はガキ大将でしたから、いい恰好《かっこう》をして、「サツマイモができたぞ！」と言って皆を呼び集め、ごちそうしました。友達がお腹が膨れて喜んで帰っていくのを見て、母はいいことをしたと気分を良くしています。

私はそのときに、「あっ、父があのときに怒っていたわけはこれだな」と気づいたのです。父は一日中工場の中で働いていますから、母のそういう現場を見たことはありません。しかし、うちの嫁は「安く買った」と言っているけれども、どうも無駄な買い物をしていると、父には直感でわかっていたのだと思います。だからあのとき、「ばかが！」と言ったのです。

母にしてみると「あなたの親戚の人に対して、私は親切と思って買ってあげたのに、文句を言われるとは……」と思って怒っているわけです。ところが父は、何も証拠はつかんでいないものの、たぶんこういうことになっているだろうと察して不愉快な思いをしていた。「親切なのはいいけれども、どれだけお金を無駄にすれば気が済むのか」と思っていたのでしょう。

私はそれを見て、「なるほど、まとめ買いで安く手に入れたと思っても、これくらい高くつくものはないな」と思ったのです。

このように当座買いは、一般には高くつくだけで常識に反するやり方だと思うことでしょう。ところがそうではありません。それは実に合理的な買い物の仕方なのです。

なぜなら、当座買いは高くつきますから、必要な分だけしか買いません。人間というのは面白いもので、必要ギリギリの数しかないと思うと、どんなものでも実に丁寧に、大事に使うようになります。ところが、それが倉庫に山ほどあるとなると、どうしても粗末に使ってしまいがちです。つまり、母がサツマイモを余計に買って腐らしたのとはまったく逆の現象が起きるわけです。

例えば、品物を千個組み立てようとするときに、千五個分しかビスやボルトといった部品がないとすると、ビス一本落としても何とか探し出そうとします。反対にビスが山ほどあると、一つや二つなくなってもまったく気になりません。大量にまとめて安く買ったつもりが、結局はロスを生じさせて安くならないことになります。そこに、当座買いのメリットがあるわけです。

また、必要な分しか買わなければ倉庫も要らず、そのための管理費も必要ありません。さらに、在庫ではありませんから、在庫金利も発生しません。

京セラで今もなお生きているこの「当座買いの原則」は、経営上、非常にメリットがあるのです。

能力を未来進行形でとらえる

新たな目標を立てるときは、あえて自分の能力以上のものを設定しなければなりません。今はとてもできそうもないと思われる高い目標を、未来の一点で達成するということを決めてしまうのです。そして、その一点にターゲットを合わせ、現在の自分の能力を、その目標に対応できるようになるまで高める方法を考えるのです。

現在の能力をもって、できる、できないを言うことは誰でもすることです。しかし、それでは新しいことや、より高い目標を達成することなどできるはずはありません。

今できないものをなんとしても成し遂げようとすることからしか高い目標を達成することはできないのです。

「能力を未来進行形でとらえる」というこの項目は、「京セラフィロソフィ」の「人間の無限の可能性を追求する」という項目と対《つい》をなしています。この「人間の無限の可能性を追求する」については、「無限の能力を信じる」と言い換えてもいいでしょう。

この「能力を未来進行形でとらえる」という言葉も、自分は無限の可能性を持っているということを表現しており、今後、企業家、経営者として大成していくためにも、非常に大切な意味を持っています。

ここで言いたいのは、「人間の能力は未来に向かってどんどん伸びていくことを前提にして、自分の人生を設計しなさい」ということです。

しかしながら、大半の人たちは「それは無理です、できません」と、いとも簡単に言います。現在の自分の能力で考えて、できるかできないかということを判断してしまうからです。

しかし、そうではありません。人間の能力は、未来に向けて成長し、進歩していくのです。ですから、数年後には、今考えると、とてもできそうにないことでも、できるようになるはずです。また、できると信じなければ、人類に進歩はありません。人類というのは、すべての点において進歩をしていくように神様がつくってくれたものです。そのことを私は、「能力を未来進行形でとらえる」と言っているわけです。

ですから、「私は勉強もしていません。そういう素養もありませんし、技術もわかりません。だからできません」などと言うのではなく、今からでもいいから努力を始めるのです。今からでも勉強しさえすれば、それが未来に向かってすばらしい成長を遂げていく力となります。人の能力というのは、無限に開花をしていくのです。

人生をあきらめ、今のままで一生を終わろうなどと思っている人はいないはずです。心のどこかでは、自分も努力してすばらしい人生を送りたいと思いながらも、難しい課題を出されるとつい、「それは無理です」と言ってしまう。そうではなく、とてつもなく難しいことでも自分には可能ではないだろうか、努力をすればできるのではないかというように、まず自分を信じることが必要なのです。

今の能力だけで自分を評価するのは、あまりにも惨めではないでしょうか。ですから、自分自身を、現在の能力でもって評価するのはやめましょう。能力というのは未来に向かって開花していくということを信じ、努力していきましょう。「能力を未来進行形でとらえる」とはそういうことなのです。

まずは能力の進歩を信じる

先にも少しご説明しましたが、私の脳裏に、この「能力を未来進行形でとらえる」という言葉が浮かんだのは創業当時のことでした。

セラミックスの絶縁材料を売り込みに行くと、大手電機メーカーの研究者たちが、こういうものが欲しいと要望するものは、製造が特に難しいものばかりでした。しかし、そのようなものでしか試作の注文はもらえません。

当時、名古屋には大きな焼き物会社がたくさんありました。以前から陶磁器をつくっていた会社が、セラミックスの製造も手がけておられたのです。そんなところへ、創業したばかりの零細企業である京セラが売り込みに行くわけですから、名古屋の大手メーカーがすでにつくって納めておられるようなものの注文は、当然いただけません。相談を受けたり頼まれたりするのは、そういう大手メーカーが、「いや、これは難しい。うちではつくれません」と一歩退かれたものばかりです。そういう難しいものを、研究者の方が図面を見せながら「君のところは、こんなものをつくれるか」と言うわけです。大手メーカーとは資金力でも技術力でも雲泥の差があるのに、大手が断ったような難しい話ばかりが来る。

そこで、「いや、それは無理です」と言ったのでは話になりません。資金力も技術力もない零細企業が、引き合いに対して「できません」というようなことを言っていたのでは、とても生き残っていけないのです。私も、何とかしないと会社が成り立たないと思っていますから、無理をして「何とかしましょう。やりようによってはできるかもしれません」と答えることになります。すると研究者の方は「かもしれませんなら結構です」と言って、それ以上話も聞いてくれなくなるものですから、私はさらに勇気を奮い起こして「いや、できます」と言わざるを得ませんでした。

背に腹は替えられない、なんとしても注文が欲しいものですから、できるあてもないのに「できます」と言って試作注文をもらい、事もあろうに「三カ月後にその試作品をお届けします」という約束までしてくるわけです。

会社に帰ると、数少ない研究者たちに「かくかくしかじかの相談を受け、『できます』と言って注文をもらってきた。今からがんばって、三カ月以内に納めようと思う。この製品は、今までやったことはないけれども、こういう手法で、こうやったらできるんじゃないかと思う。早速、実験にかかろう」と言います。するとみんなが「稲盛さん、それは無理ですよ」と口をそろえて言うわけです。

事実、そういった難しいものは過去に全然やったことがありませんでしたし、当時の京セラの技術力では無理と思われても仕方ない状況ではありました。しかし、それを無理だと認めてしまうと話が台無しになってしまいますから、研究者たちを納得させるために、「われわれの能力を、未来進行形でとらえよう」ということを言い始めたわけです。今の能力ならできないのは自分も承知している、しかし三カ月のうちには、われわれの能力は実験を繰り返しながら進歩するはずだ、私はそう言いました。

「うそを方便にする」

周りの者はこのことをとらえて、「稲盛さん、できもしないのによく『できます』なんて言って、注文を取って来られますね」と私に言いました。これは結構耳が痛く、何か詭《き》弁《べん》を弄してと言いますか、うそを言って注文をもらってきたと非難されているように聞こえるわけです。

それではあまりに人聞きが悪いし、そのまま放っておくと、どういう尾ひれがついて、誤解を生むかわかりません。何とか彼らに私の気持ちをわかってもらい、協力してもらわなければと思って、私はこう言いました。

「私はうそなど言ってはいない。私たちの今の能力だったら、未来には可能になるはずだ。約束のときまでに試作品ができなければ、『うそを言った』ことになる。しかし、そのときまでに試作品ができ上がっていればうそにはならない。だから、これはうそとは言わずに『方便』と言うのだ」

お釈迦様《しゃか》が、ものの道理をわかろうとしない連中に、事実ではない方便を使って説明されたそうですが、それはうそとは言わないわけです。

「三カ月後に試作品を持ってきます」と言ったのにそれができなかったときには、「うそをついたな」と言われても仕方なく、「誠に申し訳ありません」と謝るけれども、それまでは方便なんだ、と言い張ったのです。当時の幹部たちに対して私は、うそがうそのままに終わるか、真になるかは三カ月後に答えが出る、それまでは必死に試作に取り組むよう言いました。

試作品ができ上がるまでは毎日が綱渡りみたいなもので、文字どおり命がけで難しい実験を繰り返し、議論を繰り返しました。そのときに唯一信じられたのは、「自分の能力を未来進行形でとらえる」ということだけでした。何しろ、現在の能力ではできるはずがないとはっきりわかっているのですから、その言葉だけが、ただ一本の命綱だったわけです。

能力を未来進行形でとらえるからこそ、進歩・発展がある

例えば、今はお金も技術もない人が、資本金を一億円調達し、一年後にある事業をやろ

うと考えたとします。こういう技術があって、こういう人材がいて、こういう事業をしようと構想を練っても、それは現時点ではしょせん、夢物語にすぎません。ところが、一年かかって金融機関や関係者を説得して一億円の資金の準備をし、経営者としての自分の能力を必要なレベルにまで磨き上げることができれば、その夢物語は夢ではなくなるのです。

また、大学などの優秀な研究者を、あるいはリストラで大企業を辞めた中高年の技術者を紹介してもらえれば、自分に技術はなくてもその計画を事業化できるかもしれません。

そのように、なんとしても夢を実現させようと思い努力を続ければ、必ず道は開けます。ですから私は、お金もない、技術もない、何にもないときから自分の能力を未来進行形でとらえるということを武器に仕事を進めてきました。現在のように売上高約七千億円、税引前利益率一〇パーセント超という企業グループになるまで、それをただ一つの財産としてやってきたわけです。

この言葉は一般的ではありませんが、研究者の場合にも重要な意味を持つはずです。言い換えれば「能力を未来進行形でとらえる」ことのできる研究者だけが、優れた研究成果を得ることができるのです。

大企業などでは、よくプロジェクトチームをつくっていろいろな研究をやっています。そのメンバーに、このことを信じていない人を入れてはいけません。成功しなかったプロジェクトチームというのは、メンバーの中にこの言葉の意味がわかっていない、または信じていない人がいたからです。このようなケースはいくらでもあります。

単に、一企業の発展ということにとどまらず、人類の進歩・発展というものはすべて、この一項目で決まってくると言ってもいいくらいです。ぜひ、決して自分の能力を卑下することなく、自分にはすごい可能性が秘められているのだと信じて、難しいと思うことでもあきらめずにやり抜いていただきたいと思います。

●目標を周知徹底する

目標を達成するためには、その目標が全員に周知徹底されていなければなりません。つまり全員が目標を共有化し、自分たちのものになっていることが必要なのです。

営業部門でも製造部門でも、当月の〔売上〕や〔総生産〕、〔差引売上〕・〔時間当り〕

などの数字が全員の頭にしっかりと入っていて、職場の誰に聞いても即座にその数字が口をついて出てこなければいけません。

京セラの〔アメーバ経営〕と〔時間当り採算制度〕では、目標を全員に周知徹底し、共有化を図ることによって一人一人の参画意識が高められ、これが一丸となって目標達成に向かうエネルギーとなるのです。


この「目標を周知徹底する」という項目も、京セラ創業のころにまとめたもので、どうしても全従業員の力を結集したいという私の思いから生まれました。普通、経営者は自分の考えを幹部社員には話しても、一般の従業員にまで話をするということはめったにないものです。しかし私は、当時は会社が零細だったこともありますが、一人でも多くの人たちの協力を得たかったため、全従業員に語りかけようと考えました。

それは、会社が小さいほど、末端の従業員にまで協力してもらうことが必要だからです。

末端の人に至るまで全従業員が経営者と同じ思いを持ってくれれば、全員の力を結集させることができるはずだ、そう考えて、私は「目標を周知徹底する」ことを創業時から非常に大事にしてきたのです。

この考え方は、「京セラフィロソフィ」に出てくる「ガラス張りで経営する」という項目にも関連しています。京セラでは、決算内容をはじめ、すべての情報がオープンになっています。つまり、みんなに目標を周知徹底させるだけではなく、現状や結果もすべて公開することになっており、それが京セラのやり方なのです。

この効果として、透明性の高い経営を進めることができ、従業員みんなが経営者マインドを持つことができました。つまり、全従業員、一人一人に経営者としての意識が芽生えたのです。

かつて中小企業では、経営陣と従業員との間に溝が生まれ、そこに組合の上部団体が介入して争議になるということがよくありました。私が経営の第一線でがんばっていたころも、いわゆる職業的な組合運動をする団体があり、中小企業にまで入り込んできて、自分たちの息のかかった組合として組織化しようとしていました。組合のない会社には、「あなたたちの会社では経営者だけがいい思いをして、労働者は搾取されている」とアジって、無理やりにでも組合を結成させようと活発に動いていたのです。

経営陣は、「経営者の苦労が従業員にわかるわけがないだろう」と言い、一方、従業員側も、経営者の気持ちなど考えず、「とにかく給料が良ければいい、待遇を改善してほしい」の一点張りです。そういう対立が解決されないまま、お互いに腹を割った話し合いも行われず、労使関係は紛糾するわけです。

世間ではそういうことがよく起こっていましたので、私は労使関係を、対立する関係ではなく、共に経営者としての意識を持つ関係にしたいと思っていました。労使で一体感のある経営ができないのは、お互いの立場が違い過ぎて、相手を理解しようとしないからだと考えたのです。

私は、経営者である自分と同じ立場で経営を考えてくれる従業員がいれば、いわゆる労使の関係を超えることができると考え、そのためにも、従業員全員に経営者マインドを持ってもらいたい、と思ったのです。

つまり、みんなが共同経営者であるという意識を持つようになれば、労使関係の対立など生まれようがないのです。だからこそ、「目標を周知徹底する」ということをうたい、私が苦労し、悩んでいたら、それも全部従業員に話して理解してもらおう、そう思いながら、今日まで経営してきたのです。

このようにして、全社員が経営に参画できるようにしたことが、京セラの労使関係を円満に運ぶもととなった、と私は考えています。

第4章

日々の仕事を進めるにあたって

●採算意識を高める

京セラでは、アメーバ単位で〈時間当り採算制度〉を実施し、職場での仕事の結果が誰にでもはっきりとわかるようになっています。社員一人一人が経営者の意識をもって、どうすれば自分たちのアメーバの〈時間当り〉を高めていけるかを真剣に考え、実践していかなければなりません。

常日頃、鉛筆一本やクリップ一つにいたるまで、ものを大切にしようと言っているのは、こうした思いの表れです。

床にこぼれ落ちている原料や、職場の片隅に積み上げられている不良品が、まさにお金そのものに見えてくるところまで、私たちの採算意識を高めていかなければなりません。

「日々採算意識を高めていこう」と、私は幹部社員はもちろんのこと、全社員に強く訴え続けてきました。この「採算意識」とは、「原価意識」ということです。つまり、仕事をする以上は、すべてに対し原価意識を持って仕事をしなさいと言っているわけです。「採算を合わせる」と言えば、即「利益を得る」という意味に取られがちですが、そうではありません。それは常に「原価を考える」ということであって、このことが採算を向上させる鍵になるのです。

仕事をしていく中で、コスト、つまり原価はどうなっているのかを考えずに、経営がうまくいくということはないはずです。

例えば、ホテルのレストランで食事をしているとしましょう。レストランの中は閑散としていて、何人ものウエイトレス、ウエイターが、手持ちぶさたにそこかしこに立っている。見渡せば、数少ないお客様は、千円から千五百円のカレーライス程度のものを食べているようだ。私など、そういうときはいつも従業員の人件費、レストランの一日の売上などをパッパッと頭の中で計算して、「ああ、これじゃ採算は合わないな」などと考えてしまいます。自分が手がけている仕事はもとより、いろいろな場面で、その一瞬一瞬で原価意識を持って物事を考えることができるか、それともただ漠然と見ているだけなのか、それによって経営には大きな違いが出てきます。経営者たるもの、日常をただ漠然と過ごしているようではいけません。いつなんどきでも、原価を意識していなければならないのです。

さらに具体的にお話ししますと、例えば会社で、ある仕事を秘書に頼んだとします。ところが手際が悪くて、わずか一枚の紙にまとめた内容をパソコンに入力して持ってくるだけなのに、その作業に半日もかかっている。

最近の大卒の初任給は、二十万円くらいはするでしょう。中小企業でも、残業代を含めると、人件費は一人当り月平均三十万円くらいはかかっているだろうと思います。ボーナスを含めると、約四十万円。ひと月の稼働日数が二十日間とすれば、一日当りの人件費は二万円となり、一日の就労時間を八時間とすれば、一時間は二千五百円になります。それをさらに十で割れば、六分二百五十円です。つまり、タクシーのメーターみたいに、六分たてば二百五十円ずつかかるわけです。

そう考えれば、ただウロウロして過ごしている従業員が目障りになってくる。二百五十円があの辺をウロウロ、この辺をウロウロ、何にもしないでふらついているのを見るにつけ、もうたまらない思いがします。

そう思うのは私が経営者だからでしょうが、従業員にも「あなたの給料は、六分当り二百五十円なのです。だから、六分間でそれ以上の価値を生み出してもらわないと、会社は赤字になるのです」と教えてあげなければなりません。従業員たちがそのようなことを意識するようになれば、例えば一時間ロスをしたら、次の一時間は倍の五千円分、いやそれ以上の一万円分の仕事をしようと思うようになってくれるでしょう。

経営者が「あなたは午前中、ボーッとしていたでしょう。それであなたは一万円を無駄にしたことになるのです」と、いちいち従業員に面と向かって言えば、非常にきつい印象となり、反発を受けるかもしれません。しかし、従業員のほうから自発的に「考えてみれば、今日は午前中ずっとボーッとしていた。会社に一万円の損をさせてしまった」と考えてくれるようになれば、必ず経営はうまくいくはずです。

つまり、この項目で言っていることは、「今自分がここでこうしているだけで、いったいどれくらいのコストがかかっているのか」ということを、全従業員に常に意識してもらわなければならない、ということです。そういう意識を持っているのは経営者くらいのものですから、ついつい従業員のやることを黙って見ておられず、イライラして当たり散らす。ところがこれだと逆効果になってしまって、ちっとも採算を向上させようという方向に向かいません。一方、従業員が経営者と同じような意識を持っていれば、「そんなことをしていたのでは採算が合わないじゃないか」という経営者の言葉に、すぐにうなずいてくれるはずです。皆が常に原価意識を持っていれば、経営者の苦労も軽減されることでしょう。

そのような意識は、会社の中にとどまらず、ホテルのレストランであろうと、ラーメン屋であろうと、どこにいても「この商売はうまくいっているのだろうか」と、すぐに頭の中で試算を始めるくらい強いものでなければいけません。そういう習慣が身についていれば、自分が新しい事業を起こすという場合に、十分に採算が合いそうだ、あるいは、このような事業は誰がやっても難しいかもしれないな、などということが、ちょっと計算するだけでわかるようになります。仕事中でも、遊んでいるときでも、常に原価意識を働かせて物事を見る。そうすれば、ビジネスチャンスはグッと広がってくるのです。

そのような原価意識を従業員にも持ってもらうよう話をしていく。そうやって、原価に対して敏感な従業員を一人でも多くつくることが、会社の採算を向上させることに直結するのです。

原価意識は、ビス一個、ナット一個の値段を知ることから

会社がまだ小さいころは、私自身、よく製造現場に足を運んだものでした。ふと見ると、一キロいくらの原料が床にバラバラとこぼれています。私はもう身を切られるような思いになって、すぐに作業員を呼び集め、「どうしてこんなに原料がこぼれているんだ!」と怒った覚えもあります。

確かに、組立工場などの現場では、皆一生懸命に作業をしているものですから、ビスやナットなどがうっかり床に落ちてしまうこともあります。しかし、流れ作業でやっていますので、それをいちいち拾っていたのでは追いつきません。落としたままでどんどん組み立てていかなければならないわけです。そのうちに、その落ちたビスやナットを踏みつけてしまうなどして、結局使えなくなってしまうこともあります。ですから、そういうものが大量に床に散らばっている職場を見ると、「こんなことでは採算が合うわけがない」と

思ってしまいます。

そのため、私は、製造現場にビスが落ちているのを見るたびに、「ここにビスが落ちているけれども、これは一個いくらするか知っていますか」と聞くのです。たいていは「なぜそんなことを聞くのか」という表情で「わかりません」という答えしか返ってきません。パートの女性にいたっては、誰も知らないわけです。そこで、「これはいくらです」と教えてあげることが必要になります。

つまり、採算意識とは、まずビス一個、ナット一個はいったい何円なのかを知ることから始まるのです。一個無駄にすればいったいいくらのロスになるのか、そういうことを把握していなければ、採算を向上させることはできません。そのために、経営者が強い原価意識を持っていることはもちろん、従業員一人一人にまで原価意識が浸透するような教育を行うことが、たいへん大事になってくるのです。

●倹約を旨とする

私たちは余裕ができると、ついつい「これくらいはいいだろう」とか、「何もここまでケチケチしなくても」というように、経費に対する感覚が甘くなりがちです。そうなると、各部署で無駄な経費がふくらみ、会社全体では大きく利益を損なうことになります。

そしてひとたびこのような甘い感覚が身についてしまうと、状況が厳しくなったときに、あらためて経費を締めなおそうとしても、なかなか元に戻すことはできません。

ですから、私たちはどのような状態であれ、常に倹約を心がけなければなりません。出ていく経費を最小限に抑えることは、私たちにできる最も身近な経営参加であると言えます。

私が京セラを始めた当時は、お金も何もありませんでしたから、「倹約を旨とする」という考え方を従業員に説いていたのは当然だったと思います。では、創業から四十年がたち、連結決算で七千億から八千億円という売上規模になり、八百億円近い利益が出るようになってからでも、なぜ「倹約を旨とすべし」と言うのか、そして、何故にまだそれが実行されているのか。

人間の考え方とは、どんどん変化していくものです。「京セラフィロソフィ」の中にある「人生の方程式」について、皆さんにお話をしました。これは、「京セラフィロソフィ」の根幹となる、最も重要な項目です。そこで私は、その人の持つ考え方、哲学が一番大切だと強調していますが、「考え方」というものは、実は変化していくものなのです。人は一生同じような考え方でいく、と決まっているものではありません。ある時期にはすばらしい考え方を持っていた。そのために事業もうまくいき、人生も順調にいった。けれども、成功して環境が変わっていくにしたがって、その人の考え方も変わり、しだいに堕落していく。そして、せっかく成功させた事業を失敗させ、会社をつぶしてしまった。そのようなこともあり得るわけです。つまり、経営者が持つ考え方は変化するものであり、それにつれて経営状態も変わっていくのです。

「倹約を旨とする」という考え方も、非常に地味で、今の京セラにとってはけちくさい感じがします。けれども、私がよく「現在は過去の努力の結果、将来は今後の努力で決まる」と言ってきたように、この考え方は、売上が何千億円という世界規模の企業になっても変えてはいけないものなのです。企業の根幹となる考え方とは、環境によって変わっていくものではない、私はそのように思います。

自分にもそう言い聞かせているせいか、私はどうしてもぜいたくができません。例えば出張先で一人で食事を取る場合、ホテルで夕食を取れば何千円、ときには一万円近くかかる場合もあります。そのような高額の夕食を平気で取る人がいますが、そういう感覚が、私には信じられないのです。

考えてみても、われわれが家で食べる食事は、おそらく原価では一食千円にも満たないものなのでしょう。それなのに、ホテルで食事をすれば簡単に数千円はかかってしまう。

私は休日に、スーパーマーケットで食料品などを買うのがたいへん好きで、カートを押しながら家内についていき、「あれを買おう」「これを買おう」と言って買ってもらいます。家内からは「家にあまりいないし、食べもしないくせに、あれもこれもと言う」と怒られてしまうのですが、そうやっている間は、もう楽しくてしようがありません。そうしていろいろ買ってもらって、「今日はたいへんなぜいたくをしてしまった」と思っても、レジで支払うと一万五千円くらいにしかならないわけです。そして、その食料品がどのくらい保《も》つのかというと、家内に言わせれば十日は大丈夫とのことです。

やはり貧乏性なのでしょう。私はよく吉野家に行って牛丼の並を食べるわけです。自分一人で行くのはさすがに恥ずかしいので、「おまえも一緒に来い」と私の運転手さんを道連れにします。大盛だとご飯が多過ぎて食べ切れませんから、牛丼の並を二人前取り、牛肉だけの並の皿をもう一つ注文する。牛丼の上の部分から食べていくと、具がなくなってきますから、もう一つ取った牛肉だけの皿を運転手さんと半分ずつ分け、それをご飯の上に載せてまた食べる。たったそれだけで、とてもリッチな気分になるのです。

毎晩五千円から一万円程度の食事を十年続けたって、私にとっては何でもないはずなのに、それは死んでもできないというくらい怖いことなのです。お金がないから怖いのではなくて、毎晩そんな高価な食事を平気で取れる神経が信じられないからです。

ちょっと成功すると、いつもホテルで豪勢な食事を取られる方がいますが、そういう人を見聞きするたびに私は疑問に感じてしまいます。その人も会社をつくった当初は、おそらく倹約を旨として経営に当たっておられたのだと思いますが、成功し、それだけのぜいたくをしても大丈夫だという経済的な裏づけができてくると、ぜいたくが身についていく。人間というものは、そうやってだんだん考え方が変わっていってしまうのです。

立派な経営を持続させるには、立派な考え方を持続させねばならない

立派な経営を持続させようと思えば、立派な考え方を持ち続けなければなりません。五年、十年といった、比較的短いスパンでの成功は簡単なことかもしれませんが、中小企業を経営し、長きにわたって従業員を守り、繁栄を維持していくのはたいへん難しいことだと思います。

今日うまくいったからといって明日の保証はありません。今日をがんばり、明日もがんばり、エンドレスに際限もなく努力を続けなければならないのです。その苦しさを思うと、最初のころは気が遠くなるような思いにとらわれたものでした。

そんな中で、あるとき私は、これがオリンピック選手だったらどんなに楽だろうかと考えたことがあります。もちろん、オリンピック選手になるのはたいへん難しいことですし、もしなれれば、周囲から賞賛もされ、本人も誇らしく思うほど立派なことでしょう。そのためには、素質もさることながら、たいへんな努力が必要になります。しかしながら、四年に一度巡ってくるオリンピックだけに照準を合わせて努力をするのであれば、まだ簡単なことではないかと思ったのです。

一方、経営者は、十年はおろか、二十年も三十年も四十年も会社の繁栄を維持していかなければなりませんから、努力を延々と続け、その間わずかでも慢心することがあってはならないのです。中小零細のころに倹約を旨とし、質素に懸命にがんばってきたなら、その後、いくら自分がお金持ちになろうとも、いくら会社が立派になろうとも、それを持続していかなければなりません。それは、よほどの克己心がなければできないことです。

その経営者に比べれば、オリンピック選手になるくらいは楽な話だと思ったのです。五年や十年、死ぬ思いで努力しても、その後はそんな苦労は必要なくなるわけですから。

実際には、オリンピック選手にもわれわれの想像を超えた苦労があると思います。しかし、昔の私は、経営者として生きていくことがあまりに過酷だったものですから、オリンピック選手に八つ当たりしていたのかもしれません。

少し脱線しましたが、「倹約を旨とする」という考え方は、中小零細企業にのみ必要なものではなく、どれほど立派な大企業に成長しようとも変わらず持ち続けていかなければならないものなのです。皆さんもぜひ、初心を忘れず、倹約を常に心がけるようにしてください。

必要なときに必要なだけ購入する

物品や原材料を購入する場合、大量に買えば単価が下がるからといって、安易に必要以上のものを買うべきではありません。

余分に買うことは無駄遣いのもとになります。たとえ一時的に大量に安く購入できたとしても、これによって在庫を保管するための倉庫が必要となったり、在庫金利が発生したりといった余分な経費がかかってきますし、さらには製品の仕様変更などの理由で、まったく使えなくなってしまう危険性もあります。
やはりメーカーはメーカーに徹し、ものづくりそのもので利益を上げるということに専念すべきです。必要な時に必要なだけ購入するという考え方が大切です。

この内容は「健全資産の原則を貫く」の項目でもすでに述べましたが、一見、なるべくまとめ買いをすることが安く上げるコツだとする、現在の経済原理に反しているかのように映ります。しかし、私はその経済合理性に反するような購入方法、つまり、たとえ若干高くても、必要なときに必要な量だけを購入するということを、今でも厳格に社員に守らせています。

大量に買って在庫が発生したとなれば、そのための倉庫が要りますし、在庫金利もかかってきます。その上、決算ごとに棚卸しをしなければならず、使う見込みのなくなったものについては廃棄処分も行わなければなりません。結果として、最初は安く買ったように思うけれども、後々目に見えないロスが出てくるわけです。

京セラでは、この「必要なときに必要なだけ購入する」ことを、「当座買い」と言っています。「当座買い」のメリットは、今私が挙げた内容にとどまりません。必要な分しか買わないわけですから、その扱いには細心の注意が払われ、無駄遣いをしなくなるはずです。原料などの在庫がたくさんあれば、ちょっとくらい製造工程で失敗しても、また倉庫から出してきてつくり直すことができますが、在庫がないとすれば、失敗が許されなくなり、ものを丁寧に扱うようになることにもつながっていきます。

「当座買い」には、たとえ若干高くつくとしても、それを補って余りあるメリットがあるのです。

●現場主義に徹する

ものづくりの原点は製造現場にあります。営業の原点はお客様との接点にあります。何か問題が発生したとき、まず何よりもその現場に立ち戻ることが必要です。現場を離れて机上でいくら理論や理屈をこね回してみても、決して問題解決にはなりません。

よく「現場は宝の山である」と言われますが、現場には問題を解くためのカギとなる生の情報が隠されています。絶えず現場に足を運ぶことによって、問題解決の糸口はもとより、生産性や品質の向上、新規受注などにつながる思わぬヒントを見つけ出すことができるのです。これは、製造や営業に限らず、すべての部門に当てはまることです。

大卒の優秀な人材を積極的に採用する会社は多いと思います。彼らは大学でいろいろな勉強をして、高度な知識を身につけています。ですから、特に中小企業の場合は、「若くて優秀な社員が欲しい」と、そのような人材をまず採用しようとするわけです。あるいは中途入社でも、優秀な技術者が入ってくれるとなると、たいへんうれしくて、その人の意見に従って仕事を進めていこうとします。その人も、自分が今まで勉強してきたことを生かして、一生懸命に仕事に取り組んでくれるでしょう。

私自身も、化学合成に関する理論、例えば、どういう装置、どういう触媒を使って、どんな化学反応をさせれば何ができる、ということを大学で一生懸命に勉強し、それを実際の仕事に生かそうとしてきました。ところが、このような人間がえてして陥りやすいのは、やり方さえ知っていれば簡単にできる、と錯覚してしまうことです。しかし、いざやってみると、なかなかうまくいかないものです。それは、理論上は「できる」はずのものでも、実際にはそう簡単にはいかないからなのです。

これも先にお話ししましたが、セラミックスの合成を例に取れば、「この原料とこの原料を混合して何度で焼けば、このようなセラミックスができる」ということは、本を読めばわかります。しかし実際は、例えば、「原料の粉を混ぜる」という作業一つを取っても、液体や気体の場合と異なり、どこまで混ぜれば混ざったことになるのかがはっきりしません。そのために、理論に従ってやってみても思いどおりのセラミックスはできないのです。つまり、「知っている」からといって、「できる」とは限らない。現場を知らないがために、できるはずのものさえつくれないわけです。

似たような意味で、「経験則を重視する」ということも私は言っていますが、これらの項目は、私自身、会社で研究を行いながら痛感したことです。勉強して身につけた知識と、現場で実際にやってみて得た経験、この二つを併せ持って初めて「できる」と言える。そう実感したからこそ、私は、経営者もときには現場の人間と一緒に作業をし、現場を知ることが大事だと説いているわけです。

現場主義はあらゆる部門に通じる

創業十数年を経過したころ、京セラはアメリカのサンディエゴで初めて海外生産を行いました。フェアチャイルド社が持っていた工場を買い取って操業を開始し、日本から三、四人の技術者を現地に送り出したのですが、最初のころは問題も多く、なかなかうまくいきませんでした。そこで私も幾度か現地に飛び、現場を見に行ったものでした。ところが、アメリカ人の工場長が、そんな私にいつもこう言うわけです。

「あなたは現場に来ては作業員の横で一緒に仕事をしておられますが、そんなことをされては困ります。日本の親会社のトップ、それもオーナー経営者が、作業服みたいなものを着ては現場に出て、一介の作業員の仕事を手伝うなど、考えられないことです。トップとしてもっと他に仕事があるはずなのに、時給三ドル、五ドル程度の作業員と同じ仕事をしているのを見れば、その程度の仕事しかできないのか、それともただ遊んでいるのか、そのどちらかにしか見えません。英語も堪能ではないので、現場に出れば、『英語もできない』と従業員から軽蔑され、仕事をする上でも今後支障が出てきます。もし現場について知りたいのなら、われわれに言ってくだされば現場の者を連れてきて説明させますから、あなたの部屋から出ないでいただきたい」

その言葉に、私は憤然としました。

「何を言うのだ！　私はこれまで現場を重視してやってきた。何と言われようとも、私は現場に出ていくぞ！」

このように言っては、工場長とよくけんかをしていたものです。

現場にもたもたやっている作業員がいて、注意をしたら、その作業員とけんかになったこともありました。その作業員というのが、かつて海兵隊に所属していて、硫黄島で日本軍と戦ったという猛者《もさ》だったものですから、日本人の下で働いているのが我慢ならなかったわけです。そこへ日本人のトップがやってきて、面と向かって自分を叱りつけるわけですから、頭にきて、「このジャップ野郎！」と怒鳴り返してくる。それを先ほどの工場長が見ていて、「言わんこっちゃない」という顔をする。それでも、私は「現場主義」を貫きました。

そのうちに、アメリカ人のマネージャーは、現場を見ることなく、提出されたデータをそのままホストコンピュータに入力して生産を管理していたことがわかりました。彼は、「キーをたたけばモニターで全データを見ることができるのだから、現場に行く必要などない」と言い張るわけです。そこで私が、「自分で現場に行って見てみろ！ ここに入っているデータそのものがでたらめだということがわかるはずだ！」と叱りつけると、またけんかになりました。

皆さんは信じられないかもしれませんが、今から三十年くらい前のアメリカには、計算が苦手な作業員が現場の半分近くを占めていたのです。そのために正しい生産高を把握できず、現地で「スーパーバイザー」と呼ばれる監督者は、実態を反映しないデータを手にしては「現在の数字です」と言っていたのです。

インプットされたデータが間違っていれば、いくらコンピュータ管理システムであろうと何の意味もありません。それなのに、そのようなデータを信頼し、すばらしいシステムだと思い込んでいる。ものづくりのみならず、生産管理にしても、現場を知らなければ成立しないのです。そのときあらためて、「現場主義」とはたいへん大事な考え方なのだと痛感したことを思い出します。

現場にはヒントがたくさん転がっている

この「現場主義」ということを私に教えてくれたのは、ある先輩社員でした。たいへん真面目な方で、黙々と仕事をされていたのを覚えています。

セラミックスの原料となる粉を混ぜ合わせるときには、「ボールミル」という陶器製の容器を使います。瓶みたいな形をしていて、中に原料を粉砕するためのボールが入っており、コロコロと回しながら原料の粉末を混ぜていくわけです。実験を始めた当初の私は、「この原料とこの原料をボールミルに入れて混ぜる」と学校で習ったとおり、何の気なしに混ぜていました。

あるとき、その先輩が洗い場のところに座り込んで、一生懸命にボールミルをたわしで洗っている姿を見かけました。中に入っているボールには欠けてくぼんでいるものもあり、そのくぼみに実験で使った粉がこびりついていたりするので、彼はそれをヘラでほじくって、きれいに水洗いをしていたのです。

大学を出たいい男が、洗い場に座り込んでチマチマと作業をしている。「無口で風采も上がらない人だとは思っていたが、あのくらいなら簡単にパラパラッと洗えばいいものを、なんと要領の悪い」などと思いながら、私はその先輩の様子を見ていました。

ところが、いい加減に洗っている私には、なかなかいい実験結果が出ないのです。そこで頭をガーンと殴られたような気がしました。簡単に洗っていたのでは、前の実験で使った粉が少し残ってしまいます。そのわずかな異物の混入があったために、セラミックスの性質が変わってしまったのです。

「そういえば、あの先輩は、ヘラみたいなものを使って丁寧に一つ一つのボールのくぼみに詰まった粉も取って水洗いをしていた。さらには、腰にぶら下げたタオルでボールを一つ一つ拭いていた。なるほど、あそこまで繊細にならなければ、思いどおりの結果は得られないのか」

その先輩は、私に直接そのことを教えてくれたわけではありません。その人の無言の行動が、私を諭してくれたのです。

やはり、現場を見なければなりません。これは製造業であれ、流通業であれ、あらゆる業界に通じることです。

以前、弁護士の中坊公平さんにお目にかかったとき、「あなたは弁護士としてすばらしい能力を発揮しておられますが、その秘密は何ですか」とお聞きしました。すると、中坊さんは「現場主義」と答えられました。弁護士なんて机の上にある資料を読んで考えていればいいのだろうと思っていたのですが、中坊さんが「私はすべて現場から教わるのです。現場には必ず解決の鍵があります」と仰《おつしや》ったのを聞いて、職種は違えど同じなのだと、あらためて思いました。皆さんも、理論だけではなく、ぜひ現場を理解した上で仕事をしていただきたいと思います。

次の「経験則を重視する」という項目も、これと同じことを言っています。つまり、実際に自分でやってみなければ、本当にものが「つくれる」とは言えないということです。この項目については、『京セラフィロソフィ手帳』の文章を読み上げるにとどめ、次の「手の切れるような製品をつくる」に入っていきたいと思います。

●経験則を重視する

企業での技術開発やものづくりには経験則が不可欠です。理論だけではものはできません。

たとえばセラミックの場合、原料である粉体を混ぜて成型し、高温で焼けばでき上がるということは、勉強さえすれば誰でも理解できます。ところが、粉体を混ぜるということがどういうことなのかは、実際に自分で手を染めて苦労してやってみないと決してわかりません。液体や気体なら完全な混合ができますが、粉体はどこまで混ぜたら混ざったといえるのか、これは経験則でしかわからない世界です。

この経験則と理論がかみ合ってはじめて、すばらしい技術開発やものづくりができるのです。

手の切れるような製品をつくる

私たちがつくる製品は、「手の切れるような製品」でなくてはなりません。それは、たとえばまっさらなお札のように、見るからに鋭い切れ味や手ざわりを感じさせるすばらしい製品のことです。

製品にはつくった人の心が表れます。ラフな人がつくったものはラフなものに、繊細な人がつくったものは繊細なものになります。たくさんの製品をつくって、その中から良品を選ぶというような発想では、決してお客様に喜んでいただけるような製品はできません。

完璧な作業工程のもとに、一つの不良も出さないように全員が神経を集中して作業にあたり、ひとつひとつが完璧である製品づくりを目指さなければなりません。

昔、半導体用のパッケージをつくろうとして、ある技術者にリーダーとなってもらい、研究開発を進めていたときの話です。

半導体パッケージの開発、それは今まで誰も経験したことのないほど、たいへん過酷な作業でした。想像を絶する苦労と長い時間をかけてやっとそれらしいものができ上がると、開発のリーダーが私のところにサンプルを持ってきました。苦心惨憺《さんたん》してつくったものだとはわかっていましたが、私の目にはそれがどことなく薄汚れているように映ったのです。

半導体パッケージは、窒素と水素の混合ガスの中で焼き固めてつくります。そこには酸素がありませんから、もし脂肪分などの付着がわずかでも基板の上にあれば、焼成時にそれが炭化して、少し灰色がかった製品ができ上がってくるわけです。

それを私は「薄汚れたような」と表現したのですが、製品自体は半導体パッケージとしての特性をすべて満たしていました。ですからリーダーも、「社長、でき上がりました」と持ってきたわけですが、それを見た瞬間、私はこう言ったのです。

「なるほど、性能は間違いないが、これでは駄目だ」

するとそのリーダーは、

「なぜですか。特性は全部満たしています」

と返してきます。私はそれに対して、

「見てみろ。薄汚れているじゃないか」

と答えました。

たいへんな苦労をしてやっとでき上がったものを、そのような理由で「駄目だ」と突き返されたものですから、彼は気色ばんで私に食ってかかりました。

「あなたも技術者なのだから、理論でものを言うはずでしょう。それなのに、薄汚いとはどういうことですか！　薄汚いことと製品の特性とは関係ありません。感覚で判断をするなんて、おかしいじゃありませんか」

「測定の結果、特性は立派に満足していると君は言うけれども、これだけ変色しているということは、スペックも何とか合格ラインに届いたというようなサンプルであって、最高の出来栄えとは言えないはずだ。本来、立派な特性を備えているものは、見た目も美しいものであるはずだ」

私は、そう彼に説明しました。

野球に喩《たと》えれば、変則的なフォームで投げるピッチャーもいますが、だいたいにおいて、優れたスポーツ選手はフォームも美しいと言われます。製品もそうであり、良いものは良いものなりに、しかるべき品格があるはずです。

「このセラミックスは本来純白で、触れれば手が切れてしまうのではないかと怖くなるくらい非の打ちどころのないものでなければならない。それくらい外観がすばらしければ、特性だって最高のものに違いない」

ここで私は「手の切れるような製品」という表現を使い、頑として彼の持ってきたサンプルを受けつけませんでした。「手の切れるような製品」というのは、最高の品質を持った完璧な製品ということです。その後、見た目も美しいものとなるまで品質を追求していったおかげで、半導体パッケージのビジネスは成功を収めていきました。

それ以降、この言葉は、社内の至るところで使われるようになりました。「迂闊《うかつ》に触れれば切れてしまいそうだから、手袋をはめてから触ろう」と思わず感じてしまうくらい、見た目も最高に美しいものを目指していったのです。ですから、京セラの製品を手に取る場合、何気なく素手で触ってしまうのは御法度《ごはっと》です。必ず手袋をして触るよう言い聞かせています。

この姿勢があったからこそ、京セラは中小企業から中堅企業へ、また中堅企業から大企業へと発展していったのだと思います。

「六波羅蜜」と「京セラフィロソフィ」

これは製品の話だけではなく、社員の立ち居振る舞いに対しても言えることです。社員の立派な振る舞いを通じて、社風にも品格が備わり、いわば手の切れるような会社とならなければなりません。

「京セラフィロソフィ」とは、一種の「戒律」でもあります。「人間として何が正しいのか、正しいことを正しいままに貫いていこう」と、私はずっと言い続けていますが、それはお釈迦《しゃか》様が説く戒律と同じようなものなのです。

お釈迦様は、人生における究極の目的は、悟りを開くことであると言っておられます。仏教で「彼岸に至る」という言葉がありますが、われわれ凡人は、それをこの世の向こう側にある極楽浄土だと理解しています。しかし、実際にお釈迦様が説かれた彼岸というのは、悟りの境地のことを言います。悟りを開けば安心立命の境地に至り、そこが極楽浄土というわけです。

その極楽浄土に渡る方法として、お釈迦様は「六波羅蜜《ろくはらみつ》」という修行をせよと説いておられます。この六波羅蜜で最初にくる修行とは「布施《ふせ》」です。おさい銭をあげることもそうですが、人を助ける行為はすべてこの布施になります。

私は、事業経営とは一見相矛盾するような「利他の心」ということについて、よくお話ししています。この「世のため人のために」という利他の心は、布施と同じことなのです。中小企業の経営者は、従業員を守っていくために日夜がんばっています。それも他の人のために尽くしていることになりますから、立派な布施であると私は思います。

二つ目は「持戒《じかい》」と言って、戒律を守るという意味です。お釈迦様は、「人間には六つの煩悩がある」と仰っています。煩悩とは、肉体を持っているが故に出てくるもので、この煩悩のせいで人間が駄目になっていくケースはたくさんあります。

お釈迦様が仰った六大煩悩を一つ一つ挙げていきます。まずは、「貪《とん》」と呼ばれるもので、食欲、性欲、名誉欲といった、人間なら誰でも持っている欲望を指します。これらは、肉体を持っていればどうしても必要になるものですが、それが過大になってはいけません。

次は「瞋《しん》」です。怒りに任せて勝手な振る舞いをし、周囲の人に迷惑をかけてしまうような心です。

次は「痴《ち》」です。無知なあまり、しょっちゅう不平不満を漏らし、うまくいっている人を見ると面白くないと妬《ねた》む、そういう卑しい心のことです。

次は「慢《まん》」です。謙虚さを忘れ、傲慢になっていく心のことです。

次は「疑《ぎ》」です。読んで字のごとく、疑い深い心のことです。

最後は「見《けん》」です。物事をすべて邪《よこしま》に見る、悪いほうに解釈をする心のことです。

この貪、瞋、痴、慢、疑、見を六大煩悩とし、それらを抑えなさいとお釈迦様は説かれました。つまり、これが持戒です。

三つ目は「精進《しょうじん》」です。これは一生懸命に働くということです。私は皆さんに、「誰にも負けない努力」を要求しています。たとえ他人が寝ている間であっても働くというくらいの努力をする、それが精進なのです。禅宗のお坊さんは、悟りを開くためにたいへん厳しい修行をしておられます。農作業をするにしても、掃除をするにしても、坐禅《ざぜん》を組むにしても、必死に取り組んでおられる、それがすなわち精進です。

経営者も同じように、毎日必死になって会社を運営しています。つまり、経営者の行う努力は、禅宗のお坊さんが行う修行と何ら変わらないのです。周りの人と同じように、長い休暇を取ってどこかに遊びに行きたいと思うけれども、会社を留守にすればつぶれはしないかと心配で心配で、結局朝早くから夜遅くまで一生懸命にがんばっている。何も坐禅を行うだけが精進ではなく、これも立派な精進と言えるはずです。

四つ目は「忍辱《にんにく》」です。これは「堪え忍ぶ」という意味です。この不況を、皆さんは必死に歯を食いしばって堪え忍んでおられますが、お釈迦様はそれも修行の一つだと言っておられるわけです。

五つ目は「禅定《ぜんじょう》」です。坐禅を組むということですが、私なりにこれを解釈しますと、必ずしも「坐禅を組まなければならない」ということではなく、せめて一日に一回、心を静める時間を持ちなさいということだと思います。経営に打ち込んでいると、ついつい頭に血が上ってしまい、冷静な判断ができなくなってしまうことがあります。そうならないためにも、一日一回は心を静め、頭を冷やす。禅定とは、そういう意味だと考えています。寝る前にでも、ベッドの中で静かに目を閉じ、心を静かにするという程度でも構わないと思います。

今言った五つのことを心がけていると、やがて六つ目の「智慧《ちえ》」に至ります。森羅万象を支配している宇宙の根本原理を知る、つまり悟りに至るわけです。

六波羅蜜を心がけ、一生をかけて人格を磨いていく

このように、お釈迦様は悟りを開くことこそが人生の目的だと仰って、その方法として六波羅蜜を示されました。自分の煩悩を少しでも抑え、つらきを堪え忍び、心を静かに落ち着けながら、他人のために尽くし、一生懸命に人生をまっとうする。そうすれば、悟りの境地に至ると仰ったわけですが、これらの項目はすべて私が今までお話ししてきた「心を高める」、あるいは「心を磨く」「心を純化する」「心を浄化する」ということと同じなのです。

ただし、われわれは凡人ですから、お釈迦様が仰るような悟りの境地にまで、とうてい行けるはずがありません。悪さもするし、思い違いをしては反省し、自らを正す、その試

行錯誤を繰り返しながら生きています。生身の人間ですから、ついつい愚痴もこぼしますし、腹も立て、欲も出てくる。いろいろな煩悩が出てきますが、それは人間であれば当然のことです。しかしながら、それらをできる限り抑えて、どこまで自分を磨いていけるのかということが重要なのです。つまり、六波羅蜜の修行を、一生をかけてどこまでやれたのか、それこそが死ぬまでにつくり上げるその人の人格であり、魂となるのです。これだけは、あの世へ持っていくことができるのではないか、つまり、たとえ死んで肉体が滅びてしまっても、崇高な魂だけはあの世まで持っていけるのではないか、そのように私は思います。

人生の方程式の中にある「考え方」をすばらしいものに高めていくためにも、六波羅蜜をぜひ心にとどめておいてください。心を磨いていけば、望まなくとも会社は立派に成長していくはずです。ただし、会社が立派になったことは、手柄でも何でもなく、それをつくり上げていく過程で磨き上げた自分の人格、人間性こそが、皆さんにとって財産となるのだということを、ぜひ理解していただきたいと思います。

●製品の語りかける声に耳を傾ける

問題が発生したときや、仕事に行き詰まったときには、その対象となるものや事象を真剣に、謙虚に観察し続けることです。

たとえば、製造現場では、あらゆる手を尽くしても歩留りが思ったように向上せず、壁にぶちあたることがよくあります。そんなときは、製品や機械、原材料、治工具にいたるまで、工程全体をすみずみまで観察し、素直な眼で現象をじっと見つめなおすことです。不良品や整備の悪い機械があれば、その泣き声が聞こえてくるはずです。製品そのものが、解決のヒントを語りかけてくれるのです。

先入観や偏見をもつことなく、あるがままの姿を謙虚に観察することが大切です。


これは、京セラがつくっている製品にたいへん密接に関連しています。

私どもの扱っているセラミックスは一種の焼き物ですが、焼き物といっても一般の陶磁器とは違って、主体は電子工業向けの精度の高い部品です。この原料には粉末状になった金属の酸化物、例えば、酸化アルミニウムや酸化鉄、酸化マグネシウム、酸化シリコンなどがあり、それらの原料の粉末を型に入れ、プレスして成形し、高温炉の中で焼くと、硬く焼き締まったセラミックスができ上がるわけです。

一般の陶磁器でも千三百度という高い温度で焼成しますが、私どもがつくっているものは、場合によっては、千六百度、千八百度という高温で焼成します。千六百度の世界では、炎の色は赤ではなく、見た瞬間目を刺すような痛みが走るくらいのまばゆい白色をしています。そのような状態で、プレスして成形したものがギュッと焼き縮むわけです。収縮率の大きいものでは二割くらいサイズが縮むと思いますが、その縮み方は全体的に均一でなければなりません。

このようなセラミックスの製造法に関しては、それまで学問的にあまり研究されておらず、ほとんどが経験則に頼っていました。ですから、私どもは自分たちで実験を重ね、法則を導いていくしかなかったのです。

不明な点があまりにも多かったため、例えば「歩留り」の数字は、メーカーによってバラバラでした。同じような設備を使い、同じような仕事をしていても、赤字の会社もあれば、たいへんもうかっている会社もある。まさに、製造工程における良品率が会社の優劣を決めていたわけです。

ですから、私は、会社をつくっていただく前も、また会社ができてからも、頻繁に現場に出ていきました。そのときには必ずルーペを持っていき、製品を抜き取ってはそのルーペでながめまわしていました。そのルーペは、レンズを一枚出せば五倍、あるいは十倍で見ることができ、二枚出せばその倍の倍率で、三枚出せばさらに倍率が上がるというものでした。

製品そのものは非常に小さく、精度の高いものです。例えば、丸や四角の穴が開いているところの角の部分に、少しでも欠けが見つかれば、それだけで不良品です。もちろん肉眼ではわかりませんから、ルーペで慎重に調べます。同時に、不純物が混ざっていないかどうかも見ていきます。真っ白のセラミックスでなければならないのに、小さなゴマ粒のような黒点が表面にあれば、これも不良品です。そういうものがないか、私はルーペを片手にじっと観察していた、つまり、製品の語りかける声に耳を傾けていたわけです。

歩留り向上はまず製品を観察することから

このように、私は現場に出てはその場に座り込み、自分のルーペで一生懸命に製品を見ていました。ルーペでよく見えないときは、顕微鏡を使って一時間でも観察していました。そうすると、まるで製品が人であるかのように思えてくるのです。そして、製品に欠けを見出したなら、「この子（製品）はどこでけがをした（欠けた）のだろう」と、実際の工程を思い浮かべながら推測していくわけです。

仕様の厳しい製品になると、千個つくっても百個、ときには五十個しか良品が取れないということもあります。その一番典型的なものが、ＩＣといった半導体向けの製品です。携帯電話などエレクトロニクス製品にはすべてＩＣが使われていますが、それは小さな二、三ミリ四方のシリコン基板の上に、トランジスタ、ダイオードといったものが何十万個と搭載されているものです。顕微鏡で拡大して見てみると、そこにはぎっしりとトランジスタが組み込まれているのがわかります。そこに不純物がほんのわずか混じるだけで、駄目になってしまうのです。

アメリカのシリコンバレーで始まった半導体産業は、のちに日本で大きく発展しましたが、それはまさにミクロの世界での戦いでした。一枚のシリコンウエハーから何個の良品が取れるかという、歩留りの勝負だったのです。

最初のころは惨めなもので、一枚のシリコンウエハーから、一個か二個の良品しか取れませんでした。そのためにＩＣはたいへん高価だったわけですが、やがて歩留りが上がって、一枚のウエハーから何千個、何万個の製品が取れるようになると、つるべ落としのごとくたちまちに単価が下がっていきました。半導体が安くなったおかげで、それを使ったテレビ、ラジオなどのエレクトロニクス製品の値段も下がっていったわけです。

このような歩留り向上は、まず製品をじっくり観察することから始まります。そうすると、どこが痛いのか、また、どこでけがをしたのか、製品が語りかけてきます。それによって、工程のどの部分に問題があるのかを突き止めるのです。

今、「語りかける」と擬人法を使いましたけれども、事実、そのような心境になるくらい真剣に製品を見つめることが大切なのです。

製品への深い思い入れがあって初めて「声」は聞こえてくる

京セラをつくっていただく前の会社で研究をしていたときの話です。粉末を固めて形をつくり、それを小さな実験炉に入れ、温度を上げて焼いていくのですが、私の技術がまだ未熟だったせいもあって、なかなかいいものができません。焼いているうちに、あっちに反ったりこっちに反ったりして、まるでスルメみたいになったものしかできなかったのです。なぜ反ってしまうのかわからず、いろいろと推測しては実験を繰り返すという日々でした。

そのうちに、プレスされた上の面と下の面では、圧力のかかり方が異なるため、粉末の密度が違っているということがわかってきました。密度の低い下の面のほうが縮み方が大きく、そのために反ってしまうということが、何回も実験をした結果わかったのです。もちろん、そのようなことは本には書いてありません。自力で見つけ出していかなければならないことなのです。

ところが、反りが生じるメカニズムまではわかっても、なかなか密度を一定にすることができません。お客様にサンプルを渡さなければなりませんから、早くつくらなければと思うのですが、一向にできない。やり方を工夫しながら焼いていっても、思ったものは全然出てこないわけです。

そこであるとき、いったいどのように反っていくのか、その様子を見たいと思って、炉の裏に穴を開け、そこから中をのぞいて見られるようにしました。そして、どの温度になったとき、どんなふうに反っていくのか、その変化をじっと観察することにしたのです。すると、やはり、温度が上昇するにつれて反っていく。何回やっても、まるで生き物みたいに反っていくのです。見ていて堪えられなくなって、つい穴から手を入れて上から押さえたい衝動にかられました。

もちろん、そんなことをすれば、炉の中は千何百度という高温ですから、手は一瞬で溶けてしまうでしょう。それがわかっているのに、思わず手を突っ込みそうになるという、そのくらい一生懸命にならなければ「製品が語りかけてくる声」は聞こえてこないのではないかと思います。

実際には、手を入れて押さえたいと思ったとき、ふと「高温のときに押さえれば反りが直るのではないか」と気づいたのです。そこで、耐火性の適当な重量の重しを載せて焼いたところ、見事に真っ平らな製品ができ上がりました。これも「製品の語りかける声」を聞いて導き出された解決策だったのかもしれません。

やはり自分のつくる製品には限りない愛情、例えば「自分の製品を抱いて寝たい」と思うくらいの愛情を注がなければ、良いものはできないと思います。

製品の語る声に耳を傾け、手の切れるような製品をつくる

「自分の製品を抱いて寝たい」ということで思い出しましたが、昔、ある放送局で放送用の機材が壊れ、代わりの部品が必要になりました。壊れたのは、放送用の真空管を冷却する「水冷複巻蛇管《すいれいふくまきじゃかん》」というものでした。三菱電機が戦時中にその蛇管を生産していた業者に連絡すると、つくれる技術者はすでにいなくなっており、もうつくれない、と言われたそうです。たいへん困った三菱電機は、できたばかりの京セラにこの話を持ちかけてきました。

小さなものしかつくっていなかった京セラにとって、蛇管は大き過ぎる製品でした。もちろん、生産する設備などありません。それなのに、つい「できます」と言ってしまったものですから、どうしてもやらざるを得なくなってしまったわけです。

ところが、大きなセラミック製品をつくるのは並大抵のことではありません。原料は一般の陶磁器と同じものを使うのですが、サイズが大きいものですから、成形して乾燥させる間にクラック（ヒビ）が入って、割れてしまうのです。外側の部分だけが先に乾燥するとクラックが入りますから、均一に乾燥させていかなければなりません。しかも、急激に乾燥させても割れてしまうので、まだ乾ききらない柔らかい製品をウエス（布切れ）で巻き、霧を吹きかけていったん湿らせ、そこからじわじわと全体を乾かすことにしました。さらに、重みで形が崩れてしまわないように、夜中、窯の横の適当な温度のところでそれを抱いて、ゆっくり回しながら乾かしていきました。

幾晩もその製品を抱いて寝たことを今でも思い出しますが、その間ずっと製品をじっくり観察していますので、その製品が語りかけてくる声に耳を傾けることができるわけです。『京セラフィロソフィ手帳』に「手の切れるような製品をつくる」という項目がありました。そのまま手で触れれば手が切れてしまうのではないかというくらい、非の打ちどころのない完璧な製品をつくるということにも、このことはつながっていくのです。

ロスを当たり前にしない

私は今、セラミックスという特殊な世界の話をしましたけれども、今お話ししたようなことは、何もこの世界に限った話ではないのです。何をつくるにしても、また、流通の仕事だろうと同じことです。どのような業種であろうと、完璧を期さなければなりません。

仕事をしている間にはいろいろなロスが発生します。しかし、そのロスを当たり前だと思ってしまうということは問題です。

「社員が作業中に製品を落として割ったり紛失したりしているが、たくさんの品物を扱っているから、このくらいのロスは当たり前だろう」。そう思ってはいないか。そのロスを当たり前にせず、少しでも減らそうと思って完璧主義に徹すれば、会社はガラッと変わるはずなのです。

親の代からやってきた、あるいは、自分はこれで十年、十五年もやってきた、だからこれはこんなものだ、とわれわれは決めつけてしまいがちです。そのような考えを改め、製品が泣いてはいないかと耳を澄まし、製品の声を聞くということが、会社の中における改良改善の取っかかりになるのです。

私は、たまに家内についてスーパーに買い物に行くのですが、そこで菓子などが傷物として売られているものを目にします。われわれ素人が見てもわからないようなちょっとした傷があっても、食料品なら半値から三分の一の値段で売られています。また、家具屋でも、ちょっとした傷なのに見切り品として非常に安く売られているものがあります。

わずかな傷でもたちまち値段が半分になってしまうということを考えても、工程における製品の扱いには十分気を配り、不具合が発生したらどこでその傷がついたのかを真剣に調べ、工程を改善していく。どの商売をするにしても、この姿勢は非常に大事なことだと思います。

発明、発見は観察力のたまもの

もう一つ、アモルファスシリコンドラムの開発を例に挙げてみます。京セラはアモルファスシリコンドラムという感光体を使ったプリンタをつくっています。「エコシス」という商品名の、コンピュータからデータを打ち出すときに使うプリンタですが、その心臓部にはアモルファスシリコンでつくった感光ドラムが使われています。

一般のプリンタ、またはコピーマシンの感光体には、有機材料が使われています。有機材料とは柔らかいプラスチックのようなものですが、京セラは高硬度のアモルファスシリコンでつくった感光体を使っています。有機感光体を使った一般のプリンタやコピーマシンの場合、一万枚から二万枚も印刷すればドラムが摩耗しますから、新しいものに交換しなければいけません。一方、アモルファスシリコンドラムは、三十万枚、五十万枚という大量印刷をしても、ドラムが摩耗せず、プリンタの寿命がくるまでドラムを交換する必要がないのです。

私は、使い捨て文明というものは環境に対して好ましくないと思い、このアモルファスシリコンドラムを採用しました。このアモルファスシリコンドラムというのは、世界に先駆けて京セラが量産した製品です。

アモルファスシリコンドラムは、よく研磨したアルミニウムの筒の表面に、シリコンの薄膜を成膜してつくります。薄膜を成膜させるためには、シリコンと水素が結合した「シラン」という猛毒ガスを使います。そのシランガスを容器に入れ、プラズマ放電を起こすと、放電のエネルギーでシランガスが水素とシリコンに分解します。発生した水素ガスは排出されますから、シリコンだけがドラムの表面にくっつくわけです。

ところが、放電というものは不安定で、一定した動きを取りません。例えば、空を見ていても、あっちに稲妻が走ったかと思えばこっちにも走るというふうに、どこで起こるかもわからなければ、稲妻の走り方も予測できない。プラズマ放電も性質は雷と似ていますから、放電の仕方によっては、ある部分にはシリコンの膜が余計にくっついたりする、ということもあるわけです。余計にくっつくといっても、一〇〇〇分の一ミリというようなわずかな厚みの差が生じるだけなのですが、アルミニウムの筒の表面全体に均一にシリコンを成膜させなければプリンタの感光体としての役目を果たしませんので、この差は大きな問題となるのです。

学問として「アモルファスシリコンのプラズマ放電による薄膜形成法」という理論はあるのですが、生産に関しては、量産技術が確立されていませんでした。学術的には、実験をしてサンプルが一つでもでき上がったら、理論を確立することができます。ところがわれわれメーカーは、いつも同じものが量産できなければなりません。

京セラでかれこれ三年も実験を続けたころでしょうか、あるとき部下が「できた」と報告に来ました。飛んでいって見てみると、本当によくできています。ところが、「もう一回つくってみろ」と言ったら、もうつくれないわけです。そして、何カ月もしてからまた「できた」と言う。そのときも、それを再現することができなかったのです。

良品ができたとしても、同じものが再現できなければメーカーとしては意味がありません。それができなかったものですから、私は研究員に次のように言いました。

「いいのができたときと同じ条件でつくってみるのだ。例えば、うまくできた日の朝、家を出るときのおまえはどんな心境だったのだ。家で奥さんとけんかをして出てきたのなら、またけんかをして出てこい。そのときとまったく同じ心理状態にするのだ。物理的な条件だけではなく、精神的な条件まで同じにしてみなければ、同じものはできないのかもしれない」

当時、この研究は世界中で行われていましたが、結局どこも量産には成功していませんでした。京セラでも、二回ほどいいものができたのですけれども、それを常に再現することができない。困り果てて、私も研究をやめさせようかと思ったのですが、ある晩、ふと現場に行ってみようと思い立ったのです。実験は夜通し、交代で続けていました。研究室に行ってそっとのぞいてみましたら、「どんな現象が起こるかよく見ておけ」とあれほど言っておいたのに、研究員がコックリ、コックリ居眠りしていたのです。あきれた私は、後ろから「コラ！　駄目じゃないか」と、怒鳴ってやりました。

物事の発明、発見とは、鋭い観察のたまものなのです。どんなささいな現象も見落とさない鋭い観察眼があって、初めて真理が発見できるわけです。「製品の語りかける声に耳を傾ける」ということは、まさにこの観察こそが大切だと言っているのです。

鋭い観察がなければ、どうすればうまくいくのかわかるはずなどありません。そう思った私は、居眠りしていた研究員を新しい研究員に代えることにしました。本当なら、すでに何年も研究していた研究員を外すことは、それまでの経験を生かすことができないわけですから、たいへんなロスなのです。その上、私は、研究する場所も変えました。従来は鹿児島の工場にあった研究室で行っていたのですが、それを滋賀県の八日市工場の研究所に移したのです。鹿児島からはリーダー一人を連れていき、後の研究員は総入れ替えとなりました。

まさにもう少しというところまできての総入れ替えですから、無謀もいいところです。それで失敗すれば、過去三年間の研究がすべて無駄になってしまう。しかし私は、鋭い観察眼を持った新しい研究員に代えて、失敗するか成功するか、勝負に出たのです。結果、その勝負に見事に勝利し、今、京セラのエコシスプリンタが存在しているわけです。

機械の泣き声を敏感に聞き取る

もう一つお話しします。お豆腐屋さんであってもパン屋さんであっても、製造機械が異常な音を出していることがあります。私はそれはたいへん問題であるとし、よく「機械が泣いている」と現場の者を叱ったものでした。

普通、機械というものは稼働していればみんな音を発しています。ところが、新品を買って試運転で動かしたときは心地良い音を発していたのに、使っていくうちに急に大きな音を出すようになったりします。それは機械に異常が発生しているからです。それなのに、機械の動きそのものは変わっていないからと、現場で異音が無視されているケースが多い。私はそれを問題だと思い、現場の社員に厳しく注意してきました。

その習性が身についているせいか、車に乗っているときでさえも、振動音にしろエンジン音にしろ、「いつもの音」と違った音がすれば、私は運転手さんに「おかしいのではないか」と言います。すると運転手さんは、必ずと言っていいくらい、「いや、いつもと違いませんよ」と返事します。こちらが「だって、昨日までの音と違うじゃないか」と言っても、変わらないと言い張るのです。

これは、観察をする人間の感度の違いです。感度が違うものですから、運転手さんは変わらないと言い、私は変わっていると言う。「調べてみろ」と言って修理工場で調べてもらうと、ボールベアリングの玉が一つ欠けているなど、必ずどこかに異常が認められます。

私は、このような感度は、危険を予知するために非常に大事だと思うのです。

調和の感覚のない人間に不良や異常は発見できない

また、私には整理整頓と清掃の二つを口喧《やかま》しく言うきらいがありました。ですから、私がふいに現場に行ってもだいたいきれいにしています。ところが、そんな中にも、検査机や事務机の上を見ると、資料などの紙があちらを向いたりこちらを向いたりして置いてあるのを目にします。事務机はだいたい四角い形をしていますし、紙も四角ですから、机の上に紙切れが斜めに置いてあったり横向きに置いてあったりすると、なんとなくおかしな感じがする。そこで、私がそれを片っ端からきれいに置き直していく。

「机はスクエアなのだから、辺に平行にものを置かなければバランスが取れず、気分が悪いでしょう。四角いところには四角であるように、辺をそろえて置きなさい」

そう言っては、例えば筆入れが斜めを向いていたら、それを机と平行になるように置き直すわけです。もうそれが有名になってしまって、私が現場に行くと、みんな、慌てて机の上にあるものを真っ直ぐに置き直していました。

つまり、これは「調和の感覚」なのです。私はよく「愛と誠と調和」と色紙に書いたりしますが、四角い机の上にものがバラバラに置かれているのを見て、それに違和感を覚えないようでは、いい製品というものを理解することもできなければ、つくることもできないはずです。机の上に置いてあるものがバランスを失っている、非常に嫌な感じがして落ち着かない、そういう感覚を持っているからこそ、現場を見て「何かがおかしい」と気づくのです。調和が取れていないものをおかしいとも思わないような感覚では、不良や異常を見つけられるわけがありません。そのことから、私は整理整頓ということを口喧しく言っていたわけです。

このことも「製品の語りかける声に耳を傾ける」につながる、大切なことだと思います。

一対一の対応の原則を貫く

ものごとを処理するにあたっては、どんぶり勘定でとらえるのではなく、ひとつひとつ明確に対応させて処理することが大切です。

たとえば伝票なしで現金や物を動かしたり、現金や物の動きを確認せずに伝票のみで処理するというようなことがあってはなりません。売掛金の入金チェックにしても、どの売上分をどの入金分で受け取ったのかを個々に対応させながら一対一で消し込むことが必要です。

また、生産活動や営業活動においても、〔総生産〕や〔総収益〕といった、いわゆる収益とそれを生み出すために要した経費を正確に対応させ、厳密な採算の管理を行うことが必要です。


『稲盛和夫の実学』という本の中で、私は「一対一の対応を貫く」という章を設け、このことを説明しています。

つくった製品を納品する際、普通は納品伝票というものを起こして、品物と一緒に納めます。そして、先方から「確かにこの品物を受領しました」という受領印をもらい、そこで初めて会社の売上として計上されるわけです。若干違うところもあるかもしれませんが、多くの会社でもそういうように、製品と伝票が共に動くシステムになっているはずです。

ところが中小零細企業の場合、社長が金庫番をしている経理の社員に、「今から得意先まで持って走らなければならないから、ちょっと五万円出してくれ」、または「急ぐから、とりあえず五万円貸してくれ。仮払伝票は後で切る」と言って現金だけを引き出していくケースがよくあります。

経理の人にしてみれば、金庫から五万円のお金が出ていくわけですから、その代わりに「社長が五万円を引き出した」証明となる仮払伝票が金庫の中に入っていなければ、つじつまが合わなくなって困るわけです。お金が動こうとものが動こうと、それには必ず伝票がついてまわるというのが経営の鉄則です。伝票なしで金が動いたり、ものが動いたりすることが絶対にあってはなりません。会社の中ではすべてがそうあるべきで、例外を認めてはならないのです。

私がこのことに気がついたのは、会社をつくっていただいたころのことでした。私よりもずいぶん年上の社員が営業にいました。実直で優しくて、人柄も良く、真面目な社員だったので、私もみんなも非常に信頼していました。彼の担当は大手電機メーカーだったのですが、商品を売ったはずなのに、何カ月たってもそのお金が入ってこないのです。聞いてみると、「お客様から支払いをちょっと待ってくれと言われているのです」と言う。根が真面目でいい人ですから、そうかと思って私も一応は納得しました。

ところが、その人が三日ほど欠勤したときです。お客様から「頼んだ品物が一向に届かない。どうなっているのか」という連絡を受けたのです。どうもおかしいと思って、悪いとは思いましたが、その人の机の引き出しを開けてみると、何カ月も前に納品したはずの納品伝票がいっぱい出てきました。納品伝票がそのまま残っているということは、いったい品物はどこにあるのか。

本人に聞いてみましたら、こういうことでした。「おまえが品物を早く持ってこなければ、うちの製品がつくれない」とお客様から怒られて、慌てふためいて持っていくと、向こうは品物だけをパッと受け取って、すぐに仕事にかかってしまった。そこで、ついつい伝票に受領印をもらいそびれ、仕方がないので伝票を自分の引き出しにしまい込んでしまった。

そういうものがたくさん出てくるものですから、もうびっくりしました。そこで、その人と一緒にお客様のところに行って、「これは何月何日に、この担当者が納品しています。

まだ入金されていないようですが」と説明していきました。とはいうものの、相手も伝票がないわけですから、経理にも連絡していない。当然、買掛金に上がっていないわけです。「納品したものはお使いになったのでしょう」と言うと、「ええ、使いました。でも、伝票がないからどうしたらいいのかわかりません」と返される。なかには、使ったとも言わない客先もあって、もう本当にたいへんな目に遭いました。

その営業担当者も、自分でお願いに行っていたらしいのですが、気が弱いものですからお客様に強く言えず、結局そのままにしておいたと言うのです。このように、気の弱い人が一人でもいると、とんでもないことになってしまうわけです。

この一件で、「納品したら先方から必ず受領印をもらってくる」という一対一の対応の重要さに気がつきました。人、もの、金、何であっても、それが動くときは必ず伝票をつける。「一対一の対応」というルールは、このときに決まったのです。

特例は一切設けない

京セラがだいぶ大きくなってから、こんなこともありました。不況になったとき、得意先であったある大手電機メーカーから、「不景気なので、今ある三億五千万円の買掛金のうち、とりあえず今月は五千万円お支払いします。来月もまた五千万円お支払いしますので、何とかそれでお願いします」ということを言われたのです。

そのメーカーとは、半導体部門やテレビ部門など、いろいろな部門と取引がありました。つまり、京セラの売掛金のトータルが、三億五千万円という金額だったわけです。

それを聞いて、うちの営業担当者も「今月は五千万円、来月も五千万円支払うということです」と、そのとおりに処理しようとする。私はその営業に言いました。

「ちょっと待て。その五千万円というのは、どの品物に対する入金だ」

すると、

「いや、とりあえず五千万円です」

と言う。そこでまた私は、

「うちのルールでは、この品物に対してこの入金というように、一対一で消し込んでいくようになっている。その五千万円は、どうやって対応させるのだ。また、先方もどの発注分を支払うつもりなのだろう。グロスで消し込んでいこうということで、よく経理が成り立つものだ。先方とこれは何に対する支払いなのか確認してきなさい。一対一対応ができずたいへん困ってるので、そのような支払いは受け取らないと言いなさい」

先方はこの言葉を聞いて憤慨されたようでしたが、何とか頭を下げて納得してもらいました。

不況ですから、われわれにしてもお金は早くもらいたい。「五千万円でもいいからとりあえずもらっておこう」と考えるのが普通かもしれません。ですが、それでは一対一の原則が崩れてしまいます。われわれはそのような特例は一切設けずに今日まで原則を貫いてきたのです。

一対一対応は、企業の透明性を高め、不正を防止する

日本を代表する商社の方が次のように話されるのを聞いて、びっくりしたことがあります。

決算月の三月に入ると、それぞれの事業部長は、予定していた売上や利益を達成させるために、「うちの売上が立たず、困っている。誠にすまないが、三億円ほどそちらから売上を立ててもらえないか」と取引先に頼み込むそうです。

三億円の売上を立てるといっても、品物などないのにどうするのだろうと思っていたら、こういうことなのです。取引先には仕入れ伝票を発行してもらい、自分のところは納品伝票を立てて、出荷したことにする。そして四月の半ばくらいに、今度は返品伝票を切ってもらう。つまり、今期の分を操作して、来期でつじつまを合わせるというわけです。

それを聞いて、なんということだと私はあきれかえりました。相手と組めば、伝票一つで何だってできるではないか。こんなことが行われているとなると、発表されている売上の数字というのはうそっぱちだということになります。品物がないということは経費は発

生しない、つまり、売上は一〇〇パーセント利益になるわけです。このような操作は、売上のみならず、同じ金額の利益をもかさ上げすることになるのです。

私は、経営数字というものは経営者がつくるものだと思っています。しかし、それは不正をしてつくるものではなくて、経営者の「これだけの売上を立てたい」という意志でつくるものです。それが、実際には伝票操作をしながら都合のいいようにつくられている。中小零細から大会社に至るまで、このような粉飾まがいのことを行っている経営者はたくさんいます。

品物がないのに伝票だけが動くことなどあり得ない。また、何よりも粉飾決算を許すようなことは、絶対にあってはならないのです。そのために私は、一対一対応の原則の必要性を訴えているのです。たとえ社長であろうとも不正できないように、つまり、経営者自身を縛るためにも、一対一対応の原則を設けたわけです。またそれは、周りから見た場合、「その企業ではフェアな決算が行われている」という、企業の透明性を証明することにもなるはずです。企業経営の透明性を高めるためにも、この一対一対応の原則は非常に大切なのです。

一対一の対応ができているかどうかは利益率の変動を見ればわかる

一対一対応が行われているかどうかを瞬時に見分ける方法があります。

どの会社でも、売上と利益は毎月変動するものですが、売上の変動は仕方ないとしても、売上利益率はそう変わらないはずです。ところが、その利益率の変動幅があまりにも大きいところは、まず一対一対応ができていないのです。

例えば、先月は十億円の売上があって、五パーセントの利益が出た。今月、売上は八億円だったが、やはり利益は五パーセントだった。そのような会社は、一対一対応ができています。

ところが、先月は十億円の売上で一五パーセントの利益が出た、今月は売上が八億円に落ちて、途端に赤字になってしまった、これではいけません。つまり、利益率の変動を見れば、一対一の対応ができているかどうかがわかるのです。

管理部門がしっかりしていない会社では、だいたい一対一対応ができていませんから、必ず変動が見られます。そのようなところは、グロス、例えば上期なら上期でまとめて見ると利益が出ている、あるいは通期で利益が出ていても、月々を見れば良かったり悪かったりとまちまちなはずです。そんなことでは、自分の会社の状態がいいのか悪いのか、さっぱりわかりません。

現地法人にも一対一対応の経理処理を徹底させる

かなり昔、サンフランシスコの南部にあるシリコンバレーに京セラが進出したころの話です。半導体産業がシリコンバレーで興って間もない時期でしたから、たいへん忙しくしていました。京セラの本社からは二人の社員を送り込み、若いほうの駐在員には、理工系の出身にもかかわらず、営業と経理関係を全部やってもらっていました。

経理を任せるといっても、まずアメリカの経理システムがどのようになっているのかわからないため、サンフランシスコ在住の日系人公認会計士に、しばらく経理面を見てもらうようにお願いしました。そして、駐在員の彼と私はスタンフォード大学の図書館に行き、最も簡単な経理の本を借りて、一緒に勉強しました。なるほど、アメリカではこういうふうに伝票処理をするのか、などと言いながら勉強していたことを、いまだに覚えています。

その後、彼も成長し、会社もだんだん大きくなっていったころ、現地に出張した私は、「社長、業績もこのように上がっています」と、彼から資料を見せてもらいました。ところがよく見ると、ある月には非常に利益が出ているのに、ある月には大赤字になっている。

「日本の京セラが生産したものを輸入し、販売するだけではないか。人件費がかかっているわけでもないし、その他の経費もそう大きくないのに、どうして赤字が出ているのだ」

そう私が問い詰めると、彼は、

「公認会計士の指導どおりにやっているのですが」

と言うわけです。

調べてみると、その会計士は、理工系出身の彼でもわかるだろうということで、複式簿記ではなく単式簿記を教えていました。

現地から「早く出荷してくれ」とテレックスで日本に連絡を入れますと、日本からは、航空便でサンフランシスコに製品が送られてきます。サンフランシスコ空港に着荷すると、荷揚げをする業者に頼んですぐに通関してもらい、それを彼が車に積み込んで、フェアチャイルドやインテルなどの得意先に納品していきます。彼は、日本から航空便でこういう品物が何個送られたという連絡を受けて、すぐに伝票を起こし、その納品伝票をつけて客先に納品をしていたわけです。

ところが、そのときに売上は立つものの、その仕入が立っていない。L／C（レター・オブ・クレジット＝信用状）による決済方法なのですが、銀行経由で日本から請求書が届くのが、だいたい十日ほど遅れる。つまり、品物を売ったときには、まだ仕入は立っていないということになるのです。

売った後に仕入が発生するわけですから、月末近くに売ったものは、丸々のもうけになる。ですが、翌月の初めにその仕入が立ってきますと、今度は売上がないのに仕入だけが発生しますから、赤字になってしまうというわけです。

「これでは一対一対応になっていないじゃないか。仕入が立っていないのに売上が立っている。仕入が立っていないということは、品物がないのと同じことだ。品物がないのに売上が立つわけがない。このようなときは、君が仮でもいいから仕入伝票を起こして、あらかじめ仕入を立てるのだ。そうすれば、月によって赤字が出たり黒字になったりすることはなく、金額がピシッと合うはずだ」

私はそのように彼に言って、すぐにやり方を改めさせました。

これには後日談があります。京セラが上場をするとき、ある監査法人の先生に監査をお願いすることになりました。その先生は、私がもともと技術屋なものですから、きっと経理は苦手だろうと思っておられたようです。それも会社をつくってからあまり時間がたっていないのに上場するくらいだから、経理面に相当問題があるのではないかと疑っておられました。ですから最初、京セラの監査法人を引き受けるのを躊躇《ちゅうちょ》されていました。何とかお願いして、やっと引き受けていただいたのですが、その先生が最初に目をつけられたのが海外の現地法人だったのです。

国内は目を光らせることができるからまだちゃんとしているだろうが、海外はでたらめだろう。とかく海外の現地法人では、経営者が無駄遣いをしているものだ。だから最初に現地法人を調べよう、そう思われたわけですが、現地では経理の専門でもない理工系出身の社員が、一対一対応でピシッとやっている。もうびっくりされたわけです。「恐れ入りました。あれほどきっちりしているのは見たことがありません」とまで言われ、大きな信用をいただいたということがありました。

一対一の対応は、不正を起こさないのと同時に、クリーンで透明な処理を可能にするのです。ぜひ「人、もの、金、すべてものが動くときには必ず伝票がついて回る」ということを徹底していただきたいと思います。

ダブルチェックの原則を貫く

人は誰しも単純なミスを起こすことがあります。また、してはならないと知りながらも、つい魔が差したように不正を行ってしまうことがないともかぎりません。

こうしたミスや不正を防ぐためには、複数の部門や人が関わるダブルチェックのシステムが働くようにする必要があります。物品の購入における受入部門と検収部門という複数部門によるチェック、公印の捺印《なついん》における捺印者と保管者という複数の人によるチェック、数字の計算における二者検算等は、その代表的なものです。

特に金銭関係や物品の管理においては、このダブルチェックを徹底し、ミスや不正

を未然に防止する体制にしておかなければなりません。

これも『稲盛和夫の実学』の第五章「ダブルチェックによって会社と人を守る」で説明している内容です。

昔、ある中小企業の経理担当者が、十年間会社の金を不正に流用し、たいへんな額の使い込みが発覚したという事件が大きく取り上げられたことがありました。これは何も当時だけの問題ではなく、現在でも頻繁に新聞紙上をにぎわせているような事件です。

例えば、会社が小さいときから何十年も、ずっと一人で経理を見てきた女性の経理担当者がいた。その間一切不正がなかったので信用していたのに、その女性に男ができて、男に貢ぐために何千万、何億円と使い込む。もちろん、女の人だけではありません。大の男が着服をしたなどの事件は毎年のように起こっています。そして、必ずと言っていいくらい、社長などが「何十年も真面目に働いてくれ、信用していたのに、驚いた」などとコメントしておられます。

いくら真面目な人であっても、金庫を預かり、お金を扱っていると、つい魔が差すということがあるかもしれません。例えば最初は、家の金が少し足りないので、誰もチェックしないし、とりあえずちょっと借りておこう。来月給料が出たら返しておけばいい、そう思ってちょっと借りるつもりだったのが、なかなか返せないまま、また同じようなことが積み重なっていく。そういう小さなものが積もり積もって、事件になっていくわけです。

人間、誰しも出来心ということがある。そのような心のすきを突かれてしまったがために、その人が罪を犯してしまったのなら、これはマネジメントの責任ではないか。不正をしようと思ってもできないシステムにしておけば、人を罪に陥れることにはならなかったはずだ。私はそのように考えるのです。

それは何も、人間はもともと悪人なのだから、悪さをしないようにダブルチェックをしなければならない、という性悪説に基づいて言っているのではありません。みんな善人なのですが、つい魔が差してしまうことがある。だからこそ、それをさせてはならない。罪をつくらせてはならないからこそ、ダブルチェックを行うのです。

代表者印の扱いもダブルチェックで

私が最初につくったダブルチェックのシステムは、契約書の捺印に関してでした。私は社長でしたから、会社の手形や小切手といったあらゆる契約書に印を押さなければなりません。ところが私は技術屋でしたし、また先ほども言いましたように、頻繁に現場に行っては製品とにらめっこをしたり、ものをつくったり機械を直したり、はたまた営業にも走り回っていましたから、会社の机にデンと座って、印鑑を押し続けるわけにはいかないのです。考えてみれば私が今まで自分で社長印を押したのは、ほんの数回くらいだろうと思います。

そこで私は、捺印は総務と経理の人に任せようと思いました。しかしながら、私の印鑑、つまり会社の公印さえあれば、いくらでもお金を引き出せるわけですから、悪用されればたいへんなことになってしまいかねない。かといって、みんなを信用せずに私が握っていても仕事にならない。そこで私は、印鑑を押すための書類を作ることと、印鑑を押すことは、別の人が行うことにしたのです。

例えば、経理部長が社長印を持っている。ある人が「この書類に印鑑をください」と持ってきたときに、経理部長は捺印してしかるべき内容のものかどうかを確認し、責任を持って押す。ただし、経理部長は、自分でその書類を作ってはならない。

同時に、印鑑を保管している箱には鍵がついていて、その鍵は経理部長とは別の人が持っている。経理部長が「今からこういう書類に印鑑を押さなければならないので、印鑑を出してくれ」と言うと、部下が「この書類に捺印するのですね」とその書類をまた確認して、金庫から印箱を取り出し、鍵を開けて印鑑を渡す。このように、二重三重に代表者印を扱うことにしたのです。これも間違いを未然に防ぎ、人に罪をつくらせないがためなのです。

ものごとをシンプルにとらえる

私たちはともするとと、ものごとを複雑に考えてしまう傾向があります。しかし、ものごとの本質をとらえるためには、実は複雑な現象をシンプルにとらえなおすことが必要なのです。事象は単純にすればするほど本来の姿、すなわち真理に近づいていきます。

たとえば、一見複雑に思える経営というのも、つきつめてみれば〔売上を極大に、経費を極小に〕という単純な原則に尽きるのです。京セラの〔時間当り採算制度〕も、この単純化してものごとをとらえるという考え方をベースにしています。

いかにして複雑なものをシンプルにとらえなおすかという考え方や発想が大切なのです。

私自身は技術屋です。技術者、研究者というものは、実験をし、そこで起こる現象を見つめ、その中から真理をつかみ取っていくものです。それが発明、発見につながるわけですが、実験をしていれば、いろいろと複雑な現象が起こります。その複雑な現象を複雑なままにとらえてしまえば、何が何だかさっぱりわかりません。数学でも、変数が多ければ多いほど複雑になって、解を得にくくなるものです。

複雑な現象を単純にとらえる、つまり、複雑そうに見えるけれども、その複雑な現象を起こしている源は何かを見ていくことが必要なのです。

京セラをつくった当初、私は経理というものがまったくわかりませんでした。損益計算書や貸借対照表を見せられて「これだけの利益が出ました」と説明されても、よくわからない。

「貸借対照表の左側の資産のところには、流動資産とか固定資産という項目がある。右側には資本金という項目があって、内部留保などがある。左側に現金があって、右側に資本金や利益があるから、両方を足したものがうちのお金かな」

と思っていたら、経理担当者があきれて言うわけです。

「何を言っているのですか。左側は借方、つまり資産ですが、右側は貸方と言って負債・資本です。これは、資産と負債・資本の両立てで書いてあるのです」

「いや、こっちに資本金と書いてある。資本金がどうして負債と同列なのだ。これはうちの会社のお金だろう」

「もう素人に説明するのはこれだからややこしい」

「それならもういい。要するに経営というものは、売上を上げて、そこから経費を引いた残りをもうけとするんだな」

「それは確かにそうです」

「もうややこしいのは結構。とにかく、売上を最大にして、経費を最小にすればいいということだ」

このようなやりとりを交わし、それ以来ずっと私は、このシンプルですが最も根本的な原則に従って経営を進めてきました。

エジソンなど有名な技術者や科学者はだいたい、複雑な現象をシンプルにとらえる直感力と言いますか、分析能力を持っていたと思うのです。理工系の研究者にはそれが必要だと思いますし、私もこれを非常に重要視してきました。

社内で会議をしても、「これはたいへん複雑な話なのです」などと、複雑なことをますます複雑に説明する人がいますが、それでは困ります。特に学のある人に限って、単純なものを複雑に説明する傾向があるようです。単純なものをそのまま単純に説明すれば、大したことがないように聞こえるものですから、わざわざ複雑にして、自分に学があることを披瀝《ひれき》したいのでしょう。しかし、本当に頭のいい人は、複雑なことを単純に説明できる人なのです。複雑なことを複雑に説明して「どうせ素人にはわからないのでしょうね」などと言うような人は、本当はその人も自分でよくわかっていないはずです。ですから私も、物事を必ずシンプルにとらえるように努力してきました。

ファクターを加えることによって複雑な現象を単純化する

だいぶ後になって、数学者の広中平祐さんと話をしていたときのことです。広中さんは誰もが解けなかった難問を解いて、数学におけるノーベル賞と言われるフィールズ賞を受賞されています。いったいどうやってその問題を解いたのかと聞いたところ、「わかりやすく言えば、二次元では解けないものを三次元にして解いたのです」と言われました。

私はそれを、複雑なものを単純に考えて解を見つけられた、と解釈しています。広中先生は、次のように仰いました。

「例えば、平面交差の十字路があるとします。その交差点には信号がありません。そこへ四方から一度に車が入ってくる。曲がろうとする車もあれば、直進する車もあって、たちまち大混乱。そこで、私はそこに立体交差をつくります。上から見れば十字路の交差点のように見えますけれども、一方が下を走り、一方は陸橋になっているわけですから、信号がなくても車はスムーズに流れるようになります」

このように、広中さんは二次元のものを三次元に置き換えることによって難題を解かれたわけですが、それは、ファクターを一つ加えることによって、現象を単純化したわけです。

心を静めれば物事の真髄が見えてくる

では、シンプルに見るためにはどうすればいいのかというと、それは禅定《ぜんじょう》、すなわち心を静めるのです。雑駁《ざっぱく》な感覚では、複雑な現象をシンプルにとらえることなどできません。ところが、坐禅を組んだときのように心を静めて、落ち着いた目で物事を見ると、その真髄が見えてくるのです。「心眼を開く」と言いますが、それは心の目を開くことにつながっていくのです。

私は毎日、白隠禅師《はくいんぜんじ》の「坐禅和讃」というお経を唱えていますが、そうすることによって心を静めるよう心がけています。少なくとも一日一回、心を静かに落ち着けて物事を考えることは、非常に大事なことだと思います。ただ単に頭が切れる、能力のある人が力任せに経営をしていっても、確かに一時は伸びていくかもしれませんが、それは非常に脆《もろ》いものであって、どこかで必ず挫折し、落ち込んでいくものです。ですから、慎重に、かつシンプルに物事をとらえ、核心を突いた経営をしていくことが必要です。

会社でも、経済界でも、また政治の世界でも、リーダーとなれる人は皆、物事をシンプルにとらえる才能を先天的に持っている人だと思います。また、そうでなければリーダーにはなれないと私は考えています。

『京セラフィロソフィ手帳』のひもときがすべて終わりました。何度も読み返していただき、日々の仕事や会社経営の中で生かしていただきたいと思います。

稲盛和夫（いなもり・かずお）
1932年、鹿児島県生まれ。鹿児島大学工学部卒業。59年、京都セラミック株式会社（現・京セラ）を設立。社長、会長を経て、97年より名誉会長。84年に第二電電（現・KDDI）を設立、会長に就任。2001年より最高顧問。10年には日本航空会長に就任し、代表取締役会長を経て、13年より名誉会長。1984年に稲盛財団を設立し、「京都賞」を創設。毎年、人類社会の進歩発展に功績のあった人々の顕彰を行う。2022年逝去。
主な著書に『生き方』（小社）、『従業員をやる気にさせる７つのカギ』（日本経済新聞出版社）、『成功への情熱』（PHP研究所）、『人生と経営』（致知出版社）、『ど真剣に生きる』（NHK出版）、『人生の王道』（日経BP社）、『君の思いは必ず実現する』（財界研究所）、『働き方』（三笠書房）、『燃える闘魂』（毎日新聞社）などがある。

稲盛和夫オフィシャルホームページ
https://www.kyocera.co.jp/inamori/

京セラフィロソフィ

2014年 6 月10日 初版発行
2022年10月25日 第13刷発行

著　者　稲盛和夫
発行人　植木宣隆
発行所　株式会社 サンマーク出版
東京都新宿区高田馬場 2-16-11
（電）03-5272-3166
協　力　盛和塾事務局
京セラ株式会社 秘書室経営研究部
印刷・製本　株式会社暁印刷

定価はカバー、帯に表示してあります。落丁、乱丁本はお取り替えいたします。

ISBN978-4-7631-3371-7 C0030
ホームページ　https://www.sunmark.co.jp